# 知行合一
## 海峡两岸历史教学论文集

马丁 周东华 主编

中国社会科学出版社

## 图书在版编目(CIP)数据

知行合一：海峡两岸历史教学论文集/马丁，周东华主编.—北京：中国社会科学出版社，2018.10
ISBN 978-7-5203-3487-7

Ⅰ.①知… Ⅱ.①马…②周… Ⅲ.①历史教学-教学研究-文集 Ⅳ.①K-53

中国版本图书馆 CIP 数据核字(2018)第 251492 号

| | |
|---|---|
| 出 版 人 | 赵剑英 |
| 责任编辑 | 宫京蕾 |
| 责任校对 | 曹占江 |
| 责任印制 | 李寡寡 |

| | |
|---|---|
| 出　　版 | 中国社会科学出版社 |
| 社　　址 | 北京鼓楼西大街甲 158 号 |
| 邮　　编 | 100720 |
| 网　　址 | http://www.csspw.cn |
| 发 行 部 | 010-84083685 |
| 门 市 部 | 010-84029450 |
| 经　　销 | 新华书店及其他书店 |

| | |
|---|---|
| 印刷装订 | 北京君升印刷有限公司 |
| 版　　次 | 2018 年 10 月第 1 版 |
| 印　　次 | 2018 年 10 月第 1 次印刷 |

| | |
|---|---|
| 开　　本 | 710×1000　1/16 |
| 印　　张 | 17.75 |
| 插　　页 | 2 |
| 字　　数 | 281 千字 |
| 定　　价 | 78.00 元 |

凡购买中国社会科学出版社图书，如有质量问题请与本社营销中心联系调换
电话：010-84083683
版权所有　侵权必究

# 前　言

  2015年11月21—23日，由杭州师范大学人文学院历史系主办的第九届"钱江论坛"暨两岸中学历史教科书研讨会在人杰地灵的余姚市余姚中学召开。本次会议由杭州师范大学、宁波市教育局主办；杭州师范大学人文学院历史系世界史教研室、余姚中学承办。参加会议的有浙江大学、南京大学、杭州师范大学、余杭区教育局教研室的学者；杭州、宁波等地区的著名中学一线名师；还有来自海峡对岸的台湾元培医事科技大学教授匡思圣、台湾大学历史学博士宋惠中以及若干位一线中学教师。他们依托丰富的教学经验，相互交流各自的心得体会，各个报告专场讨论氛围热烈，报告结束后，老师们仍意犹未尽。参会代表们还组织参观了余姚河姆渡遗址和王阳明故居，加深了对浙江古代文化的了解，本次会议取得了圆满成功。

  本次"钱江论坛"邀请了台湾学者并与其开展了教科书的讨论。两岸分治的现实，并无法改变两岸源于相同源流历史的事实。长期以来，由于两岸意识形态的不同，以及在国共内战的不愉快经验，不少学者只关注大陆历史教科书中的"政治意识形态"问题；或者说，都习惯于从政治的角度去解读双方的历史教科书。也正因此，对于中国现代史中的国共之间的种种恩怨，两岸的诠释各不相同是可以理解的。但是由于教育研究者的专长是教育工作与教育研究，因此长期研究大陆历史教科书后，研究者们较关心的是，除了两岸对立过的政治历史之外，吾人如何可以从彼岸的历史教科书中学习到什么，能不能借此来突显或反映出台湾当前历史教科书中的问题，所谓"他山之石，可以攻玉"，诚此之谓矣，这也是我们此次邀请台湾学者参与讨论的原因之一。

如果说教师是课堂的主人，那么教科书就是主人用以持家的工具。如何运用、如何解释教科书，教科书功能最大化与否，全在教师本人。教师教学中一定要牢记："无论教科书如何变，培养学生正确的历史观是关键。"这条格言，它既反映着老师对学生的影响以及榜样作用，同时也反映着学生的知识、使命感，义务和权利是从对最基本的教科书的融汇中学会的。此外，让教育观念得到更新，通过参与此类的开会学习，使自身逐步升华原有的教育教学观念，教师的专业素养要想得到发展和提高，一定要善于思考、勇于实践、不断反思和提炼总结。如果一个教师仅仅满足于获得的经验，而不对经验进行深入地反思。那么，即使是有20年的教学经验，那也许只是一年工作的20次重复。了解先进的教育科学基本理论，现代教育观、学生观和学习观，在教学活动中遵循客观规律，把素质教育贯穿到学科教学过程中。

第九届"钱江论坛"暨两岸中学历史教科书研讨会，是一次有利于教师教学技能提升的会议，对会议中各位名师提交的数十篇论文进行精心筛选后，我们将出版会议论文集——《知行合一：海峡两岸历史教学论文集》，这是各位与会专家和教师们的最新研究成果和经验分享。在这36篇教学论文中，有的叙述了两岸教科书以及与国外历史教科书的异同；有的探讨了地图如何在历史研究中发挥作用；有的针对历年高考题策划出一招一式的应对方法；有的展示了历史课堂中可以更好地达到教学目标的新的教学法；还有的则跳出历史教学框架，反思了学生的素质教育和公民教育等等。

在"钱江论坛"的第九个年头，我们在明代"心学"大师王阳明故乡余姚召开海峡两岸历史教育界会议意义非凡。王阳明先生提出立功、立德、立言，他认为万事万物皆有心，心外无物、心外无事、心外无理。尤其其核心"知行合一"的思想，用现在的话来说是理论与实践统一才能产生改变世界的力量。王阳明的理论对我们今天海峡两岸的教育界来说仍然有借鉴意义与深远影响。总之，我们邀请了宝岛台湾的历史教师共同探讨了历史教学问题，不仅加强了两岸的文化交流，更开阔了历史教学的视野，更新了观念。相信今后的"钱江论坛"在大家的努力下将越办越好！

马 丁

2017年5月9日

# 目　　录

绘景地图及其证史功用浅议 …………………… 陈仲丹（1）
图示教学在高中历史专题复习课中的运用 ………… 姚伟建（12）
以图证史，依图明义
　　——基于高中历史教学中典型图片的开发与利用 … 蒋春华（19）
高中历史教学中的地理图示教学法举隅
　　——以人教版必修一第一单元为例 …………… 阮巧玲（28）
手机微信在历史教育中的应用 …………………… 巫海燕（33）
例谈历史命题中的价值取向 ……………………… 陈杰（38）
求思疑无路　"变式"又一春
　　——高中历史试卷评析课变式运用的实践研究 … 郑璇（46）
2014年文综12题（浙江卷）评析 ………………… 谢余泉（59）
浅议高考历史小论文题的阅卷反馈与反思
　　——以2015年高考江苏卷小论文题为例 ……… 曾义青（68）
运用SOLO分类评价理论提升高三历史复习教学的
　　有效性 ……………………………………… 金伟国（74）
精心设计练习　提高备考效率
　　——以"中国古代商业经济"复习为例 ………… 夏安腊（85）
基于"考情"的高中历史自主式试卷讲评 ………… 金丽君（92）
基于内隐思维活动外显化的课堂多元评价
　　——以"模拟考古"学习任务为例 ……………… 吕阳俊（99）
华夏政治的肇始课例 ……………………………… 李家平（114）
精心预设　预约课堂百分百的精彩
　　——以《百家争鸣》为例谈高中历史教学有效
　　预设策略 …………………………………… 华婷（119）

高中历史课堂提问有效性的实践研究
　　——以人教版《孙中山的三民主义》一课为例 ……… 王强（130）
《南京大屠杀死难者国家公祭读本》教学思考 ……… 陈红（144）
在释疑解惑中培养学生的史料实证素养 ……………… 周凌（153）
青史凭谁定是非
　　——基于历史学科核心素养下的初中《历史人物评说》
　　　课堂教学 ……………………………………… 褚燕雨（160）
历史微故事在高中历史教学中的运用研究
　　——以人教版教材为例 ………………………… 王俊（170）
多元史观在高中历史教学中的碰撞与融合
　　——以《辛亥革命》为例 ……………………… 葛亦陶（179）
汲取探索之泉，浇灌思维之花
　　——基于课程标准的《历史与社会》作业创新之
　　　我见 …………………………………………… 干学展（185）
新课标下如何做一名高中生喜爱的班主任 ………… 姚建梅（190）
论历史教学中的设问教学法 ………………………… 吴小丽（194）
应用大事年表渗透学法的策略探究
　　——以《社会主义建设在探索中曲折发展》
　　　为例 …………………………………………… 郑婷婷（198）
对比阅读与有效学习
　　——以人教版必修教材"自由主义经济思想"
　　　为例 …………………………………………… 陈庆为（206）
浅谈高中历史教育中公民教育的现状与反思 ……… 倪君（212）
浅谈中学生学习中心理阻抗的识别及处理 ………… 项丽娜（219）
职高学生课外体育锻炼兴趣培养策略的研究 ……… 徐海（223）
把文艺史讲出时代感和历史味
　　——以《工业革命时代的浪漫情怀》为例 …… 袁峰（228）
中法中学历史教学以及教科书的比较 ……………… 马丁（235）
影视文本在高校公选课场景式教学中的运用及效果
　　——以《中华民国史》课堂教学为例 ………… 胡悦晗（241）
研讨式教学在《美国史》课程教学改革中的应用 … 郭巧华（249）

以实训延伸课堂　以交流强化素养
　　——以辅导员工作室为载体推动高校学风建设的实践
　　研究……………………………………… 张俏　陈飞（256）
基于"95后"大学生价值趋向的教育教学模式创新
　　探究………………………………………… 傅培恩（260）
康熙时期的文官惩戒制度 ………………………… 王聪（264）
后记 ………………………………………………………（274）

# 绘景地图及其证史功用浅议

南京大学 陈仲丹

地图在地理教学中有着极为重要的作用，有一种形象的说法叫做"地理之学，非图不明"。而且地图不但有标示地理方位的功能，还有在此基础上再现人类活动及精神文化层面内涵的特殊作用。英国地图学家布赖恩·哈利和大卫·伍德沃德在其《制图史》中，将地图定义为"图像式的再现，这种再现使人们对事物、概念、状况、过程或人类世界的最大事件形成了一种空间上的理解"。[1] 地图与观念文化相关联对揭示人类在历史上的活动很有意义，故而在历史教学中经常会使用地图尤其是历史地图。现在的历史教材中通常都会选用一些历史地图，甚而有专门的历史地图册供学生使用，在美国的有些历史教科书中还设置了通过解读历史地图来深化知识探究的栏目。

对"历史地图"的理解实际有歧义，其中一种是指今人绘制的描绘历史活动的地图，我们在教学中使用的大多是这种地图，还有一种是前人留下的古地图，在历史教材中不时也会露面，但用得较少。本文要探讨的主要是后者。名义上两者都是历史地图，但却有古今之别。中国人民大学华林甫教授认为两者的分别在于："古地图"是民国以前使用传统绘图方法绘制的当时的地图；而现在所说的"历史地图"是指今人以其所在时代的当代地图为底图，依照今人需要，以历史上某一年代或时期的地理状况为内容而编制的地图。也就是说，历史地图有广义和狭义两类，广义的历史地图既包括古人绘制的，也包括今人绘制的。[2]

---

[1] [英]杰里米·哈伍德：《改变世界的100幅地图》，孙吉虹译，生活·读书·新知三联书店2010年版，第7页。

[2]《中国社会科学报》2014年8月4日。

本文所要探讨的则是历史地图中古地图的一类，是其中带有图画内容、写景成分、侧重视觉形象表现的古地图。对这类古地图，学界尚未有确定的名称，有称之为图画地图、山水地图、写景地图等叫法。笔者斟酌再三，则以绘景地图名之。当然绘景地图也有古今之分，比如今天在旅游景区常见到的手绘地图就是绘景地图，而本文要研究的则是古人留下的绘景地图。

与西方的古地图相比，中国古地图中绘景地图的比例要高得多。美籍华裔学者余定国在《中国地图学史》中就提出对中国古代地图的研究应回归文学、绘画的观点。他认为，一直到清代受到西洋的影响，中国地图学才脱离视觉与文学学科的传统，成为一门展示的学科。鉴于传世地图中多偏重文字描述和山水画似的地图，他认为在中国，地图是图像与文字的融合，地图具有展示与表现的功能，地图不但是实用的工具，也是美观的艺术品，人们应关注这类地图的艺术性和文学性研究。他甚至提出"地图即画，画即地图"的观点。[1] 按照余定国的看法，"一幅地图就像是一幅画，不仅仅是一项记录，而且也是地图制作者对基本形式直接感觉的产物。地图的绘制涉及将外在的详细状况变成内心的感觉，也就是一种'心理景观'（mindscape）。所以地图不仅表示自然的外貌，而且也反映地图制作者的记忆和见解"。[2]

关于绘画与地图的关系，有一段史料生动地说明了在古代绘制地图需要具备视觉艺术的技巧："吴主赵夫人，丞相达之妹，善画，巧妙无双，能于指间以彩丝织云霞龙蛇之锦，大则盈尺，小则方寸，宫中谓之'机绝'。孙权尝叹魏、蜀未夷，军旅之隙，思得善画者使图山川地势军阵之像。达乃进其妹，权使写九州江湖方岳之势。夫人曰：'丹青之色，甚易歇灭，不可久保。妾能刺绣，作列国于方帛之上，写以五岳河海城邑行阵之形。'既成，乃进于吴主，时人谓之'针绝'。"[3] 这讲的是三国时吴国国君孙权依靠擅长绘技的赵夫人为他制作军用地图的事。

自然囿于技术水平的限制，绘景地图不如现在所用的地图科学性

---

[1] ［美］余定国：《中国地图学史》，姜道章译，北京大学出版社2006年版，第170页。
[2] 同上书，第188页。
[3] 王嘉：《拾遗记》，《百部丛书集成本》第8卷，第2页，转引自余定国《中国地图学史》，姜道章译，北京大学出版社2006年版，第160—161页。

强，地理方位标注也不准确，还不擅长于表现较大范围的地理状况，对地形地貌主要是用图形而不是符号来反映。但对历史研究而言，绘景地图作为一种史料也有其不可替代的证史功用。因为地图既是表达地理信息的工具，同时也包含着特定的文化或政治观念，可以用做读取一个地区、一个民族和一个时代文化观念的窗口，而且绘景地图因其形象直观的特点在这方面的作用发挥得更为明显。就此可以一道高考题为例：

（北京2012年文综题）地图反映了人们认识世界的程度，地图的变化记录了人们认识世界的过程。欧洲中世纪时，地图主要由神职人员绘制。当时欧洲的世界地图千篇一律：基督教圣地耶路撒冷居于中心，多瑙河、地中海和顿河呈"T"字型，把世界分割为欧、亚、非三部分。中国古代地图大部分由官方或士大夫绘制，主要用于日常行政事务管理和作为读史的辅助工具。在中国古代绘制的世界地图中，中国占据绝大部分图幅，政区表现较为准确，中国疆域之外则绘制简略，严重失真。

1. 阅读上面材料，结合所学，分别指出欧洲中世纪和中国地图的功用。说明两种地图所反映的社会思想背景。

答案：欧洲中世纪地图主要用于宗教宣传；中国古代地图主要用于世俗事务。欧洲中世纪地图反映出当时基督教神权思想居于社会统治地位；中国古代地图反映出中国中心论的思想。（略去后一问）

这道题考查的就是这样一个视角，不足的是仅有文字描述而未使用地图。

题中提到的"T"字型地图就属于绘景地图，在欧洲中世纪很常见，它是对教会信条和《圣经》内容与观念的图像化表现。这些地图是象征性和装饰性的，常作为漂亮的装饰画出现在书中或宗教场所，但其中地理学的信息相对比较贫弱，因为它们的目的是要解说一种思想，而非描绘地理特征。所谓"T"字型地图更准确的说是地图史上所说的"T-O"地图，其基本构形是：地球被一个O形的环海包围，以T形的内部水系分割O之内的三块已知大陆。这个T的一竖为地中海，隔开欧洲与非洲；顶部的一横则由两条河流连接而成，即隔开亚洲和非洲的尼罗河（上题中称为多瑙河）和隔开亚洲和欧洲的顿河。这三个水体或三大洲的交汇点是耶路撒冷，被当做世界的中心。在"T-O"地图中，T还表现为耶稣受难的样子，头向东（顶部），脚向西（底部），双臂指向北（左）与南（右），东方被置于顶端，因而亚洲在上部。而且T字本身也是基督教十字架的一种象征。可见整幅地图充溢着浓厚的宗教内涵。

"T-O"地图中现存最大最好的是赫里福德地图（收藏于英国赫里福德教堂）。在这幅地图上耶路撒冷位于中心，天堂和炼狱分居两端，而传说中的生物和怪物则居于遥远的地带。地图上方将末日审判的场景展现出来，基督和天使在一边召唤人们前往天堂，另一边魔鬼和恶龙领着人们堕入地狱。地图上有1100个地名、象征性图像以及题词，都来自《圣经》和古典文献，将地理、历史和宗教知识荟萃于一图，图上有巴别塔（通天塔）、诺亚方舟、金羊毛、牛头人身的米诺陶、长着角的摩西等图像。

自15世纪末到18世纪，随着新航路的开辟，欧洲人制作的地图不仅反映出他们地理知识的进步，在制作技术上也有了革命性的变化，主要体现在墨卡托投影法的出现，可以用数学方式更准确地计算方位，展开地理空间。1568年，墨卡托为航海家设计了一套特别的投影法用以绘制地图。这种"圆柱投影法"假想地球被围在一中空的圆柱里，其赤道与圆柱相接触。然后，再假想地球中心有一盏灯，把球面上的圆形投影到圆柱体上，再把圆柱体展开；地图的一点上任何方向的长度比均相等，平行的纬线同平行的经线相互交错形成经纬网。

"在欧洲社会中，地图最初只是视觉文化中的一部分，插图画是其力量的源泉。但地图的发展使其逐渐脱离了这一定位，向更重要的角色转变——一个社会日益看重以科学形式出现的观念和权威"。[①] 与欧洲文明的发展同步，地图绘制技术有了明显进步，绘景地图的数量减少。即使还有一些绘景地图，也大多有实地测量的数据为绘图的依据。1500年威尼斯画家和制图师雅各布·巴尔巴里受商人安东·科尔布委托，在木板上绘制了彩色的威尼斯地图。这是一幅绘景地图，从外形看，威尼

---

① [英]杰里米·布莱克：《地图的历史》，张澜译，希望出版社2006年版，第104页。

斯的轮廓像一双交握的手，又像一条巨大的比目鱼。其视角是从西南方向俯视全城，将这座海岛城市的"水城"特征描绘得具体生动，展现了这座文艺复兴时期商业城市的繁荣景象。威尼斯人对大海有特殊的感情，每年都要举行表示城市与海洋结盟的仪式，由总督乘船出海，向水里扔一枚戒指，以表示威尼斯娶大海为妻。而地图中停泊的红色大舟就是总督参加城市与海洋结盟活动的座船。为绘制这幅地图，雅各布·巴尔巴里对城市进行了细致的测量，勘测队花费了近两年时间。

16世纪后期，在欧洲出现了一批比较特殊的绘景地图，以扭曲地理特征的方法来表现某种形象，让国家和地区的轮廓变形以屈从于人物和动植物的外形。这种绘景地图又称为"奇巧地图"（cartographic curiosities），笔者以为称为"肖形地图"更为合适。这类地图中最为常见的女王欧洲地图，最早出现于16世纪80年代。这些地图的基本样式是一位戴王冠的女子，左手持权杖（或宝剑），右手持插有十字架的圆球。虽然女王的整体形状是指欧洲，但其头部位置是西班牙，通常暗示女王即西班牙，颈部以下是法国，意大利和丹麦为其双臂，中欧和东欧分布在她的长裙上，亚洲在其脚下。这是当时西班牙在欧洲拥有霸主地位的反映，随着1588年西班牙"无敌舰队"覆没，也就没人再有兴趣绘制这种地图了。在古希腊神话里，欧洲是以腓尼基国王的女儿欧罗巴之名命名的，而欧罗巴正是被化身为公牛的宙斯带到这片土地上的。这类肖形地图的构形便是脱胎于这个故事。这些地图在赋予欧洲以高贵少女品质的同时又掺入基督教精神，那个插着十字架的圆球暗示欧洲拥有上帝借福音所传递的可掌握整个地球的力量。

除了人形的肖形地图外，还出现过动物形状的肖形地图，其中最为常见的是16世纪后期的荷兰狮形地图。在地图上将低地国家（包括今天荷兰、比利时、卢森堡）描绘成一头狮子。第一幅荷兰狮形地图是奥地利制图师艾辛格在1579年设计的。这个狮子形象取自当时被西班牙人统治的低地国家的族徽（奥兰治王室徽记），表示这些国家联合抵抗西班牙统治争取独立的决心。1568年在荷兰爆发了反抗西班牙统治的起义，由此拉开了长达80年的争取独立斗争的大幕。1648年荷兰成为独立的国家，领土包括比利时、卢森堡，低地三国构成了"狮子"版图。但随着比利时、卢森堡独立，荷兰也就结束了"狮子"图形的时代。这类地图有很多版本，主图的狮子大体相似，而细部图案却各有特色。1611年在阿姆斯特丹出版的"狮子"地图是具有代表性的一幅。图中的"狮子"面朝右蹲踞，吐舌握剑，上方绘有各个省的徽章。当时正值与西班牙签约12年休战时期，因而其中透射出较多的和平元素。地图右下角全副武装的骑士正在休息，左右两边绘有漂亮的城市景色，一片和睦静谧气氛。

与此类似的还有把美国画成鹰的地图。1833年美国艺术家以撒·摩尔制作了这种地图，土黄色的鹰覆盖在各州的地域之上，鹰脚和鹰爪延伸至佛罗里达州并通向古巴，反映了美国日后的扩张路径。不过这只地图上的鹰画得有点像鹦鹉，显得文弱。对此制图者有解释，他认为老鹰通常被描绘成随时准备猎食，急于俯冲，要撕裂小动物的形象，"但是在这里，相反的，它掌握了整个国家，没有竞争对手，所以设计成沉着平静的样子，代表着国家自由以及独立主义，散发仁慈温和的气质以及和平的态度"。[①] 因而这幅地图是当时美国人对其国家形象的一种评定：仁慈温和的鹰，与19世纪末凶相毕露的北美鹰鹫形象大不相同。原因一是美国本土当时还有很多未开发的"边疆"，尚不需要对外大规模扩张；二则反映了绘图者的认知，要把美国塑造成崇尚和平的形象。与此相反，俄罗斯在地图上被描绘成章鱼，以表示它的贪婪。它向四处扩张，如同章鱼的触手一般不停地向外蠕动。

肖形地图的主要目的是要体现某种观念，其地图的实用功能有限。16世纪以后欧洲的大多数地图都不是绘景地图，反映出地图绘制在近代科学驱动下的发展。不过在这些非绘景地图中也有绘景的成分，作为地图的装饰描绘一些图景，比如在海中画上帆船和海怪，在大陆的空白处画上丛林和野蛮人。这些附带的图绘也是某种思想观念的反映。德国地图学家克瓦德1600年出版了《地理学手册》，其封面画以不同的女子形象代表各大洲。秉承16世纪肖形地图的传统，一位持十字架的少女王者代表天主教欧洲，被尊于顶部。其右手方、左手方及下方分别是代表亚洲、非洲和美洲的女子形象：亚洲虽是王者气象，但体态臃肿，显然不及欧洲优雅、尊贵；非洲是衣不蔽体的半开化状态；美洲则是原

---

① [英]赛门·加菲尔：《地图的历史》，郑郁欣译，台北马可波罗出版社2014年版，第164页。

始的食人生番。这种区分后来在地图中成为一种不断重复的模式,尽管细节有所不同,但代表欧、亚、非、美各人物的基本特征和暗含的等差观念如出一辙。

随着西方人对世界了解得越多,地图上的人物形象也发生了相应的变化。荷兰制图家霍安·布劳为其1662年出版的《大地图集》配有一幅以人物象征各洲的封面画,虽仍有欧洲女王和亚洲女王的形象,但也体现了人种学知识的进步,出现了外观形象较为准确的印度人和非洲人形象,不过在其中还是能体会出西方人的欧洲优越感。在霍安·布劳的画中,唯有欧洲高坐在马车上,代表其他洲的人都步行拱卫它。

在这些地图中还力图以修饰形图绘在地理信息之外附加某些观念意象。在布劳家族出版的一幅亚洲地图（1635年）上,主体部分是近代意义上的地图,而绘景部分则缩减到四周的边框中。图上端展示了亚洲的九个主要城市和贸易据点——坎迪（Candy）、卡利卡特、果阿、大马士革、耶路撒冷、霍尔木兹、班腾（Bantam）、亚丁和澳门,而两旁的边框各展示了五幅长方形的画,画中每对男女的着装都代表了亚洲不同国家和地区的居民。制图者曾在荷兰东印度公司担任水文地理学家,可以了解到公司搜集的各种地理知识,也就能在地图中绘出东方异域的各种场景。

中国地图的传统制图方法通常分为两种,一种是画方地图,采用"计里画方"的方法,地图上带有方格网,每格折地若干里,强调地理信息的数学定位。如宋代著名的《禹迹图》就是画方地图,以前都认为这张地图的准确度很高,英国著名科学史家李约瑟认为它是"当时世界上最杰出的地图"。不过最近有人经过测算认为,《禹迹图》有较大的误差,如从西安正北至黄河的距离大约是700多公里,而图上所绘则为约2000里,相当于今天的1060公里。① 可见"计里画方"只是一种绘图方法,如果绘图数据不准确,也就无法保证地图的准确。另一种是将地形地物等要素用形象逼真的图形绘制地图,也就是笔者所说的绘景地图。具体方法一是完全采用中国传统的山水画技法,确实做到"画即地图"的程度。比如绘制于光绪年间的《避暑山庄图》,如果将图中的

---

① 成一农：《中国古代地图背后的"李约瑟问题"》,《地图》2013年第6期。

地名贴签除去，就成了一幅山水画。二是采用中国传统平面投影符号法绘制，结合标识画法，使用立体形象标注建筑和景物，带有制图符号化的特征，而绘景仅是地图内容的一部分。绘景地图的精度不高，大部分都是凭记忆绘制，没有经过实地测量，缺乏西方制图学中那种抽象的、无限延展平面的坐标位置概念，但绘景地图也有优点，它形象直观，立体感强，富有艺术性，容易辨认。

经过上千年的制图实践，中国绘景地图的绘制也有了一些固定的模式。比如受山水画"金碧山水"的影响，地图上山川的着色在唐代就规定为"粉散百川，黛凝群山"，"黄为川，红为路，青为山"。清代有位官员在描述奏折中地图所用的彩色符号说："塘内用深绿，中泓用深蓝，阴沙用水墨，各色绘图分明。"① 在中国的标识绘景地图中，山脉皆以写景绘法，重要城堡绘有方城和敌楼图案，边堡以带望台的方框表示，海洋、大小水域则绘以闭合曲线或传统的鱼鳞纹水波图案。

绘景地图在中国出现的时间较长，下限一直延续到1911年，要比在西方盛行的时间长得多。偏于图画风格的绘景地图直到晚清光绪年间仍很流行，这里以两幅光绪年间的地图为例。一是《直隶长城险要关口形势图》，全图东起山海关，西至遵化沙坡峪，为光绪朝户部主事崔汝立所绘。采用的是传统山水画法，形象地绘出了长城沿燕山山脉蜿蜒起伏的雄伟态势，在有河流穿过的地方即成为长城线上的大小关口。图中对长城沿线各险要之处皆贴红签注明，并绘出其中守军驻防之城及部分防御设施。

另一幅是张云轩1886年绘制的《重庆府治全图》。说起这幅地图还有个故事：2004年3月，重庆市市长会见一美国商会代表团。代表团中一位先生说，他曾在美国耶鲁大学校长办公室看见一幅绘制十分精美的重庆古地图。这件事引起了市长的重视，他责成重庆有关部门去了解、查访。后经多方查找、协商，美国耶鲁大学图书馆在2005年4月将这幅古地图的复制品送给了重庆市。实际上该图在国内外还有5个版本，不过大多是墨本，不如耶大版本精致。

这是幅绘景地图，描绘得非常精细，主要展现了重庆府城与沿江两

---

① 《宫中档乾隆朝奏折》第43卷，第552页，转引自余定国《中国地图学史》，北京大学出版社2006年版，第97—98页。

岸的城市风貌。图中对重庆城重要的建筑、庙宇、街道、会馆都做了标注，所绘山水舟楫、街市楼门皆随类赋彩，用笔潇洒自如，布局张弛有度，繁而不赘，简而不陋。

在地图的右下角还有张云轩的友人封万滨写的题记："渝乃蜀东要地，形如龟而活泼，颈似鹅以高扬，四面水围，九门壁峭。自神禹疏治以来，迄今其形如昨，盛迹古。而志载人烟密而善多，十二景古峭成奇，七里余宽宏屈起，虽昔有仿古陈图，不过描其大概。如云轩久居斯土，少好学，喜画喜游，常乐志于山水间。每遇名区辄能作绘，数年来其心静，其志专，其画愈善。曾绘渝州全图，大街曲巷，无不愈备。"可见张云轩是靠步测目击来绘制地图的，采用的是山水、楼宇画法，其精度不一定很高，但对城中的街道绘制精细，地名标注详尽，有着重要的史料价值。实际上该图亦有蓝本，先前巴县知事国璋曾召集"画工"，"周历郡治"，绘制过同名的地图，但该图则后来居上。近年来，重庆市恢复了不少历史景观，制作了一些旧貌沙盘，不少就是依据它而作的。

就绘景地图而言，除了上文提及的其反映社会观念、时代特征的功用外，还有几点值得我们注意。

首先，中国与西方绘景地图的发展路径不同。在中国绘景地图的影响要比西方大得多，数量多，时间久，地图与绘画的关系也更为密切。出现这种状况的原因与中西方之间文化传统的差异有关。而这一差异最明显的体现在中西文化关注的学科门类各有侧重，中国重人文，西方重科学（尤其是科学中的数学）。中国古代虽早就有数学学科，但不列入普通教育范围（珠算例外），科举考试也不考算学。研究数学纯属个人爱好，大多数读书人自然不会涉足。而在西方，数学早就被列入普通教育科目之列，比如古希腊雅典的柏拉图学园，门口就挂着"不懂几何学者不得入内"的牌子。后来数学又被列入教育基本科目"七艺"之中。对数学不重视，在地图绘制中就会忽视地理方位的数学关系，而更为注重地形地物的形象表现，甚至还会影响地图绘制的科学发展。明代晚期欧洲人利玛窦来华，绘制了当时比较先进的世界地图《坤舆万国全图》，虽然在士大夫阶层中引起很大震动，但能完全接受的人并不多，甚至还有不少人反对。利玛窦在《入华记录》中写道："人尚多有讪诋此地图者。"

其次，绘景地图是再现历史场景的重要史料。绘景地图是一种特殊的地图，兼具地图和绘画两种图像的功能，有着具象直观的特点，时代感强烈，大多是在历史活动发生后不久留下的生动影像，有着丰富的图绘细节，可用于再现过去的历史场景。如清代的《江防图》（局部），江边舟楫排列，帆樯林立，兵士猬集。在波光粼粼的江中，横亘着一个小岛，从岛上向岸边伸展出四条拦江铁索。这是在绘画中难得一见的江防军事设施，终于在绘景地图中露其真容。岸边有一些蓝色贴签，上面写着地名，以显示该图的身份是地图而不是绘画。

再次，地图边框中的绘景图案也有重要的证实功用。到近代不少地图绘景的成分渐趋边缘化，退至四周边框，成为装饰性图案，而这些图案也是有价值的史料，值得关注。就以英国 16 世纪的一幅英格兰地图为例。该图是伊丽莎白女王统治时绘制的，这从地图上方正中的女王像就可看出，地图上还有英王室徽记。在这幅地图中值得注意的是上下四角的四幅人物画，各为一对男女，代表的是英国两个重要的社会阶层：上面是贵族，下面是商人。他们是当时英国议会上下两院的组成者。作为统治者的阶级基础，他们在地图中展示了自己的形象。

最后，对绘景地图还可进行比较，在比较中发现历史的真相。当然这种比较要有可比性，或是同类相比，以见其共性；或比较其差异，以见其个性，在比较中深化对历史的理解。此处就对两幅 16 世纪欧洲国家都城的绘景地图进行比较。一是 1558 年的伦敦地图，另一是 1576 年的巴黎地图，时间大致相近。先分别观图，辨认地图上的景物，如认出巴黎塞纳河中的城岛，著名的巴黎圣母院就在岛上；再认出伦敦泰晤士河边的伦敦塔，河上唯一的伦敦桥等建筑。再从时代背景来考察，当时英国正值都铎王朝时期，王权得到贵族和资产阶级的拥护；法国则处于胡格诺宗教战争时期，逐渐形成绝对主义专制制度。还可转换视角，注意地图下方作为装饰的人物像，描绘的都是各自社会中有代表性的阶层或阶级的人物形象，如巴黎地图上的贵族和平民等。而对之最有意义的读图则是透过地图的表象，解读其在城市规划中透射出的政治文化。如伦敦的城市沿泰晤士河分布，显得随意而开放；而巴黎则呈同心圆般环状排列，密密层层，显得严实而封闭。从其不同的城市布局可区分出伦敦趋于开放而巴黎呈现封闭这一主要的不同之处，这分别又与英国有早期代议制民主以及法国逐步形成强大封建体系的政治特点相联系。这样的读图层层深入，对开发学习者的思维有好处。

绘景地图作为图像史料的一类，是地图和绘画交合的产物，有其特殊的证史功用，有必要发掘、研究，以更好地再现历史。不断地开拓历史研究的边界，扩展史料搜集的范围，是我们增强史学研究创新能力的重要途径。

# 图示教学在高中历史专题复习课中的运用

## 杭州市余杭高级中学　姚伟建

当前高三历史专题课复习中，存在复习效率不高的问题。课堂不是教师满堂灌，就是学生满堂练。历史教学如何能既加强基础知识的全面系统复习，又注重知识的系统性和逻辑性呢？如何把纷繁复杂的历史问题简单化，将零碎的知识点系统化、整体化呢？笔者根据浙江省近年来高考文综历史卷的出题特点，借鉴高中地理、政治、生物学科的教学方法，以图示思维来引导学生进行历史专题复习，构建历史知识网络结构，以提高学生的复习效率。实践证明，图示思维在高中历史专题复习课中的运用不仅能有效地巩固专题知识，还能提升学生运用知识解决实际问题的能力和发展历史学科的思维能力。

什么是图示教学？图示教学就是通过精心设计，把抽象枯燥的文字语言转化为直观图形示例结构，以激发学生思维，提高教学效率的教学策略。它的特点是让抽象零碎学科知识变得具体系统化，利于学生接受、学习。目前这种教学手段在各高中学科教学中被有意、无意地普遍使用着。如高三文综政治学科运用直观图示法进行哲学原理教学，破解其中疑难。地理学科里人文地理这块内容信息量大，记忆要求高，使用图示教学减轻了学生记忆的负担。理综生物学科也同样高效运用这一方法进行学案导学。

笔者在历史复习课中运用图示教学，主要分两步骤操作：先是教师根据高中历史课程中的政治、经济、思想文化三个模块的专题内容进行示范性图示构建，再引导学生模仿练习、熟悉掌握和自制图示，把各级主题的关系用相互隶属与相关的层级图表现出来，确实激发了高三学生的多元化思考。

## 一 教师示范构建基本图示

高中历史学科内容主要由政治史、经济史、思想文化史三大模块组成，考点知识众多。三大模块既相互联系，又各成体系。尤其在历史专题复习中，教师帮助和引导学生适当运用图示，探寻知识的内在关联，更能加强学生的记忆和理解。

### （一）政治史模块的基本图示

必修一政治史模块知识共 9 个专题，一直是高考命题的核心区域。笔者在教学实践过程中根据 9 个专题之间的关联整合政治史模块知识内容，构建线索清晰、形式简单的政治史模块知识结构图示。

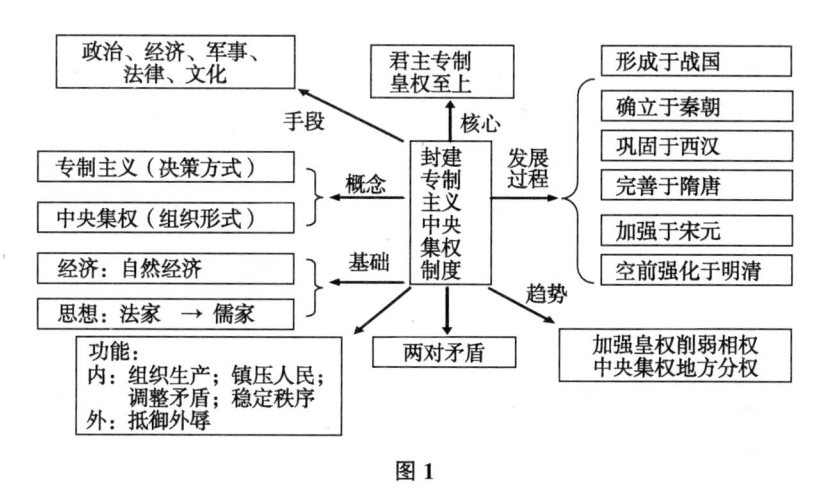

**图1**

以第一专题"古代中国的政治制度"为例。该专题是高考重点命题区域。重点在于基本历史知识的掌握和分析，如分封制、宗法制、秦朝中央集权制度、汉到元政治制度的演变、明清君主专制制度的加强等。专制主义中央集权制度的发展演变是高考重点中的重点。现用图示对本专题进行解构整合。图1和图2自成体系，又相互照应。图1揭示的是封建社会专制主义中央集权制的概念、形成背景、核心、功能、手段、发展历程、趋势、两对矛盾等内在联系，图2是古代中国政治制度的演变过程。图1是构建图2的理论和方法基础，同时图2是对图1的诠释与例证。这两幅图示高度浓缩和概括了中国封建社会政治制度内在的逻辑和关联，这有助于学生在理解和综合运用的层次上整体把握专制主义中央集权制。专题二至专题四所体现的中国近代史内容部分也可利用此方法把社会性质、主要矛盾、革命任务的演变勾勒出轮廓框架。专题六至专题八内容可用"民主与法制"为主题贯通古今。

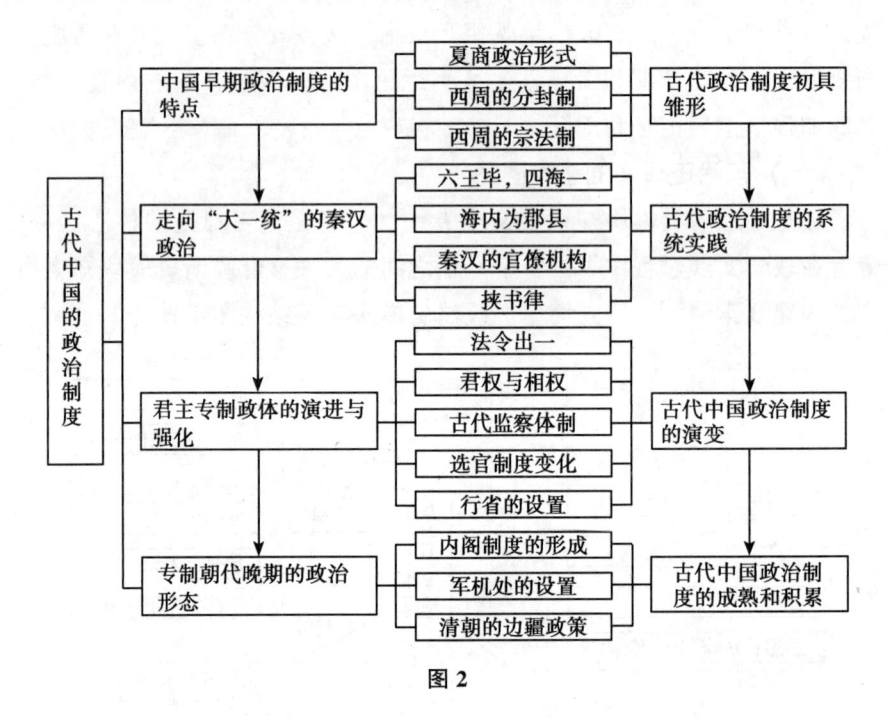

```
                    ┌─ 中国早期政治制度的 ─┬─ 夏商政治形式 ──┐
                    │   特点            ├─ 西周的分封制 ──┼─ 古代政治制度初具
                    │                  └─ 西周的宗法制 ──┘  雏形
                    │
                    ├─ 走向"大一统"的秦汉 ─┬─ 六王毕,四海一 ─┐
         古代中国    │   政治            ├─ 海内为郡县 ───┼─ 古代政治制度的系
         的政治 ────┤                  ├─ 秦汉的官僚机构 ┤  统实践
         制度       │                  └─ 挟书律 ─────┘
                    │                  ┌─ 法令出一 ────┐
                    │                  ├─ 君权与相权 ──┤
                    ├─ 君主专制政体的演进与├─ 古代监察体制 ┼─ 古代中国政治制度
                    │   强化            ├─ 选官制度变化 ┤  的演变
                    │                  └─ 行省的设置 ──┘
                    │                  ┌─ 内阁制度的形成 ┐
                    └─ 专制朝代晚期的政治 ├─ 军机处的设置 ─┼─ 古代中国政治制
                        形态           └─ 清朝的边疆政策 ┘  度的成熟和积累
```

图 2

### (二) 经济史模块的基本图示

必修二经济模块知识以经济活动为核心,以人类社会经济发展和社会生活变迁为研究对象,学习人类各种社会经济发展的经验。经济史的教学需要有一定的政治经济学知识基础才能讲得生动说得清楚。据高三学生反馈,经济模块知识体系比较完备,虽不像思想文化模块那么散乱,但对时间和内容的关联度把握上比较吃力,尤其是"古代中国经济基本结构与特点"和"近代中国资本主义的曲折发展"这两个专题更是艰涩难懂。

以"古代中国经济基本结构与特点"专题为例。学生普遍反映该专题内容乱、头绪多、线索不明显,记忆量相当大。通过运用图示法教学,可使纲目清晰,整体性强,达到事半功倍的效果。如"小农经济"的图示(见图3)。学生从生产力水平和生产关系两个方面进行掌握,了解小农经济的概念、特征,认清古代中国的经济从长期领先于世界到后来逐渐落后于西方列强的发展轨迹，了解到古代中国经济的发展与政治、文化发展的相互作用与内在联系。

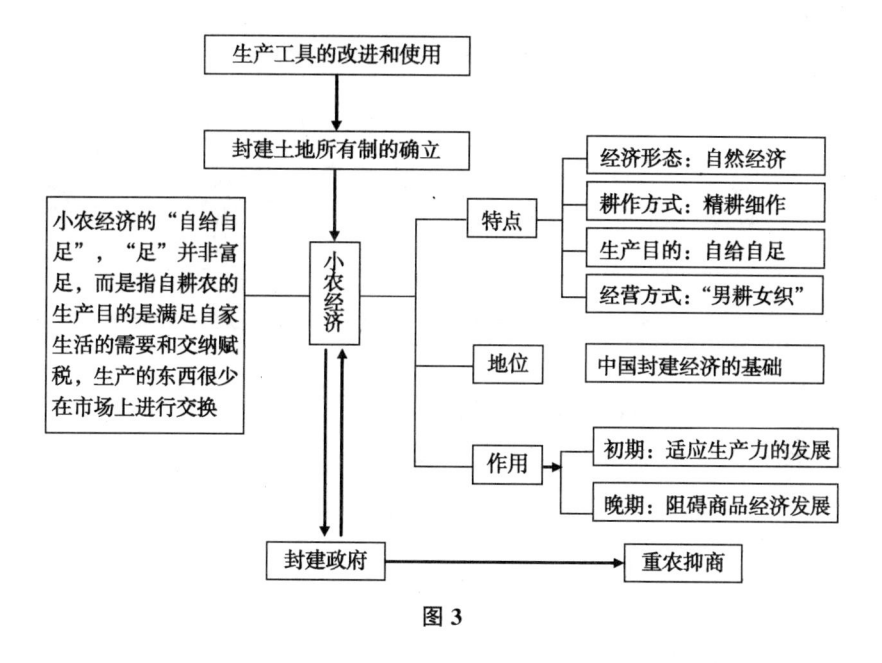

图 3

## （三）思想文化史模块的基本图示

思想文化模块反映着人类思想文化和科学技术领域发展进程中的重要内容，思想文化领域的活动是人类社会生活的核心内容之一。学生认为，必修三都是死记硬背的东西，且在高考试题中习惯性用必修三的知识点当做材料考必修二，所以必须搞清楚各个文化情况出现的历史条件和影响。

以"西方人文精神的起源与发展"专题为例，从高考命题的方向看，近三年的高考试题多关注古希腊的人文主义、智者学派及其代表人物普罗塔格拉与苏格拉底对"人"的价值的阐述。还横向与中国春秋战国时期的孔子等诸子百家思想进行比较。文艺复兴这一考点在高考中每年都有涉及，主要考查中世纪宗教神学对人文主义的钳制，文艺复兴的背景及人文主义的内涵，人文主义的影响尤其是对近代自然科学的影响，经常与宗教改革、启蒙运动纵向比较。为此，笔者将该专题内容跨于古代和近代两个时期，围绕人文主义这一核心内容展开，复习时关键把握人文主义起源和发展时期的主要内容，注意联系相关的历史背景分析、认识，比较各自特点与异同，并进行理论与实际的比较和东西方的横向比较，具体如图4。

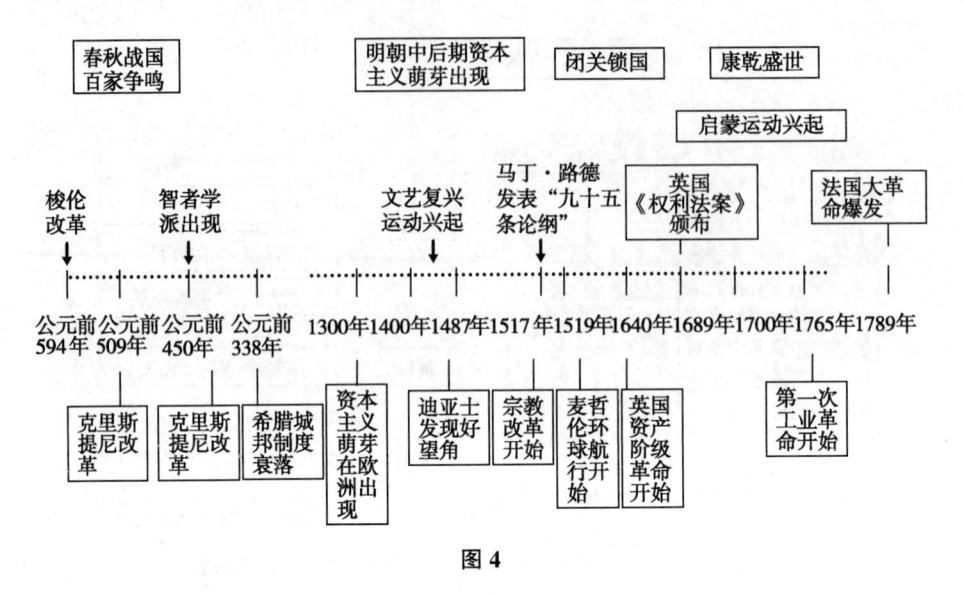

**图 4**

## 二　学生自制历史图示

光靠教师课堂上展示的专题图示远远无法达到学生实际需求，高三学生还应主动结合教材专题内容，配以图示制作，巩固专题知识。

### （一）剖析样例，重于运用

图示教学的最大价值在于将所蕴含的知识层次、结构关系简约地展示出来。如在高三历史专题复习课上，教师可以剖析经典样例，根据样例进行归纳演绎，使学生掌握不同种类专题的图示方法。

例如，复习"中国特色社会主义建设的道路"的内容时，教师可先提供关于"社会主义经济体制"知识结构的图示样例（如图5）。教师可先分析计划经济体制、单一的公有制经济以及公有制为主体多种所有制经济成分并存的成因，然后让学生分析社会主义市场经济体制形成的成因。通过多次类似的演练，学生就生产力、生产关系之间关联运用在经济史中各个单元。

### （二）自制图示，互动交流

在复习过程中，学生在梳理有针对性、典型性、启发性和系统性的

图 5

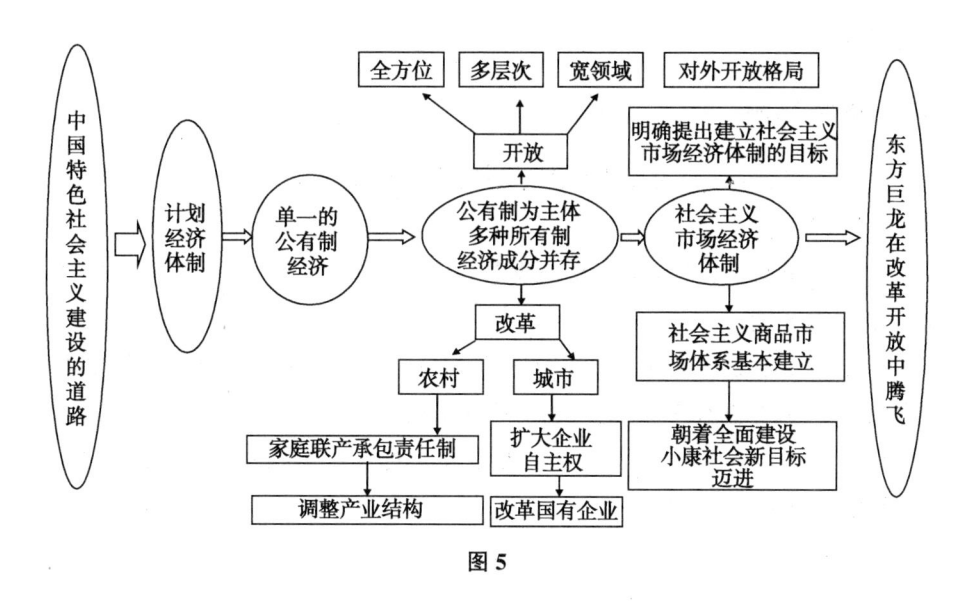

问题时，能按照图示制作过程巩固所学内容，提高了运用知识解决实际问题的能力和发展历史学科的思维能力。对学生而言，历史这门课复习起来有"立体感"，知识点有"嚼劲"。对教师来说，能帮助学生落实对知识的理解和记忆，达成教学目标。如针对"古代中国选官制度"的内容，各小组制作了相应的图示（如图6）展示在教室学习栏，供大家交流。

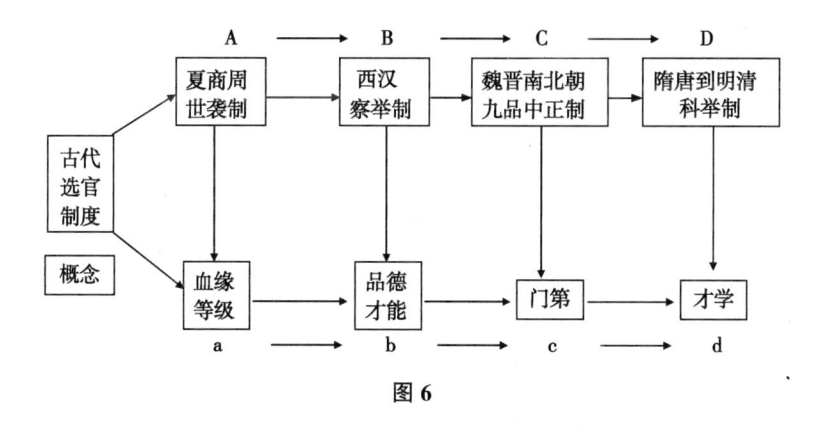

图 6

教学有法，并无定法。图示教学也只是其中一种复习方法而已，在高三复习过程中要结合其他方法多管齐下，提升高三学生分析历史现象和历史事物、揭示和阐述历史发展规律的能力，提升高三历史专题复习的有效性。

**参考文献**

［1］张铭:《应用思维导图进行历史学科主题学习》,《中学历史教学》2013年第7期。

［2］康文举:《高中历史概念教学的策略探讨》,《中学历史教学》2013年第8期。

［3］武松健、胡军哲:《历史地图——高三教学不可忽略的重要内容》,《中学历史教学参考》2013年第9期。

［4］桂俊:《2013年浙江卷历史试题的"变"及思考》,《中学历史教学》2013年第8期。

# 以图证史，依图明义
## ——基于高中历史教学中典型图片的开发与利用

### 杭州市余杭高级中学　蒋春华

《普通高中历史课程标准（实验）解读》要求学生掌握的技能之一是："……解读图表材料，要能从中发现有助于对历史理解的信息、分析或概括某一历史事件或历史现象的特点和规律等。"

配套新课程推出的浙江省教育厅教研室编的《普通高中新课程历史图册》（以下简称省编新图册）前言提到："图册……以培养学生的读图用图能力、科学素养和人文精神，拓展学生的知识面，提高学生的学习兴趣。"

由此看见，历史图片是高中历史教与学不可或缺的重要组成部分，对高中历史图片进行有效的开发与利用，对于促进新课程下学生学习方式的转变和学习能力的提高，教师教学专业领域的拓宽与专业技能的提升，具有重要的现实意义。

## 一　研究缘由

### （一）当前高中历史学生图片使用中的弊端分析

笔者在日常教学中观察到这样的现象：历史课本上的图片成了学生随性的涂鸦：大词人辛弃疾举着双手比出"V"字造型；韩非子化身武林高手，手持盾牌抵挡如雨箭林；莎士比亚戴上了面具和墨镜，摇身一变成了漫画主角"青蛙军曹"。高中三年里，学生也很少会在课堂上翻看使用省编新图册。再加上不少教师学生更多的是从方便"教"或者应付"考"的角度，而忽视了学生"学"的层面，图片教学中学生学习的主体性也就无法得到有效的发挥，最终的结果是：学生只是浏览了图片，而没有在图片教学中提升自己的读图用图能力。所以让我们的图片教学不是简单地沦为"应试"的工具，对于提高教学的有效性，增强学生的人文素养是非常有必要的。

### （二）当前高中历史教师图片教学中的不足分析

目前的图片教学中，教师舍近求远，忽视教材和省编历史新图册中已有的图片（有些学校已经连续几年不再征订省编历史新图册了）；更让人担心的是，很多教师把图片这一新课程重要的教学资源变味成了提高解题能力和应试能力的一个工具，这反映了我们部分教师的新课程理念的缺失。笔者认为，高中历史教师应该首先挖掘教材中的典型图片，适当开发适合学生实际的校本图片资源库，从而为教师对图片教学研究开拓更广泛的视野，进一步提高教师的专业化水平。

基于目前高中历史图片历史教学中学生和教师层面暴露出来的问题，我们希望看到，一方面学生通过教师的引导，能进一步提高学生的读图用图能力，提高学生的学科素养和人文精神；另一方面教师可以通过对典型图片的挖掘、整合、开发和利用，丰富高中历史图片教学模式的内涵，提高课堂教学的有效性。

## 二 典型历史图片的开发和利用

我们主张：教师和学生应该一起挖掘、开发、利用典型的历史图片，并从历史学科的视角解读历史图片，并借此提高读图用图能力。

### （一）探究"图片"，明晰概念

通过对"典型图片"的探究，教师可以帮助学生进一步理清重要历史概念。

例如："商业革命"是本课中出现的一个重要历史概念，教材中也有相关文字表述，但学生往往看了教材后仍对"商业革命"的内涵把握不清，甚至和"价格革命"混淆。借助图1，对图中蕴含的信息进行解读，我们可以帮助学生突破这个重要的历史概念。

教师：请同学们思考，新航路开辟后，欧洲的对外贸易与之前发生了怎样的变化？

学生1：从图上可以看出，新航路开辟后，美洲的马铃薯、甘蔗、可可、烟草，亚洲的丝绸、茶叶、香料和瓷器传入到欧洲市场上。

教师：新航路开辟前，亚洲的丝绸、茶叶、香料和瓷器有没有在欧

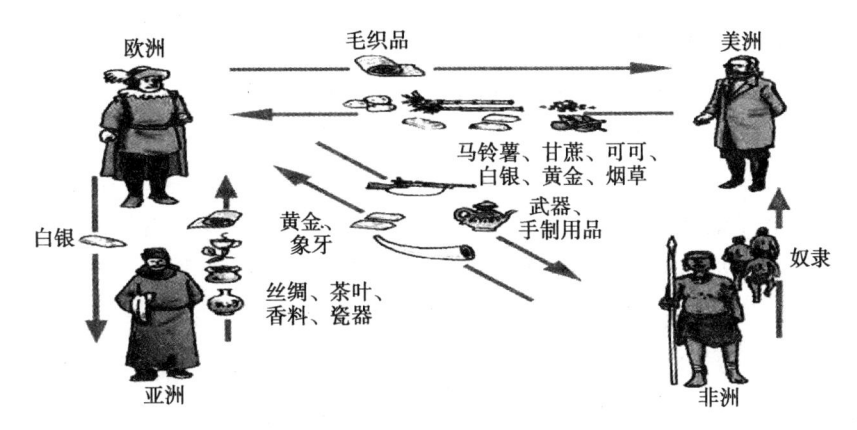

图1 新航路开辟后，亚、欧、非、美之间的贸易情况

洲市场上出现过？提醒学生对比新航路开辟前后，欧洲对外贸易出现的明显变化。

学生1：之前通过"陆上丝绸之路"和"海上丝绸之路"，亚洲的丝绸、茶叶、香料和瓷器已经在欧洲市场上出现过；新航路开辟后，与之前最大的变化是：商品种类的增多，美洲的马铃薯、甘蔗、可可等作物出现在欧洲市场上。

教师：回答很好，再请同学们仔细观察图片，思考还有没有其他的变化？

学生2：既然美洲的马铃薯、甘蔗、可可等作物出现在欧洲市场上，那么欧洲贸易的范围也进一步扩大了。

教师：很不错，逻辑判断合理，而且答案也很概要。那么再看看还有没有其他的变化呢？谁再来补充？

学生3：我看到图中的箭头符号很多都指向了欧洲，我觉得欧洲在世界贸易中的地位也进一步增强了。

教师：前面两位同学关注到了图片中的文字信息，而这位同学还注意到了图片中的箭头符号，很好！的确，新航路开辟后，世界贸易中心发生了很大的变化，由地中海沿岸转移到了大西洋沿岸。

在这个教学片断中，教师和学生通过对典型图片的合作探究，使得学生对历史学科概念的掌握有别于死记硬背，帮助学生更加牢固地加深了对重点历史概念的理解。

**(二) 挖掘"图片",深入浅出**

通过对课本中图片所蕴含信息的挖掘与采集,可以帮助学生加深对历史事件来龙去脉的感知,教师的教学也能起到深入浅出的效果。例如:

以下三幅图是人教版历史必修二专题五第1课《开辟文明交往的航线》中的插图。《分散的世界文明》是本课第一子目中的插图,该子目是本课的课外阅读内容。《放贷者和他的妻子》出现在本课第二子目"资本主义的经济萌生"中,而该子目属于本课的发展要求。《哥伦布接受印第安人接济》则出现在课后习题的"材料阅读与思考"中。笔者在听课中发现,众多的同行舍近求远,网上找了很多的文本材料,而忽视了我们教材中出现的典型图片,做了不少的无用功。

图2　分散的世界文明　　　　图3　放贷者和他的妻子

图4　哥伦布接受印第安人接济

**人教版历史必修二专题五第1课《开辟文明交往的航线》插图**

如图2《分散的世界文明》,因为该图出现于本课的课外阅读子目中,所以很多教师会直接跳过这张图。但如果我们仔细观察,会发现图片中亚洲通往欧洲的商路上有"驼队"和"海船"的图样，这对我们讲解新航路开辟的原因是有很大的帮助。

教师可借此问学生：新航路出现之前，东西方之间有没有商路？

学生：有。

教师：东西方之间的商路有哪些特征？

学生：沟通了亚洲和欧洲；都经过地中海；欧亚之间贸易要经过阿拉伯和意大利商人中转。

教师：然而，奥斯曼土耳其的扩张阻断了传统商路，（板书）新航路开辟的直接原因。

再如图3《放贷者和他的妻子》

教师请学生仔细观察：图片中的主人公在干什么？

学生：放贷者正在清点钱币，他的老婆虽然手中握着书，但她的目光却专注地盯着桌上的一枚枚钱币，好像在帮她的丈夫核对着钱币的数量。

教师继而设问：这反映了15世纪欧洲一种怎样的社会现象？

学生：我认为这反映了当时人们对金钱的强烈渴望。

教师进一步追问：封建贵族用货币购买奢侈品，农民也用货币交纳地租，商人和手工工场主需要更多的货币以扩大经营。金币是当时的重要交换手段，因而贵金属黄金就成为人人都渴求的东西。那么这种社会现象出现的根源何在？

学生作答：15世纪，随着欧洲商品经济的日益发展和资本主义生产萌芽的出现，货币日益成为社会财富的主要标志，货币成为普遍的交换手段。

教师继而进一步补充，画中还有个值得注意的细节，桌面上有个类似凸面镜的镜子，通过镜子的反射，可以看到窗户、窗外的建筑、教堂、以及坐在桌子前面的借贷者，所以严格来讲，这幅油画《放贷者和他的妻子》中，出现了3张人脸，不仅仅有放贷者和他的妻子，还有借贷者。透过这张图，我们也从一个侧面看到了15、16世纪之交的西欧社会，商品经济的发展，这也是"新航路开辟"的一个根本原因。

在学生理解"新航路开辟"的根本原因基础之上，笔者又问道：

"透过这张图，除了挖掘新航路开辟的经济根源之外，同学们还能找到其他有关新航路开辟的原因吗？"

学生在教师问题的引领下，挖掘图片的隐形信息，看到了放贷者的妻子手中正在翻看的书中有一幅圣母的画像。教师适时补充：这幅油画是昆廷·马赛斯在1514年创造的。这幅绘画十分生动地表现了中世纪末期，虔诚信仰的世界开始向世俗化过渡时，人们所面对的道德上的复杂性。而这种世俗化的过渡，和我们必修三学过的哪一段历史相关？

学生：文艺复兴运动。

教师：对！14—17世纪的文艺复兴运动，以人文主义为旗帜，而人文主义的表现形式是从肯定人的欲望和歌颂自然的人性开始的。所以，从这幅图中我们还能看到新航路开辟的另一个原因，（板书）思想根源：文艺复兴运动。

新航路开辟的思想条件仅仅是受到文艺复兴运动的影响吗？笔者又让学生翻看教材第85页的图4《哥伦布接受印第安人接济》。这幅图是作为教材的课后习题中的图片。

教师：同学们，请关注图片左方三个水手正在将一个"十字架"矗立在刚刚到达的陆地上，这又表达出什么相关信息？

学生：新航路开辟有传播宗教的精神动力。

教师：对，航海家们冒着生命危险，不仅仅是为了黄金和香料。信奉天主教的西班牙人从长期的穆斯林统治下获得了解放，但在斗争中也产生了强烈的宗教情绪：热衷于传播天主教，使穆斯林和其他异教徒皈依天主教。

建构主义理论认为："自主学习——不是由教师直接告诉学生应当如何去解决面临的问题，而是由教师向学生提供解决该问题的有关线索和创设情境，并特别注意发展学生的自主学习能力"。在讲解新航路开辟的原因时，笔者没有舍近求远，而是在师生共有的教材中去挖掘图片史料，并且在教学中层层设疑，进行有效问题的探究，将抽象的历史教学深入浅出的传授给学生；同时也有利于培养学生主动获取有效信息、论从史出的学科思维习惯。

## (三) 整合"图片",建构体系

通过对"同一知识点相关内容"典型图片的整合,能够帮助学生突破思维定式,拓宽看待历史问题的深度和广度,搭建更能体现"古今贯通,中外相连"的学科知识框架体系。如在高三一轮复习《开辟文明交往的航线》时,我们可以帮助学生适时回忆《中国古代的经济政策》这一节关于"海禁政策"相关的内容,并把相关出现在省编历史新图册中的典型图片整合进复习课堂中。

图5 郑和下西洋

图6 新航路的开辟

教师设问:哥伦布以后,有无数的哥伦布,达·迦马以后,有无数的达·迦马,这些航海家的海外探险活动,推动了世界近代文明的到来。而我国在郑和之后,为什么没有再出现像郑和这样的伟大航海家?

【设计意图】把图5《郑和下西洋》与图6《新航路的开辟》进行图片整合,并有效设问,是希望学生能够在文明史观的史学范式的指引下,把这一时期中外海洋远航探索活动的对比升华到中西文明发展趋势的对比,最终形成同一时期的中西文明发展趋向的基本特点:西方迎来近代文明的曙光,而我国古代封建社会走向僵化。这主要表现在以下两方面:

> 政治上封建君主专制达到顶峰；经济上重农抑商和闭关锁国进一步压制社会经济的活力；思想文化上八股取士、文字狱钳制了思想自由；科技缺乏创新。

↕ 旧

其一，中国社会自身生产力与生产关系之间的矛盾日益显现。

↕ 新

> 清朝前中期出现了长达 100 多年的康乾盛世。随着商品经济发展，产生了资本主义萌芽。随着新经济因素的产生，也出现了一些近代前夜的因素：体现在明末清初的反君主专制倾向的思想，以及小说中反映出来的批判精神。

> 随着新航路的开辟，西方近代化进程启动，世界市场开始形成，中西方相互隔绝的局面被打破，文明发生碰撞并开始交融。

↕ 开

其二，从世界潮流的对比中理解明清社会的迟滞。

↕ 闭

> 海禁政策阻断了中西文化交流，关上了中国迈向近代化的大门。

通过对某个主题为核心的图片的整合，可以增强学生的"纵横贯通"意识，帮助学生开阔学习历史的视野，建构更加完整的学科知识体系。

## 三 结束语

师生在课堂上积极互动，对图片的有效挖掘和解读、开发和利用，对于老师和学生都具有双向的积极意义，它有助于改善学生的学习方式，提高学生读图与用图能力，同时也拓宽教师图片教学的视野，进一步提升教师的专业技能。历史图片具有丰富的文化内涵，切勿让历史图片这一新课程重要的教学资源变味成了提高解题能力和应试能力的一个工具,历史图片教学理应为学生思维的活化、能力的提升、人文素养的提高插上翅膀!

**参考文献**

[1] 浙江省教育厅教研室主编:《普通高中新课程历史图册》必修1、2、3 选修 3、4 等,中国地图出版社 2008 年版。

[2] 聂幼犁主编:《历史课程与教学论》,浙江教育出版社 2003 年版。

[3] 祝旭东:《由一张历史图片教学所想到的》,《历史教学》2008 年第 3 期。

[4] 蒋宜利:《新图册在中学历史教学中的运用》,《教学与管理》2005 年第 2 期。

[5] 王丽艳:《历史地图在教学中的作用》,《中小学现代教育》2006 年第 11 期。

[6] 柳芳:《提高历史图表分析能力的几种方法》,《历史教学》2004 年第 8 期。

# 高中历史教学中的地理图示教学法举隅
## ——以人教版必修一第一单元为例

**衢州第一中学　阮巧玲**

　　2014年9月4日，国务院发布考试招生制度改革意见，其中浙江省和上海市率先进行试点。新高考着力彰显选择性教育理念，以利于促进学生健康发展、利于高校科学选拔人才、利于维护社会公平公正。基于此，在"新高考"背景下，无论是对于培养学生的人文素养还是适应考试的要求，历史课程都是任重而道远。据浙江省几所重点中学对学生选考科目的调查，历史学科都居于前列。历史学科由于其浓厚的人文性，对于学生人文素质的培养十分必要，在新高考背景下，如何兼顾高中历史学业水平考试和新课程改革的要求，是如今历史教学面临的新问题。

　　为了适应"新课改"与"新高考"的要求，笔者探索如何更好地进行历史教学，对必修一第一单元"中国古代的政治制度"运用地理图示进行教学，取得了意想不到的效果。地理图示是进行历史教学的有效工具，地理图示是图示教学法的一种，图示教学法一直以来都是历史教学的重要方法，即"左图右史"。图示又称为"图文示意"，可分为四类，即地图示意、图表示意、绘画示意、信号示意。笔者主要运用了地理方位图示，从周朝分封诸侯国的地理方位图示、到秦灭六国的地理方位图示，再到秦国疆域方位图示，以及最后的清朝疆域方位图示，用简单的地理方位图示将教材知识串联起来，历史与地理巧妙地相结合，既提高了课堂效率，又体现出历史学科特色。同时有利于学生历史思维能力的培养。下面以第二课中运用的秦朝疆域地理方位图示与第四课中清朝疆域地理方位图示为例来进行说明。

　　事例1：笔者在讲授秦巩固统一的措施时，结合板书的秦疆域地理方位图示（如图 1 所示）。

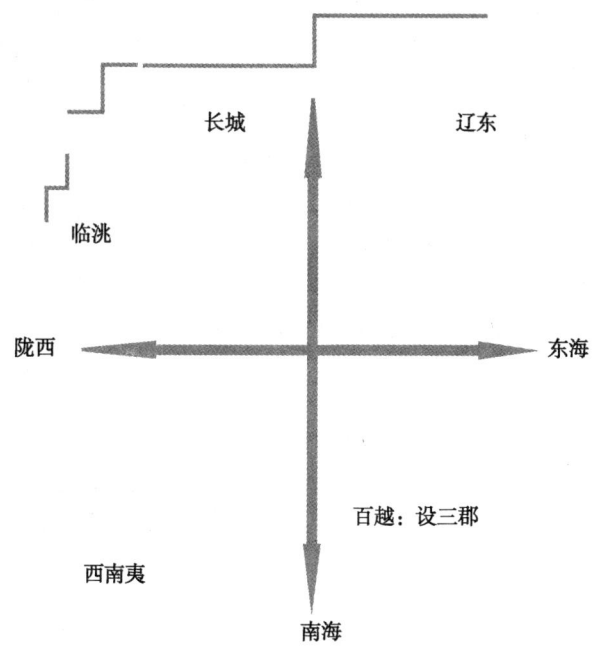

**图 1　秦朝疆域方位图示**

笔者首先在黑板作出图示，接着问：秦朝为什么要修长城？

学生回答：防范匈奴。

教师补充：除了修长城外，秦朝还派蒙恬北击匈奴。我们知道北方地形以平原为主，为了更好地进行军事运输与管理，还应该做什么？如果你是秦始皇你会怎样？

答：修路。

教师补充：回答很好。秦朝在当时就修了驰道（相当于我们现在的高速公路）。在当时的东南地区还生活着少数民族——百越，秦始皇为了一统天下，派兵攻打越族，并且修灵渠，沟通湘江和漓江，也就是长江流域和珠江流域；之后为了管理百越，设了三郡。西南地区，当时被称为西南夷，通过地理课的学习，我们知道，那里多山，且地形险恶，秦始皇就命人修建五尺道，这样一方面解决了交通问题，同时也有利于中央对地方的统治。

笔者根据地理方位图示，从北方、东南、西南依次将秦朝巩固统一的措施与所在地区紧密联系起来，将疆域方位图示与历史知识巧妙的结合，这样，一方面使学生很清晰记住了秦朝的疆域范围，另一方面结合疆域不同方位将秦朝巩固统一的措施一一呈现，自然而然得出秦朝奠定了统一多民族国家的基础。与地图相比，地理方位图示显然更清晰明了，也便于学生从整体上把握知识，这样既能与地理相结合提高课堂效率，又具有鲜明的历史学科特征。

事例2：笔者在讲授第四课"清朝的边疆政策"时也运用了清朝疆域地理方位图示。

在黑板画出清朝"米字疆域图"（如图2所示）。

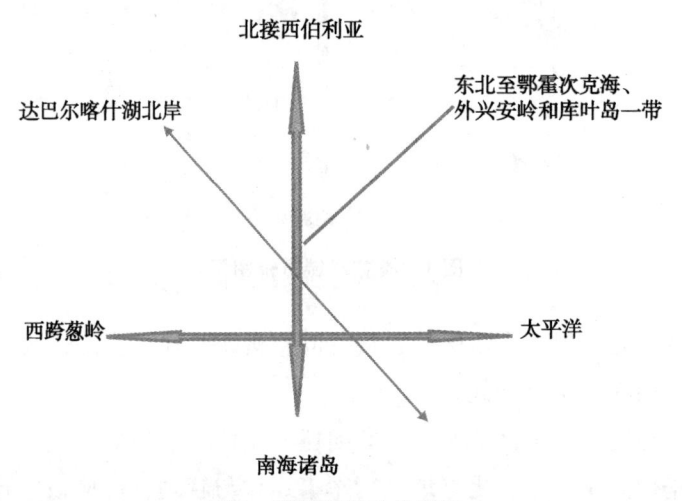

北接西伯利亚

达巴尔喀什湖北岸

东北至鄂霍次克海、外兴安岭和库叶岛一带

西跨葱岭　　　　　　　　　　　　　　　　太平洋

南海诸岛

图2　清朝疆域方位图示

老师问：清朝的疆域如此辽阔，特别是边疆地区，少数民族聚集并且离京师又远，清朝如何治理？自然过渡到清朝的边疆政策。结合方位指出在中央设理藩院主要管理蒙古、回、藏等少数民族事务，在西南地区实行改土归流，因地制宜。并且重视边疆交通和军事防务。通过清朝疆域的方位图示，结合所学地理知识，学生一方面了解到清朝疆域之广，另一方面也知道了清朝为了更好地管理国家实行了怎样的民族政策。经过学习，学生看到清朝的疆域图自然会联想到清朝的民族政策，再进一步联想到清朝加强中央集权的措施。

以上只是笔者在课堂教学中的两个例子，从中我们可以看出地理方位图示法在历史教学中的作用，归纳如下：

## 一 有助于实现历史课堂的有效性

提升课堂教学的有效性应该是我们每位教师所追求的目标。如何打造历史的有效课堂，是深化历史课堂教学改革、提高课堂教学效率、提高历史教育教学质量的迫切需要。探索有效的课堂教学新方法，优化教学设计，有助于构建有效课堂，提高课堂效率。

历史学习是需要记忆的，但它绝不是单纯让学生死记硬背。在当前的历史教学中，教师教给学生学习的方法，可以让学生在轻松与有趣的氛围中吸收知识。教师利用简单的点线面组成的方位图示，可以让学生整体把握知识框架或者大的背景，然后根据教师的引导将"血肉"也就是主要的历史事件与图示相结合，通过整体与局部的结合更完善地去认识历史，就如上面示例所提，利用秦朝疆域方位图可以让学生对秦朝的疆域范围一目了然，而且学生可以将东西南北方位与秦朝巩固统一的措施相对应，实现整体知识与部分知识的统一。在以后复习的过程中，学生只要画出图示，便可以有效地回顾所学知识，也有助于提高复习的效率。这符合学生的逻辑思维，有利于学生对知识的记忆与复习。当然要实现高效课堂对教师本身的素质提出需更高要求，需要教师对教材知识娴熟地把握与领会，将教材知识贯穿于图示之中，同时还需要用精准的语言进行描述。

地理方位图示法不仅能够把知识结构化、系统化，给学生指明思维路线；而且把教材知识概括、浓缩，方便学生记忆；还给学生一种思维方法和记忆方法，也就是教给了他们自学的方法，即学会学习。学生可以在教师的指导下自己设计图示，从而提高学习的积极性和自学的效率。[1]

## 二 有助于学生历史思维能力的培养

历史思维能力是人们用以再认和再现历史事实，解释和理解历史现象，把握历史发展进程，分析和评价历史客体的一种素养，是一种历史

---

[1] 赵恒烈主编：《中学历史图示教学法》，人民教育出版社1989年版，第10—23页。

的认识活动。[①] 在这种历史的认识活动中逐渐形成和发展科学的历史观,即辩证唯物主义和历史唯物主义,并用它来考察和解决社会历史问题。这是发展历史思维能力的关键。历史思维能力是思维能力在历史教学中的具体体现,也是新课程标准提出的中学生在学习历史时应该培养的一种最基本的能力。培养历史思维能力的方法很多,如何在教学过程中帮助学生提高这一能力,是个很值得讨论的问题。

学生学习最主要的工具就是教材,教材仅仅是记录客观世界的载体,并不是客观世界本身,历史教学的最终目的是理解和把握历史的客体。从训练学生的思维角度说,图示结构是对客观历史的一种思路,一种逻辑建构,是在一定史学观点指导下的一种条理化、简约化的表述。它能统摄大块教材,网罗众多信息,既能引导学生登高放眼,总揽教材,又能俯身细察,解析关系,以简捷的途径把握知识的系统。地理图示一方面有助于培养学生的扩散思维能力,例如,看到秦朝地理疆域方位图示就能联想到秦朝巩固统一的措施,以及为什么说秦朝奠定了统一多民族国家的基础。加深了对知识的理解,也能够增强应变能力。另一方面,地理图示有助于培养学生的历史形象思维能力,地理方位图示因其简单的结构,以及明显的方位特征,能够增强教学的生动性、直观性和历史感,形象地展现或佐证课本上写的、教师讲的知识,使学生获得感性认识。教学中,教师运用地理方位图示使历史知识形象化,在启发学生历史思维能力方面发挥作用,把学生从直观性的学习,带入到探究性的、创造性的学习历史的领域,不但提高了课堂效率而且提高了学生的历史思维能力。

今天,"新课程"和"新高考"呼唤历史教师引导学生学会探索和研究,学会自己去寻找规律和作出结论。在实现历史有效课堂的同时培养学生的历史思维能力,使学生在成才的过程中更好地成人,这既是"新课改"的要求,也是"新高考"的要求,更是培养新时代人才的要求。

---

① 赵恒烈:《历史思维能力研究》,人民教育出版社1997年版,第15页。

# 手机微信在历史教育中的应用

## 浙江广播电视大学临安分校　巫海燕

2016年5月17日，中国互联网协会、国家互联网应急中心在京首次联合发布了《中国移动互联网发展状况及其安全报告（2016）》。报告显示，2015年中国境内活跃的手机网民数量达7.8亿，占全国人口数量的56.9%。微信自从2011年1月推出后，已不单单只是一个充满创新功能的手机应用。它已成为中国电子革命的代表，使我们进入了有声短信时代。微信用户数量增长非常迅速，覆盖90%以上的智能手机，2016年3月，月活跃用户数突破7亿，较2015年同期，同比上涨29%。

### 一　手机微信的主要特点

1. 用户大众化、零资费

现在智能手机用户越来越多，而微信作为一种基于手机媒体的新型社交方式，一种更快速的即时通信工具，作为手机的一个免费应用软件，已然成为手机不可或缺的部分，使用微信的人群也越来越大众化。与传统的短信沟通方式相比，使用微信可以节省资费。任何用户可以免费下载应用软件，在使用过程中只需要支付给运营商少量的流量费，所有的功能不需要额外付费。只要是智能手机用户，使用微信交流都非常的方便，老少皆宜。

2. 沟通便捷性，及时性

微信作为一种集文字、音频、视频、图片、表情等的多模态媒介，与传统短信相比，微信可以发送语音、图片、视频，通过微信我们可以与好友远距离沟通，也可以随时随地互动，犹如面对面的交流，省时省力，增强情感上的感染力，避免了文字表达的缺点。沟通方式更多元化，也更灵活、智能，不同文化层次、不同年龄阶段的人群在不同的场合都可以选择适合自己使用的方式，进行交流互动。可以毫不夸张地说，手机微信具有无可替代的便捷性和及时性。

3. 传播速度快，范围广

微信使用的便捷性，传播方式的多元化，使微信诞生以来就深受喜爱，并逐渐成为人们生活中不可或缺的日常使用工具。大多数人都可以不受限制地通过微信即时分享身边发生的新鲜事物或者关注焦点，并抒发自我情感以及对社会事件的看法。随时关注，发送微信已经成为很多人的一种生活习惯。信息通过微信朋友圈传播的速度非常快，扩散的范围非常广。

## 二 手机微信在历史教育中的应用

教育改革是国家现代化进程中的重大改革领域，全国教育科学规划的选题要求以我国教育改革发展和现代化建设的重大理论与实践问题为主攻方向，突出应用研究，注重基础理论研究，鼓励新兴、交叉、边缘学科研究和跨学科的综合研究，支持成果开发与推广研究。微信作为一个网络资源的传播者，其在学习中的作用类似于"中介公司"。虽然它无法对学习资源本身进行改善和优化，但是它通过良好的使用体验，庞大的用户群体，方便的传播平台，为人们提供了更多的学习选择和更加丰富的交流方法。

使用手机微信的人群越来越多，它发挥的媒介作用也越来越强，因此可以借助这个媒介针对不同的群体进行历史教育。作为历史教师，更应利用好这个工具，让手机微信在历史教育中发挥作用。

不同的人群对于历史知识学习的需求是有所不同的，手机微信在历史教育中的应用，要针对不同的人群，通过不同的方式来进行。

（一）针对学生，利用微信进行课余历史教学辅导

1. 发布有声有图有文字的多媒体资讯信息

微信传送的交互方式可以使教学更加具有针对性，在课堂上进行的教学针对的是全体学生，学生之间的差异和个性往往被忽视和无法顾及，利用微信的互动方式，老师可以针对某个学生和某类学生进行有针

对性的教学，增强教学的针对性。

2. 主动进行消息的精准推送

以前学生在学习中遇到的问题只能在学校里请教老师，这就造成了遇到的问题不能及时得到解答，宝贵的课堂自习时间被过多的占用。而微信的及时沟通功能却可以很好地解决这一问题，微信可以主动进行消息的精准推送，并可以在后台对用户进行跟踪，查看用户对推送消息的浏览情况。后台对用户进行跟踪保证了教学的时效性。

3. 与学生实时进行交流

微信可以与用户实时进行交流，特别适用于互动式的学习。考虑到现在的生活节奏较快，不论是教师还是学习者，都无法抽出连续的时间进行一对一的沟通和学习。而微信所提供的免费聊天环境、实时留言、消息推送等功能，适合学习者随时随地的向教师提问，以及教师对学生反馈的快速响应。教学双方在不断地留言交流中，可以实时地建立一对一的沟通环境，而无须专门的预约和安排。

4. 微信群延伸班级功能

任何一个在现实中实际存在的班级学习组织，都可以通过微信平台提供的圈子在网上建立实时交流和分享的平台。通过发送推送消息，可以实现学习内容的快速分享。相当于在微信上建立虚拟班级和虚拟课堂。

5. 整合利用学习资源

微信平台可以通过其强大的分享能力，将网络上的所有教学资源整合起来。通过二维码、推送等功能，学生可以通过微信连接到互联网上的几乎所有学习资源，进而实现学习资源的有效利用。由此可见，微信是一个可以快速整合网络学习资源的强大的平台。在学习中使用微信是我们所尝试的提高学习效率和积极性的方法和平台。

## （二）针对微信好友，利用朋友圈进行历史知识宣传

对于历史教师来说，微信朋友圈就相当于教室里的"学习园地"，这块园地等待着主人耕耘，至于种什么，怎么种都由主人说了算。历史教师随时随地都可以利用朋友圈来进行历史知识的宣传。

1. 在纪念日结合历史事件推送纪念文章

微信时尚、亲切、互动、及时，几乎囊括了新媒体所具有的所有优

势，而通过微信朋友圈推送纪念文章能起到很好的宣传作用，比如在"国家公祭日"、"九·一八"、"抗战胜利纪念日"等特殊日子，用推送文章、转发微信朋友圈的方式，让朋友们了解历史真相，铭记历史，表达对遇难者的哀思，对革命先烈的缅怀，对历史的反思，珍惜今天来之不易的幸福生活。比起通过课本、报纸、电视等途径了解历史，通过朋友圈转发文章的方式更加贴近我们的生活，让宣传省时省力、立竿见影。作为历史教师，比一般人对历史纪念日应更具敏感性，对历史事件的了解更细致，所以及时发送分享纪念文章可起到提醒的作用，通过家人、朋友、同事之间再转发，影响的范围越来越广，宣传效果也会越来越明显。

2. 通过照片和图片实时、时时记录分享历史知识

作为历史教师，在游览历史景点的时候，要善于抓住历史知识宣传的机会，运用智能手机的拍照功能，把历史遗迹用照片的方式记录下来，然后配上简短的文字介绍，实时地发送到朋友圈，时时地与朋友分享，朋友们通过评论交流，可以进一步增强对历史景点的了解和对历史知识的认识。如在游览天目山的时候，把"大树王"的照片发送朋友圈的时候，配上关于大树王来历的文字，使不了解的人知道原来大树王是因乾隆皇帝而来的；禅源寺的照片则配上1939年周总理曾在禅源寺百字堂作团结抗日演讲的文字，使得大家知道原来天目山除了李白、苏轼等古代文人，竟然连周总理也来过，对天目山的认识会更深入，而且还会激起对天目山进一步去了解的兴趣。

3. 关注分享历史公众号，一起学习历史知识

如今在微信中的公众号逐渐成为网民们获取资讯的重要渠道，对于历史爱好者来说，如何在类别繁多的公众号中快速找到合适的、有价值的历史类公众号显得极为重要。因此作为历史教师，则有必要给好友介绍一些较好的历史类微信公众号，并一起学习分享，如读史、历史大学堂、浙大蒋研中心等，在公众号中看到好的文章和知识点，及时在朋友圈分享，并与好友进行观点交流。

## 三 手机微信在历史教育应用中应注意的问题

将手机微信应用于历史教育中，并发挥积极作用的同时，我们也要

注意一些问题，如公众号众多，往往鱼龙混杂，好坏难分，那么在分享公众号、分享文章的时候就要注意分辨，尊重客观事实，不能把错误的信息传递出来，以免误导；在表达自己观点的时候要客观，注重正面宣传，不能带有情绪性的煽动等。

互联网的逐渐普及让大家在信息获取上趋于同步，教师在教学信息资源的掌握上不再具有绝对优势，教师的角色较以往有很大变化，在运用微信进行历史教育这点上，教师既是历史知识的传授者，也是历史知识的受教者。通过微信建立的良性互动，不仅能够让师生教学相长，也能使微友间共同成长，一起进步！

## 参考文献

［1］杨玲、王英凤、刘玥麟、曹秋雯：《浅谈微信在教育领域中的应用》，《鸡西大学学报》2015 年第 2 期。

［2］李春梅、李思齐：《大学生手机媒体媒介素养教育研究》，《青年记者》2012 年第 33 期。

［3］时荣：《移动学习的发展和应用状况综述》，《信息与电脑》（理论版）2012 年第 12 期。

［4］柳玉婷：《微信公众平台在移动学习中的应用研究》，《软件导刊》（教育技术）2013 年第 10 期。

［5］方志鑫：《从传播学角度看微信的兴起》，《科教导刊》2012 年第 2 期。

# 例谈历史命题中的价值取向

## 杭州市余杭区教育局教研室  陈杰

今年1月,笔者参与了一次市级的高中历史期末试题的磨卷,发现有部分试题在结论上过于陈旧或偏颇,其实现行教材早就摒弃了这些说法,但是这些试题在各类考试中或是老师们的教学中还屡次出现,这说明在我们的历史教学中,这些过时的或陈旧的结论还根深蒂固,甚至大有市场,这实际上反映了一个时代的价值判断,当然也反映了命题者的价值取向。现试举三例予以说明。

例1:第一次世界大战给人类带来了深重灾难,痛定思痛,人类开始探寻维护世界和平的新途径。国际联盟的成立就是这种探寻努力的结果。国联从一成立就宣称维护世界和平与安全,但它却在历史长河中留下了不太光彩的纪录,并放任了二战的爆发,其原因不包括:

  A. 国联盟约的很多规定模糊不清,漏洞百出

  B. 国联成为英法等少数大国操纵下的维护其霸权的工具

  C. 美与英、法在国联内争夺领导权,使国联成为双方争霸的场所,降低其效率

  D. 苏联被排斥在国联之外,美因国内反对未能加入,这大大降低了国联的权威性

该题答案是C,无疑是正确的,但也带来一个问题,那就是命题者是认可A项"国联盟约的很多规定模糊不清,漏洞百出"是导致国联未能遏制大战爆发这一说法的,此评价亦多见于网上,也反映了我国传统史学对国联作用的评价,那就是负面作用远远多于正面。那么这样的评价是否恰如其分?

现行人教版选修教材《20世纪的战争与和平》对国联盟约的主要内

容如维护和平、实行"集体安全"、"委任统治"等史实做了阐述,却并未予以评价,但教师在教学时必须作出评价。通常情况下,既要指出国联成立的积极意义,也要指出其局限性。正如《全球通史》中指出"国际联盟作为第一个立誓共同防御侵略、以非暴力方法解决争端的世界范围的国际合作组织,在世界历史上具有突出地位"。① 国际联盟虽然未能遏制战争,但在国际范围的卫生、社会、经济和人道等问题上建立了专门的机构,"取得了辉煌的成功。它在改善国际劳动条件、促进世界卫生、同毒品交易和奴隶贸易作斗争、克服经济危机等方面证明是很有价值的"。② 但是,国联最终未能实现和平,说明它在对侵略者的制裁上确有漏洞。笔者个人认为,其盟约"漏洞百出"的说法还是带有较多偏激和情感的成分,更重要的在于,国联未能阻止战争并不是其盟约的"漏洞百出"造成的而在于国联本身没有武装部队,无力阻止侵略事件,以及会员国一致同意原则,造成反应缓慢,效率下降。另外,一些强国没有加入而操纵者英、法推行绥靖政策,消极对待法西斯扩张等因素造成。正如斯塔夫里阿诺斯指出的:"20世纪30年代中,公然违犯《国联盟约》的做法之所以能一再取得成功,一定程度上就是因为西方领导人首先须予以注意的是那些压倒一切的国内问题。"③ 所以,国联最终放任战争的爆发,主要原因并不是盟约漏洞百出。

因此,笔者觉得上面一题如果题干不改动的话,可以对选项做些修改:

第一次世界大战给人类带来了深重灾难,痛定思痛,人类开始探寻维护世界和平的新途径。国际联盟的成立就是这种探寻努力的结果。国联从一成立就宣称维护世界和平与安全,但它却在历史长河中留下了不太光彩的纪录,并放任了二战的爆发,其原因不包括:

A. 国联本身没有武装部队,无力阻止侵略事件

B. 英、法推行绥靖政策,消极对待法西斯扩张

C. 美与英、法争夺领导权,造成国联效率低下

D. 苏俄和战败国都被排斥在外,降低了权威性

---

① [美]斯塔夫里阿诺斯:《全球通史》,上海社会科学院出版社1999年版,第608页。
② 同上书,第609页。
③ 同上书,第707页。

答案：C

例2：1928年，在签订《非战公约》时，帝国主义各国纷纷提出各自的保留条件。法国说可以进行防御战争，日本认为可以在中国东北自由行动。这些保留条件从本质上说明《非战公约》：

A. 充分尊重各国的主权　　B. 具有明显的虚伪性
C. 没有得到列强的认可　　D. 有很强的可操作性

答案为B，也就是说，命题者认为《非战公约》的本质是虚伪的，反映了命题者的价值取向和判断。传统的史学观点对《非战公约》的认识大抵如此，但是，近年来的史学著作对《非战公约》的叙述更具客观。我们不妨看看教材的叙述："《非战公约》是一战后战胜国对一系列外交政策进行调整的结果，它有利于巩固欧洲的和平秩序。它是第一个提出放弃把战争作为国家政策的国际条约，其中体现的尊重和平、摒弃武力的思想，有一定的进步意义。作为世界上大多数国家签字的一项国际条约，《非战公约》为和平解决国家之间的争端，奠定国际法中的互不侵犯原则，提供了重要的法律基础。"[1] 并且在第二次世界大战后成为国际军事法庭审判德、日战犯的重要法律依据。所以认为《非战公约》具有明显的虚伪性，笔者认为评价太过了。

当然，《非战公约》也有其局限性，主要体现在对侵略者并没有形成强大的约束力。列强借助各自的"保留条件"，为以后发动战争埋下了伏笔。也就是说，《非战公约》未能规定制裁侵略的具体措施，而依此认为《非战公约》本质上是虚伪的，是不符合历史事实的。《非战公约》的局限性主要体现在对侵略者缺乏约束力上，因此，此题的修改比较理想的是把正确答案B选项"具有明显的虚伪性"改为"没有强大的约束力"，从而避免价值判断上的偏差。

例3：1922年，印度人民与殖民当局发生了流血冲突。甘地认为自己犯了"一个喜马拉雅山般的错误"，宣布停止非暴力不合作运动，这说明了：

A. 甘地放弃对英国殖民者的幻想加强斗争
B. 甘地坚持非暴力抵抗以实现印度的独立

---

[1] 《普通高中课程标准实验教科书·历史·选修三·20世纪的战争与和平》，人民教育出版社2007年版，第41—42页。

C. 印度民族资产阶级的软弱性和妥协性

D. 国大党限制群众斗争

答案为 C。对甘地领导的非暴力不合作运动，以往我们总是推崇和肯定无产阶级暴力革命，认为印度民族资产阶级的"非暴力"道路是由于其阶级局限性（软弱性和妥协性）造成，没有立足于不同的国情，对追求民族解放道路的途径的认识简单化了。选 C 反映了命题者价值取向的偏颇。其实非暴力和暴力一样，殊途同归，只是方法不同。甘地停止非暴力不合作运动是希望这场运动能回到他设想的轨道上来，他并没有放弃理想和斗争。所谓民族资产阶级的软弱性和妥协性，是后人强加给他的。关于民族资产阶级软弱性和妥协性的命题，还多见于维新变法和辛亥革命失败原因的考查。我们不能把资产阶级的妥协性和软弱性当做解释中外历史上资产阶级革命或改革失败的灵丹妙方，这是一种暴力的逻辑。

以上三例其实是命题者价值取向的反映。所谓价值取向，它指的是一定主体基于自己的价值观在面对或处理各种矛盾、冲突、关系时所持的基本价值立场、价值态度以及所表现出来的基本价值取向。在历史教学中，价值取向关乎于教学目标中的"情感态度价值观"目标，培养学生的价值取向是历史教学的根本目标之一。而从命题中反映出来的问题，说明了在我们的历史教学中，价值观目标还没有得到应有的重视。学生答题时所反映出来的价值取向反映了历史教学中存在的问题和不足。

在今年 2 月的杭州市高考历史第一次模拟考试中，笔者有意命制了如下一道题：

例 4：五四运动爆发后，直系军阀吴佩孚发给大总统徐世昌通电："大好河山，任人宰割，稍有人心，谁无义愤？彼莘莘学子，激于爱国热忱而奔走呼号，前仆后继，以草击钟，以卵投石，……如必言直言者有罪，讲演者被逮捕，则是扬汤止沸，势必全国骚然！"这说明吴佩孚：

A. 同情学生并支持学生的正义行动

B. 表面上支持实质上主张镇压学生

C. 借机对北洋政府施压以争权夺利

D. 冒充爱国欺骗舆论企图统治中国

正确答案为 A。据本区部分学校 1114 名学生答题情况的统计，该题答题数据如下：

| 难度 | 区分度 | 选 A 数 | 选 A 率% | 选 B 数 | 选 B 率% | 选 C 数 | 选 C 率% | 选 D 数 | 选 D 率% |
|---|---|---|---|---|---|---|---|---|---|
| 0.47 | 0.19 | 526 | 47.22 | 307 | 27.56 | 229 | 20.56 | 52 | 4.67 |

从学生答题情况来看，该题难度为 0.47，成为本卷难度最大的题之一。该题中反映出来的主要问题不仅仅是"论从史出"的问题，而在于对直系军阀吴佩孚的认识，本质上取决于学生的价值观认识。假如这道题的题干中把"直系军阀吴佩孚"等字去掉，想必学生的错误率不会这么高。一直以来，在我们的认识中，对北洋军阀已经打上了深深的烙印，总是和卖国、镇压学生、黑暗统治连在一起，因此在分析个案时，也不会具体问题具体分析，把老师经常强调的论从史出、史论结合等答题原则均抛掷脑后，而大脑中固有的对北洋军阀的认识起了决定作用，这是长期以来阶级斗争史观的作祟。记得袁伟时先生讲过振聋发聩的话："过去还说北洋政府是卖国政府。错了，而且大错特错。实际情况怎样？收回国家的主权、利权，是从北洋政府开始的。"[1] 袁伟时先生的本意也许并不是要老师在教学中为北洋政府翻案，他其实是指出了历史教学中教条主义的现象，比如在分析历史人物时，往往戴着有色眼镜看人，非黑即白，非好即坏，偏离了辩证唯物主义的观点。

学生在答题中为什么会出现价值取向偏离的问题，其根源在于老师。本次高三模拟测验，我区有部分学校的历史老师与学生同时参与了考试，笔者听有的老师说，看到该题首先排除的就是 A，可见问题是出在老师身上。特别是年轻老师，在大学学习的只是教科书的知识，很少接触到前沿的研究成果。这使笔者想起了前两年的一次招师考试，笔者参与了那次招师的笔试考试，命制了如下一题：

例 5：中英《南京条约》的第一条为"嗣后大清大皇帝、大英君主永存平和，所属华英人民政府彼此友睦，各驻他国者，必受该国保佑身家安全"，对此条款分析准确的一项是：

A. 是为其侵略中国所作的托词

---

[1] 袁伟时：《昨天的中国》，浙江大学出版社 2012 年版，第 136 页。

B. 体现了英国对人身权和财产权的高度重视

C. 是国际条约文本格式的体现

D. 表明英国想与中国保持长久的和平关系

这道题的正确答案是 B，但在那次招师考试中 8 位"准教师"全部答成 A。为什么这些大学毕业生会全部认为是为其侵略中国所作的托词，而不是体现了英国对人身权和财产权的高度重视呢，这恐怕是这些学生所受的教育包括大学教育中所深深打下的痕迹，这种痕迹主要就是阶级斗争史观的痕迹，在整个中国近代史中，英国是侵略者，英国人所做的一切均与我们为敌，一旦戴上这种有色眼镜，我们看问题就会发生偏差。英国人将财产权和人身权的保护写入《南京条约》的第一款，不是侵略中国的托词，也不是礼节性的条文，而是英国政府和人们长期以来形成的理念，是英国国运兴衰的秘密所在。学术界有人认为，《南京条约》第一条是被忽视的重要条款，"国运兴衰、民族荣辱的规律，其实就隐藏在《南京条约》的第一条（或称第一款）中"，"英国人将对人身权和财产权的保护写入《南京条约》第一条，典型地反映了英国人的思维，这个思维源自悠久的历史传统——一个英国人极其引以为豪的历史传统"。[①] 英国对于人身权和财产权的重视，可以追溯到 1215 年的《自由大宪章》甚至更早一些时候。"从 13 世纪到 18 世纪，英国从中世纪转型到近现代文明社会。英国进入现代文明社会的核心标志，就是人身权和财产权受到有力的保护。人身权的保护，使人们避免未经依法审判即被逮捕、监禁和其他侵害，使生命安全获得保障。财产权的保护，可以保障个人的生存和独立，也可以限制国家权力对个人的侵犯，在此基础上形成对政府征税权力和财政收支预算的监督和控制，是人民约束政府权力的有效武器。这些都是现代文明社会的根基"。然而，这一条一直以来被忽视了。反映在历史教学中，就是文明史观的缺失，单纯以阶级斗争史观的价值取向看待近代史上的一切不平等条约。

命题或是解题中出现的问题反映了当今历史教学中存在的一个问题，那就是中学历史教师以怎样的价值观来解释纷繁的历史现象。用教材的观点教，固然没错，但教材只是一个教学的文本，很多时候不会提

---

① 洪振快：《被忽视的〈南京条约〉第一条》，《炎黄春秋》2011 年第 3 期。

供一个现成的答案，而需要教师的诠释。现在的问题在于，有部分教师对历史的认识还停留在十几年前，甚至远远落后于教材，陈旧的或是早已被淘汰的观点和认识还有意无意地出现在这些老师的课堂。我们应该反思，如何避免此类情况的发生？

笔者觉得，对一个历史教师来说，要养成学生正确的价值取向，在课堂中达成应有的情感、态度、价值观目标，应该做到以下几点：

1. 转变史学观念

通观初中、高中的《历史课程标准》、现行教科书以及高考命题，我们可以发现其中较突出地体现了三种史观——唯物史观、文明史观和全球史观。新的史观是在学习和实践中不断获得的，历史课的教学如果不能以新史观统领，就无法构建起学生正确的价值取向。黄牧航教授指出："如果不转变史学观念，所谓转变课程观充其量是使教师成为一个更优秀的资料搜集者，而所谓转变教学观也很可能就是运用更有效的方式方法把原有的一些陈旧错误的观念加以强化"。"要转变史学观念，我们要把握好两个问题：一是新的研究成果，二是新的思维方法。相比之下思维方法比研究成果更为重要"。[①] 历史教师应该具有理性的头脑，要有历史意识和世界眼光，引导学生客观地看待历史、现实和未来。

2. 提高专业素质

一个历史教师的价值取向跟他的视野密切相关。黄仁宇说过："历史研究最重要的不是才华，而是视野。"其实历史教学也是如此，历史教师要教好历史，最重要的是要有宽广的历史视野和厚实的史学功底，而这往往是青年历史教师的不足。而视野从哪里来？赵亚夫先生指出："读书和思考。读书是开阔视野的基本途径，绕不过去这条路的。而且，中学老师读书要宽些、杂些，这利于我们从不同渠道获得知识，从不同角度思考问题。读书可以丰富个体的社会经验，思考可以增长社会认识。……有了视野才能够具有可靠的判断力，判断力

---

[①] 黄牧航：《史学观念的转变与高考历史试题的命制（上）》，《中学历史教学参考》2008 年第 3 期。

是历史思维能力的基石。"① 只有常年不断地阅读和思考，才能吸纳新的学术成果，提升史学理论素养。

3. 增强课堂学术含量

教师要在课堂上关注史学研究新成果。在学生了解教材基本内容的基础上，适当引入新材料、新观点，拓展学生的学术视野。同时要把史学研究的基本方法引入课堂。让学生在基本方法的引领下，进一步理解史料与结论的关系，知晓结论得出的过程，在学习的过程中养成正确的价值导向。当然，"学术研究的成果在课堂教学中的引用需要张弛有度，不宜过分拓展。尽管高考命题引入新材料、创设新情境已经成为'新常态'，但中学课堂教学如果无节制地大量介绍史料和史学界的观点，无疑是舍本逐末，过犹不及。因此，'适度'地使用学术研究成果往往是中学课堂教学的最佳选择"。②

---

① 赵亚夫、卢阳：《我的新历史教育主张（四）》，《中学历史教学参考》2008年第9期。

② 袁廷虎：《从自由角度看雅典民主的弊端——由2014年新课标全国卷第32题引发的教学思考》，《历史教学》（中学版）2014年第11期。

# 求思疑无路 "变式"又一春
## ——高中历史试卷评析课变式运用的实践研究

萧山十一中　郑璇

## 一　高中历史试卷评析课的现状堪忧

历史试卷评析课是历史教师在日常教学中经常要遇到的一类课型，尤其是到了高中总复习阶段甚至变成了主要的课型。试卷评析科学、有效，则事半功倍。然而，平时教学时，经常听到有些老师斥责学生"这个问题都讲（纠正）过好几遍了，为什么又错了！"为系统地了解教师试卷评析的有效性，特做以下情况调查：

**高中历史教师试卷评析情况的调查问卷（选取部分）**

| 1. 上课前，你对试卷都认真批改过吗？（　　） ||||
|---|---|---|---|
| A. 总是批改 10.3% | B. 经常批改 35.2% | C. 偶尔批改 36.3% | D. 很少批改 18.2% |
| 2. 你是否对题目评析需要达成的教学目标进行预设？（　　） ||||
| A. 经常这么做 9.35% | B. 偶尔这么做 46.45% | C. 从没这么做过 20.97% | D. 学生知道答案就行了 23.22% |
| 3. 你对学生错题进行过变式训练吗？（　　） ||||
| A. 错误率高的这么做 15.2% | B. 主观题这么做过 24.3% | C. 偶尔这么做 20% | D. 讲过就好了 40.5% |
| 4. 你对学生错题一般采用哪些变式训练？（　　） ||||
| A. 类比变式 12.2% | B. 阶梯变式 25.4% | C. 拓展变式 16.7% | D. 其他 45.7% |

……

通过调查发现，教师在试卷评析过程中，主要存在这样一些问题：

1. 展示答案而不形成答案

教师在一堂课上安排东西比较多，给学生思考时间少，急急忙忙报一报答案或幻灯片呈现一下。长期如此，学生掌握程度不言而喻。我们需要教会学生怎么审题，怎么思考，怎么书写整个答案慢慢形成过程，而不是让学生简单记忆。

2. 主观讲述而没有针对性

有些教师上课时把自己精心准备的内容津津乐道讲解，学生在下面听得津津有味。但课后请学生一做，发现效果却并不好。其实道理很简单，因为这是我们教师自己的想法，不完全是学生的想法，掌握起来自然比较困难。

3. 有评析但缺乏合理变式

有时我们试卷也改了，问题也找出来了，但可能是为了赶进度，往往不讲或匆匆安排一点时间，蜻蜓点水的讲一讲就转入下一个问题。很多学生只知其然，而不知其所以然，没有真正领会题目的意思，更难做到举一反三了。

在浙江省进一步深化新课程改革精神引导下，给高中历史课堂教学带来了新的挑战与机遇。本文从尊重学生主体作用的角度出发，使教师的教学更有针对性，提出对错题进行变式训练，以期切实提高历史试卷评析课的有效性。

## 二 课题概念的界定

1. 何为变式？

笔者认为，"变式"即指通过变更对象的非本质特征以突出对象的本质特征而形成的表现形式，由老师与学生、学生与学生、老师和学生与教学资源等多种因素的相互作用构成的。

2. 何为变式教学？

所谓变式教学就是指教师有意识、有目的地引导学生对试题进行合理转化。通过变更概念非本质的特征、改变问题的条件或结论、转换问题的形式或内容，有意识、有目的地引导学生从"变"的现象中发现"不变"的本质，从"不变"的本质中探究"变"的规律的一种教学方式。

3. 何为试卷评析课的变式教学？

试卷评析课的变式教学是在教师引导下"学生主动—师生共进"的一种自然的试卷"变式"教学模式。教师针对试题中要解决的要点和需延伸的拓展目的，设计"挑动性"问题，激发促动学生去反思、变式拓展延伸，通过师生、生生协作进行思考，促进了学生对知识的融会贯通、方法的掌握和思维的有效提升，从而真正体现"以学促教"的理念，达到"轻负高质"的成效。

## 三　高中历史试卷评析课变式运用的策略

### （一）多角度地体现"变式"的特性

1. 突出重点，"变式"讲究针对性

评析课要针对难点、易混点、空白点、考点，要围绕重点内容和典型题多做文章，必要时需重新组构题目，设计教案，"突出重点，突破难点，加强思路分析，讲究对症下药"。针对试卷重难点、陷阱点，精选试题（具有内涵，可以变换背景，渗透思想方法或多种解题技巧），借题"多"讲，通过示错—纠错—变式训练的教学过程，不仅要渗透历史思想和历史方法，更要注重进行纵向和横向的联系，达到融会贯通。评析的内容要有一定的导向性和发散性，以激发学生的学习兴趣和探究欲望。纠正一例，预防一片。

2. 合理设置，"变式"增强激励性

教育学家第斯多费指出："教学的艺术不在于传授本领，而在于激励、唤醒、鼓舞。"在试卷评析课中多展示学生的解题思路、解题规范上的合理成分和学生的思维成果——优异解法、创造性的新颖见解，给予及时的鼓励、赏识，以增强他们的学习自信心。在掌握常规思路解法的基础上，促动学生联系习题进行联题、变式，让学生学有所思，思有所得，达到举一反三、触类旁通的效果。教师要善于发掘学生的潜在"能量"，让学生参与到课堂教学中来，让他们谈思路、谈方法、谈感受，为学生鼓掌、喝彩，让他们在研讨中得到知识和心理上的满足。

3. 分层教学，"变式"凸显层次性

《课标》要求面向全体学生，适应不同学校的条件和不同学生的学习需求，促使学生有个性地发展。那么具体到一个班级中，如何在探究性学习中解决好这个差异性的问题，做到因材施教呢？教师在备课的时候就要充分地了解学生，根据学生的掌握层次分成若干个学习小组，然后根据每组的实际水平设计出梯度不同的变式训练。对优等生问题的梯度可合理加大，对普通生可逐步升级，对后进生则可更加细致些。

4. 以题带面，"变式"体现综合性

教师分析题目时，要引导学生领悟并思索解题过程中涉及的知识点，查漏补缺，有无纵横联系，如何联系。这样有利于学生对知识的巩固、综合、运用以及解题能力的提高。采用相同知识归类，不同知识对比的方法进行讲评，对具有较大灵活性的典型题要作进一步的以题带面——"借题发挥"，精心设计有层次、有坡度，要求明确、题型多变的练习题，促使学生思维的发散。紧紧结合所讲试题进行适当的延伸或开展变式研究，形成一个经纬交织，融会贯通的知识网络，有助于学生全面、完整地理解知识间内在的本质的联系和发展，形成新的认识结构，使知识系统化。

5. 把控难度，"变式"注重适度性

变式训练的题目应具有典型性，即题目的难度和深度要符合学生学习水平，必须在学生的"最近发展区"内，学生可以"跳一跳，摘桃子"。题目还要做到少而精，有代表性，能针对教学的重难点和考点，起到示范引路、方法指导的作用，还应便于情境、设问、立意等的变化，从不同角度使学生对知识与方法有更深的理解。

（1）梯度和深度：在变式训练的过程中，既要注意由简单到复杂，由具体到抽象，有一定的梯度，同时又要有一定的深度，否则变式训练就会降格为一种低水平的重复。由易到难，层层递进。让问题处于学生思维水平的最近发展区，充分激发学生的好奇心和求知欲。要让学生经过思考，能够跨过一个个"门槛"，这样既达到训练的目的，又可以培养学生的思维能力，发展学生的智力。

（2）题量适度：其一是某问题变式的数量，我们不可能也没有必要穷尽一个问题的所有变式，在有些情况下，学生能够成功地辨别他们从未体验过的变式，更是历史教育的一个目标（成功辨别从未体验过的变异有时就是历史创新能力的一种体现）；其二是指在一定阶段所选取的拟进行变式训练的问题的数量，我们不应该也不需要每题必变，选作为变式训练的题目必须是典型的,有一定的代表意义,能体现特定的教学目的。

(3)关注拓展,挖掘延伸性:试卷评析从一定程度上讲是一个重新整理知识的过程。讲评过程中,教师要帮助学生借题发挥,类比延伸,调动已有的知识积累,理清相关的知识结构,使学生形成一个经纬交织、融会贯通的知识网络。力争讲活一题学生就能举一反三,触类旁通。要使学生对每道题既感熟悉,又觉新鲜。从心理学角度分析,新颖的题目对学生刺激强,学生做题的兴奋度高,容易集中注意力,积极性高,思维敏捷,能收到较好的训练效果。

## (二)多途径实施"变式"评析措施

利用"变式题组链"可以培养学生不依常规,寻求变异,从多角度、多层次、全方位地去思考问题,寻求答案的优良思维品质。

1. 变换背景材料,培养学生触类旁通、获取和解读信息能力

高中历史考试往往比较注重时政性,它与国际、国内的形势变化息息相关,这也是高中历史理论联系实际的重要特征。因此,在高中复习中一定要迎着热点,以时事热点、重点问题为载体和背景材料,找出课本中与之相关的知识点,分析情境,提高认识,理解原理。鉴于此,试卷讲评可以通过变换背景材料,培养学生时政的敏感度,学会触类旁通,提高获取和解读信息能力。同时变换背景材料,也很好地体现了理论联系实际,学以致用,考查学生解决实际问题的能力的命题思想。

【案例1】教学英国工业革命中提供母题

材料1:(图略)水晶宫是英国为1851年第一届世博会而建的展馆建筑,由玻璃和铁这两种材料构成,高三层,大部分为铁结构,外墙和屋面均为玻璃,整个建筑通体透明,宽敞明亮,故被誉为"水晶宫"。(注:维多利亚时代的建筑风格是笨重的,多为庞大的石头建筑。在这次世界博览会上,英国人一改往日的建筑风格)

材料2:图示英国居世界市场的中心;19世纪中期,英国的煤产量占世界总产量的2/3,是美国的7倍,是德国的8倍,法国的近10倍……生铁产量已经超过世界上其他国家产量的总和,达250

万吨，是德国的 10 倍。

——摘编自《历史》（必修 Ⅱ 第 105 页）

材料 3：在 15 世纪，世界被发现；在 16 世纪，人被发现；在 17 世纪，科学被发现。三把钥匙开启了第一届世界博览会的大门。

——《1851 年伦敦世界博览会：用了三百年作准备》

"结合所学知识指出 1851 年英国能够举办首届世界博览会的条件有哪些？"

变式一："根据材料 1 和所学知识，分析 1851 年首次世界博览会能够举行的条件。"

变式二："读材料并结合所学知识说明，1851 年英国举办首届世博会的主客观条件是什么？"

变式三："根据材料和所学知识，分析英国伦敦能够举办第一个真正的世界性的博览会有哪些条件？"

变式四："结合材料和所学知识，说明世界博览会给英国社会带来的影响。"

【评注】通过这样一系列变式，学生对英国工业革命的相关知识有了更深入的认识，同时也提高了从材料中提取有效信息的能力。

2. 变换设问角度，培养学生引申拓展、促进知识迁移的能力

变换设问角度的目的是开拓学生思路，培养学生发散思维能力、知识迁移的能力，同时提醒学生重视设问的新限定。高中阶段历史学科共开设三个必修模块，即《政治史》、《经济史》、《思想文化史》。高中复习阶段，我们可以在相同材料、同一知识模块和不同知识模块背景下设置不同角度的问题开展变式训练。

（1）同一知识模块不同角度

从同一知识模块的不同角度出发进行设问，答案也都有不同。需要指出的是，这些变式训练不是讲授一个个孤立的知识点，而是注重以一个点为中心编织的知识网络。通过一个背景材料，只要变换不同的知识角度，便可轻松达到引申拓展，知识迁移的目的。可见，开展变式训练有利于学生找到解题的窍门，形成"趣学"、"乐学"的氛围，大幅度

地提高高中历史教学质量。

【案例2】评析临时约法的试题时提供母题

材料（以下是《中华民国临时约法》的部分内容）

第二十二条　参议院议决事件，咨由临时大总统公布施行。

第二十三条　临时大总统对于参议院议决事件，如否认时，得于咨达后十日内，声明理由咨院复议；但参议院对于复议事件，如有到会参议员三分之二以上仍执前议时，仍照第二十二条办理。

第三十三条　临时大总统得制定官制，官规，但须提交参议院议决。

第四十五条　国务员于临时大总统提出法律案，公布法律及发布命令时，须副署之。

请回答：

据材料指出《临时约法》在政权建设上做出了哪些规定？有何积极意义？

变式一：根据材料和所学知识，分析《临时约法》在政权建设上的规定和历史意义。

变式二：读材料并结合所学知识说明，《临时约法》的规定和历史影响是什么？

变式三：结合材料和所学内容，请分析《临时约法》反映的时代主题。

【评注】通过这样一系列变式，学生对《临时约法》有了更深入的认识，对教材相对应的知识体系，有了更全面的把握。

(2) 不同知识模块不同角度

同一材料用不同知识模块的不同角度发问，是当前历史高中的常态，即一材多用。由此，需要教师在平时的练习中，培养学生材料的敏感性，知识的迁移能力。笔者以为，可以教师先做个范例，再让学生来试着出变式题。这样，不仅可以激发学生学习的兴趣，也提高了学生的实际应用能力。

【案例3】材料同案例2

运用相关知识，分析《临时约法》在政权建设上做出了哪些规定？有何积极意义？

在原问的基础上，笔者让学生从最简单的角度思考问题，比如限定在同样背景材料下、同样的设问角度，自己思考还可以从哪些不同模块角度分析此问题，既可以是一本书的模块知识，也可以是模块下的具体知识点。在此要求下进行变式训练会让学生在初始阶段方向更加明确。现展示学生的部分学习成果：

变换设问一：结合材料，运用相关知识分析《临时约法》的历史意义。

变换设问二：结合材料，对照美国1787年宪法与《临时约法》的比较。

变换设问三：结合材料，比较《临时约法》与新中国第一部宪法的异同。

【评注】学生在共同学习修改的过程中，积极性被极大的激发出来，一些在日常教学中老师苦口婆心强调的道理如今都"无师自通"了。

3. 变换考试题型，培养学生发散思维，提高各题型解题能力

同样的背景材料，主观题的题型大体有四种，即"是什么"——体现类、说明类等；"为什么"——原因类、依意义类等；"怎样做"——措施类；"辨析题"——评析、评价等。选择题的分类可以比较细化，有说明类、因果类、意义类、措施类、图文类、组合类等。通过从不同角度，不同模块知识设置不同题型的变式问题，让学生掌握不同题型解法，深化内化书本知识，提高思维灵活性能力。

【案例4】主观题不同题型的变式
换个角度看辛亥革命。
角度1：从海峡两岸不同的角度看辛亥革命。
角度2：从社会史的角度看辛亥革命。
角度3：从思想文化的角度看辛亥革命。

角度4：从"民族主义"、"民权主义"、"民生主义"的角度看辛亥革命。

【评注】不同题型的变式，让学生意识到审题时要仔细，同时在组织答案时，要根据题型的不一样，而有所调整，使答案的编写更切题，提高得分率。

4. 变换试题难度，培养学生创新意识，提升思维深刻性能力
（1）选择题变成主观题

高中选择题均由两部分构成：题干和题肢。每个选择题一般只有一个立意，即一个中心思想。同时它是单选题，有四个选项可以选择，所以至少有25%的正确率。而高中历史主观性试题的特点：信息量大，能力层次多，综合要求高，选拔功能强，学生失分比例比较高。若把选择题改成了主观题，无疑提高了试题难度系数，可以培养学生的创新意识，提升思维深刻性能力。

【案例5】原题选择题：

（2015年浙江高考题）14. 下列选项不能体现宗法制及其影响的是？（　　）

A. 封建亲戚，以蕃屏周　　B. 谱牒不立，则传久而失宗

C. 父死子继，兄终弟及　　D. 内举不避亲，外举不避仇

变式成主观题：

宗法制度是由氏族社会父系家长制演变而来的，是王族贵族按血缘关系分配国家权力，以便建立世袭统治的一种制度。其特点是宗族组织和国家组织合二为一，宗法等级和政治等级完全一致。

这种制度确立于夏朝，发展于商朝，完备于周朝，影响于后来的各封建王朝。按照周代的宗法制度，宗族中分为大宗和小宗。周王自称天子，称为天下的大宗。天子的除嫡长子以外的其他儿子被封为诸侯。诸侯对天子而言是小宗，但在他的封国内却是大宗。诸侯的其他儿子被分封为卿大夫。卿大夫对诸侯而言是小宗，但在他的采邑内却是大宗。从卿大夫到士也是如此。因此贵族的嫡长子总是不同等级的大宗（宗子）。大宗不仅享有对宗族成员的统治权，

而且享有政治上的特权。后来，各王朝的统治者对宗法制度加以改造，逐渐建立了由政权、族权、神权、夫权组成的封建宗法制。

结合所学知识，说明宗法制的含义和影响。

【评注】通过这一变式，提高了学生对材料的把握能力，也让学生更加明确了考试命题的特点，更好地领会出题者的意图。

（2）主观题变换设问难度

主观题设问的难度即教师设置的问题要有适当的难度，在激发学生的好奇心和求知欲的同时，应能够实现学生知识的迁移和能力的提升。教师变换主观题设问难度主要是让学生对知识的理解和把握有一个循序渐进的过程，变式的问题要难易适中。如果问题太难，学生容易产生思维"短路"，从而会挫伤他们学习的自信心和积极性。

【案例6】（2015年浙江高考题39题）材料三　晚清以降，国人科技意识因"师夷"而增长。康有为、梁启超等人冲决专制制度和伦常之网罗，接引"西学"以启蒙。进入民国，各主要报刊加入对《临时约法》的大讨论，民主与科学思想得以倡扬。北洋军阀上台，妄图复古倒退，陈独秀等奋起反击，掀起新文化运动。

关于新文化运动的起因，有学者侧重于从晚清以来西学东渐的演变历程分析，也有的侧重于从1915年前后各种主客观因素分析。

——据李侃等《中国近代史》整理

阅读材料三，关于新文化运动的起因，你侧重于哪一种观点？试结合史实扼要论述。

变式一：结合材料，用鸦片战争以来的中国近代史的发展，说明新文化运动的起因。

变式二：结合材料，用政治因素知识，说明新文化运动的起因。

变式三：结合材料，用民族资本主义发展有关知识，说明新文化运动的起因。

变式四：结合材料，从思想解放角度，说明新文化运动的起因。

【评注】原题学生感觉还是比较难的，当把原题分解成一个个小问题时，再让学生做就轻而易举了。通过这一变式，让学生领悟到试题可以这样剖析，提高了思维深刻性。

## 四 高中历史试卷评析课变式运用的再认识

在浙江省进一步深化课程改革的当下，在教研室的大力支持下，经实践证明，在高中历史复习中，试卷评析的变式教学是切实有效的。

### (一) 显著成效

1. 增强了学习历史兴趣和历史素养

爱因斯坦曾说过"兴趣是最好的老师，真正有价值的东西，并非仅仅从责任感产生，而是从对客观事物的爱与热忱中产生的"。通过历史试卷评析课变式运用，学生体验到探究的乐趣，享受到教育的快乐。在这样的氛围下，学生进一步学会运用历史的思维方式去观察、分析和解决历史问题，真正提高了他们的历史素养。

2. 培养了学生问题意识和提问能力

高中历史课程标准在过程与方法中明确规定"具有较强的问题意识，能够发现和提出有探究价值的历史问题，敢于质疑，勤于思索，逐步形成独立思考的能力，善于与人合作，具有团队精神"。通过试卷评析课变式运用，有利于培养学生的问题意识，使学生具有较强的批判精神，善于从多角度、多侧面地看待问题，提出新的思路与解题方法，充分彰显学生个性，使学生创造性学习，培养学生思维灵活性。

3. 提高了学生历史学习的课堂效率

在课堂教学过程中，学生从之前的被迫接受到如今乐于学习的学习态度的转变，开始学会学习，学会反思，课堂效率大大提高。

我们做了统计，发现：

| 时间<br>选项 | 月考成绩 | | 2014学年期中校<br>联考考试成绩 | | 2014学年杭州市<br>第一次教学质量检测 | |
|---|---|---|---|---|---|---|
| | 优秀 | 良好 | 优秀 | 良好 | 优秀 | 良好 |
| 对照班 | 12% | 38% | 15% | 36% | 18% | 40% |
| 实验班 | 20% | 45% | 27% | 48% | 30% | 50% |

4. 有效促进了教师教学的业务水平

要想试卷评析的变式教学有效，教师就必须精心设计自己的课堂教学，认真进行教学行为的课前准备，课堂教学过程中如何创建师生互动的教学环境，鼓励学生积极参与变式教学活动等，课后及时进行教学反思，不断总结自己的教学得失。这就有力地促进了教师课堂教学方法技能的提高，促进了教师课堂教学的不断优化，教学效果也随之不断提高。

（二）反思

1. 变式评析的关键，纠错过程和解题思路形成过程

为什么有的题目老师一讲再讲，学生还是一错再错？老师往往只讲"解答过程"，而忽视了分析"解题思路的形成过程"！有这样一部分学生，从来是听得懂老师的讲评，但自己做不出题！可见，试卷讲评的重心更应当是"解题思路的形成过程"。教师除了要讲"怎么做"，更重要的是分析"为什么能这样做"、"怎么想到"、"为什么想不到"。做错的题除了要讲"错哪儿"还要分析"为什么错"。只有让学生亲身体验、经历、探索"解题思路的形成过程"，才能感悟知识的本质，提高讲评的有效性！

2. 变式评析不要面面俱到，要详略得当，重点突出

试卷讲评，面面俱到显然不可行。教师应当加强题目功能与作用的研究，从而确定讲评的方式：粗讲？细讲？展开讲？合着讲？只是某一个知识点被卡住，那就可以粗讲；有些题解题思路无法形成，那就需要细讲；有些题涉及解题策略和解题方法，就需要设计变式练习，展开讲；同一份试卷中还有些题用了相同的知识点，相同的技能技巧或相同的历史思想方法，就可以合着讲。例题的选择、处理和讲评重点的确定，要根据学生答题情况、试题的作用及教师的教学目的而定！

3. 变式评析重视纠正补偿，让学生将知识真正内化

经过了课堂上一次讲评，学生真的掌握相关知识了吗？学生的错误思维的修正和新思维的形成需要反复的训练才能得以巩固。因此，试卷讲评后要对讲评的内容及时进行矫正和补偿，这是试卷讲评的延伸，也是保证讲评效果的必要环节。纠正和补偿的手段有很多，如当堂检测、指导学生做好错因分析、独立订正错题、进行错题整理归类。鼓励每个

学生都有一个"纠错档案袋",练习中的一些易犯的、常犯的错误,易混淆的知识点,记录在其中,并时常地去翻阅,让知识真正内化!

**参考文献**

[1] 鲁献蓉:《对新的课程改革背景下课堂提问技能的思考》,《课程·教材·教法》2010年第10期。

[2] 严永金:《名师最激发潜能的课堂提问艺术》,西南师范大学出版社2011年版。

[3] 朱卓军:《历史课堂变式训练的设计策略》,《高中历史教与学》2012年第3期。

# 2014年文综12题（浙江卷）评析

浙江省严州中学　谢余泉

文综12题（浙江卷）系历史卷的第一题，是历史高考的入门题，对考生来说，其难易程度、立意导向、科学与否直接影响考生考场的心态；对命题者来说"行家一出手就知有没有"，直接体现命题者的水平、风格、认知结构等。因此，文综12题备受高中历史教学界的关注。此题引起笔者关注是因为：笔者所在学校在全省总分前100名的2名考生里，其他选择题全对，就答错该题。其原因为何？本文从命题形式与立意、考查内容与目标、命制的科学性、思想性等进行一些探讨，求教于大家。

## 一　命题形式与立意：坚持学科特点，体现课改方向

从2014年12题命题形式来看，文综浙江卷继承了前几年的风格，即创设新情境，提供新材料命题设问，坚持了历史学科特点，如2011—2014年的12题就基本保持了这一风格。

（2011年）在历史发展的进程中，人类社会逐步告别"小国寡民"时代，世界从分散走向整体。下列项中，与"小国寡民"相关的是：

（1）老子向往的理想社会　　（2）屈原追求的"美政"理想
（3）罗马法的基础　　　　　（4）雅典民主制的重要条件

A．（1）（2）（3）　　B．（1）（3）（4）
C．（1）（4）　　　　D．（3）（4）

（2012年）东西方先哲的思想，有的倾向哲理思辨，有的倾向实际功利。其中贯穿着讲究实际功利精神的是：

（1）墨家学派的诉求　　（2）王阳明心学的主旨　　（3）智者学派

的主张　（4）百科全书派的共同追求

A．（1）（3）　　　　　　B．（2）（4）

C．（1）（2）（4）　　　　D．（1）（3）（4）

（2013年）在人类文明史上，许多思想家对后世产生影响常常是通过教育的途径。下列思想家中通过私学培养人才的有：

（1）孔子　（2）韩非　（3）朱熹　（4）亚里士多德

A．（1）（2）（3）　　　　B．（1）（2）（4）

C．（1）（3）（4）　　　　D．（2）（3）（4）

（2014年）如何看待物质需求，东西方思想家中有人认为"放纵自己的欲望是最大的祸害"，有的甚至提出"去人欲"，也有的针锋相对："穿衣吃饭，即是人伦物理"。下列人物中，明确表达上述主张的有：

（1）苏格拉　（2）亚里士多德　（3）朱熹　（4）李贽

A．（1）（2）（3）　　　　B．（1）（2）（4）

C．（1）（3）（4）　　　　D．（2）（3）（4）

历史学是门"材料学"，人类对自身历史的认识主要源自于各种史料的整合分析，史识与史论建立在史料基础之上。高中学生对历史的认识主要来自于经专家编纂的史料——教材。因此本省绝大部分历史老师都在践行"用教材教而不是教教材"这一理念，贯彻"史论结合，论从史出"这一原则，历史课堂精选各种史料组织教学。就试题形式而言，历史题目与其他学科最大的区别就是充分利用史料组题。基于此，历史高考考核目标和要求的第一项就是"获取和解读信息"的能力要求。2014年12题创设了"如何看待物质需求"这一新情境，提供了亚里士多德"放纵自己的欲望是最大的祸害"、理学家"去人欲"、李贽"穿衣吃饭，即是人伦物理"三则材料组题，符合历史学科的最基本特点，也符合学科能力要求。而且通过"创设新情境，提供新材料"来命题，能够增强考试信度，能在同一平台上考查学生对材料的整合、解读能力。但历史高考题如果仅仅"形似"历史题目是远远不够的。

从2014年12题命题立意来看，"以能力立意，寓价值教育于试题中"的意识在主观上得到了充分体现。2014年高考38题的题引中甚至明确指出："学习历史，不仅要广泛阅读，更要感悟智慧，融会贯通"，说明命题组专家主观上有意引导中学生探求历史智慧。笔者以为历史智慧对于高中生来说，包括历史学习的方法和历史学习的见识两个方面。

从历史学习的方法来看，纵观近四年12题，尽管受题型的客观限制，在一道小小的选择题中还是能够看出命题者重视引导考生熟知中外历史知识将历史事件"融会贯通"，培养和提升考生全球视野，明白"从世界去思考比思考世界重要"的道理。重视历史学习方法的指导和运用是浙江卷的一大优点和传统，如2010年38题"从国民政府政策措施的角度，简述导致民族工业处于这一境地的原因"；2011年39题"从思想、社会和政党政治三个方面，分析戈尔巴乔夫的政治改革是如何导致苏联解体的"；2012年23题里根时期美国经济"学生作诗题"；2013年39题"五位一体"的角度研究历史的方法；2014年39题"中法关系题"历史学习的迁移法。特别值得一提是2014年39题"中法关系题"，高中教材提到了中美、中日关系正常化及建交，对其意义考生多少能分析出几点，而中法建交中学教材没有学过，但命题者要求考生"结合材料一、二，联系所学知识，特别从新中国外交的演变、20世纪60年代世界政治格局的大背景，论述中法建交的重大意义"。笔者认为这不是超纲，而是考查学生的知识迁移能力，考查学生对历史事件的"融会贯通"能力。类似题目在全国卷中也经常出现。

从历史学习的见识来看，命题者有意引导考生从历史学习中"感悟智慧"，这体现了新课改理念，普通高中教育目标是培养具有现代意识的合格公民，而一个合格公民则必须具备包括民主法治观念、爱国思想、社会责任感、辩证理性思维和独立人格、科学精神和人文情怀、创新意识、全球视野、和平和合作理念等等的素养。作为对高中历史教学有导向作用的高考命题理所当然要承担起道德教化和价值引领的使命。2011年12题题引"在历史发展的进程中，人类社会逐步告别'小国寡民'时代，世界从分散走向整体"蕴含全球史观，具有全球视野的价值引领。2012年12题题引"东西方先哲的思想，有的倾向哲理思辨，有的倾向实际功利"，未对倾向哲理思辨和倾向实际功利作自我的褒贬评判，实际上蕴含了文化多元性的价值引领。2013年12题题引"许多思想家对后世产生影响常常是通过教育的途径"蕴含了教育是文化传承的重要途径，因此要重视教育的价值引领。2014年12题的本意是在物欲横流、道德滑坡的当下，引导考生探求物质需求和精神追求的辩证关系。最值得肯定的是2014年38题的第2问"试揭示明朝中后期在经济领域中（含农业、手工业、商业等）日益凸显出来的新气象和政府实行的老政策"，这一问蕴含了上层建筑要适应经济基础的历史智慧，其文字背后让人窥测出命题者之强烈的社会责任感。但遗憾的是该题败笔也比较明显：试题"智慧"地引用了黄仁宇《万历十五年》有关史料，却没有广大教师想象的"智慧"地从黄仁宇大历史观来考查有关问题，反而考查"简述明朝中后期的政治形态，并分析造成政治日益黑暗的重要原因"，并且造成明中后期政治日益黑暗的重要原因的答案不是从大历史观出发的，而是程式化地、教条地运用书本的语言：宦官专权。这就稍有点文不对题，与"智慧"也相去甚远了！

## 二 考查内容与目标：主观坚持学科主干，客观陷入程式化

2014年12题考查古希腊的亚里士多德、宋明理学和反正统的李贽，都是学科主干知识。突出主干知识有利于减轻学生和教师的压力，彰显人文关怀；有利于克服备考中脱离教材、过分依赖教辅的被动局面，突出课改精神。坚持考查学科主干知识是浙江卷一大特色。但如果把2014年12题与2011年以来的12题进行纵向比较，就会发现2014年高考题目明显缺乏原创性而陷入了程式化。原创性就是创新，是高考题的基本要求，不能抄袭和模仿各地模拟卷、测试卷，甚至要求不能模仿和抄袭自己。高考对教学具有导向作用，高层次的创新高考题必然对高中历史创新教学具有推动作用，否则会陷入程式化。所谓程式化，就是按照规定的公式步骤去办事，墨守成规，不会变通。2014年12题陷入程式化主要表现在：

首先，就试题考查的内容即知识点而言，近4年浙江卷12题大多是中国古代思想史和世界思想史（更多的是古代希腊思想史）的结合。中国古代思想家集中考查诸子百家中的孔子、老子和韩非子，宋明理学的朱熹和王阳明，明清之际的思想家李贽、顾炎武和黄宗羲；世界思想史除了2012年考了百科全书派之外，其他几年都考古希腊的思想家（注意：2012年38题大题中考了古希腊的思想家和明清之际思想家李贽、顾炎武和黄宗羲）。重点知识主干知识不是说不能重复考查，但作

为高考卷短期内大量出现、经常出现则必然会影响高考信度。而且从近4年文综12题实际考查来看，会给师生得出"12题就考中古和世古思想史"这一程式化结论。浙江卷命题知识点的重复，类似的命题还有，分封制（2011年38题考周秦制度比较，2012年13题考分封制内容），西方民主政治（2010年39题考美国制度设计，2012年考法美宪法评价），明清商业经济，如会馆（2011年15题和2014年38题）、江南市镇经济（2013年和2014年38题）、明朝内阁（2009年16题和2014年38题）。另外近几年来浙江卷还有大量的自我模仿题，如2014年18题仿2011年18题，2011年39题仿2010年38题等。

其次，就试题考查的能力要求而言，近4年浙江卷12题大多考查的第二项"调动和运用知识"的第一级"辨别历史事物和历史解释"的"再现知识"的能力；考查的历史思维能力是比较能力，思维定向是求同，即数学中的合并同类项或求交集。而2014年12题连这点都未能达到，是单纯的"再现知识"能力考查（三句话分别是谁说的！）。类似的能力考查相对集中的还有"史料的价值"题（2011年14题，2012年15题，2013年13题，2014年13题）；压轴题的评价能力的考查（浙江自主命题6年压轴题每年都考查评价能力，其中5年考辩证评价能力）；甚至近3年连续出现看似考查"概括"、"评价"能力，实际上是考查书本上现成的结论的"会考型"试题，如2012年的"分别用一句话概括希腊哲学家苏格拉底、亚里士多德在西方学术史上的地位"，2013年的"分别概括其历史意义"，2014年的"评价其在文学史上的地位"。试题难度是下降了，但是失去了能力考查的目的。

## 三 命制原则与细节：题目设计缺乏科学性与思想性

科学性是试题之生命，关乎考试信度，体现试题水平，承载社会责任。笔者以为科学性可从两方面来说，一是试题所给材料经过精心选择，具有真实性、科学性与代表性，明白无误，没有歧义；二是命题设置语句通畅，一气呵成，题干和题肢对应明确，问题指向明确、直接。

首先，从材料看，2014年12题所选三则材料分别是亚里士多德"放纵自己的欲望是最大的祸害"、理学的"去人欲"和李贽的"穿衣吃饭，即是人伦物理"。从单则材料看，亚里士多德在《伦理学》中阐述了他的"中道"学说,并认为"中道"是一种德性。所谓中道,就是人们用理智来控制和调节自己感情与行为,使之既无过度,也无不及,而自始至终保持适中的原则。因此亚里士多德说:"克制自己的欲望比战胜自己的力量还要勇敢","放纵自己的欲望是最大的祸害"。北宋大儒程颐提出"存天理,去人欲"。人有欲望,有正常的欲望和妄想的欲望,正常的欲望就好比吃饭睡觉,是天生的、本能的欲望;妄想的欲望就像吃饱了还要吃,睡醒了还想睡。去人欲说到底是知止,是守常,是戒定,人欲一去,则所留下的即为天性。天性纯良,即为至善去恶,可生般若,可得菩提心,可成天人合一。因此试题"如何看待物质需求"这个主题下,"去人欲"这则材料就不切题了。而且"去人欲"这个观点根据现行高中教材,考生只能知道是理学家观点(人教版教材必修三专题一第三课《宋明理学》未提及,第四课《明末清初的思想活跃局面》的第一目"李贽的反正统意识"中提到"针对正统理学家'存天理,去人欲'的命题,他提出'穿衣吃饭,即是人伦物理'的主张"),而试题要求"明确表达上述主张",这就明显超纲,强人所难了。李贽在《焚书·答邓石阳》:"穿衣吃饭,即是人伦物理;除却穿衣吃饭,无伦物矣。"认为日常生活是最基本的道德生活,离开穿衣吃饭即无所谓道德。人类所有道德活动都与物质生活密切相关,穿衣吃饭是人类一切行为的原动力和终极目的。因此他反对以超越人类物质生活的天理为最高伦理原则的道德观,指出它限制了人们日常生活中对物质需要的追求。

由此可见,亚里士多德从中道出发反对放纵自己的欲望,理学从存天理出发主张去人欲,李贽从反正统出发,肯定穿衣吃饭即是人伦物理。三者都没有反对人的物质需求,何来试题中李贽与亚里士多德的"针锋相对"?更何况"针锋相对"需要特定的场景或情境,双方可以是面对面的,也可以是隔空喊话,但不能如当下电视剧中的玩"穿越"一样。明朝的李贽如何与古希腊的亚里士多德和宋朝的程颐"针锋相对"?!

设计科学是命题之本。2014年浙江卷中科学性方面值得商榷的还有14题《山阴志》。经查,明清时期,会稽、山阴为绍兴府附廓两首县。民国初年(1912年2月),裁撤绍兴府合并会稽、山阴县并改名为绍兴县，山阴县名消失。题目所给《山阴志》部分目录"选举、书院、学堂、新军、警察"可知是清末。中国有"盛世修志"传统，但是最后一部山阴县志为嘉庆时期（1803年）所修，清末民初以来并没有编成过以山阴命名的方志（民国《会稽县志》则修成于1926年），即《山阴志》是命题者伪造的，就如中学历史教学界熟知的古希腊"帕帕提"材料一样。同样，新中国成立以来特别是改革开放以后，编纂过方方面面的绍兴方志，但加了书名号之《绍兴志》也查无此书，也属编造。15题：清末某官员谈到铁路修建时说："内开未尽之地宝，外收已亏之利权，是铁路之利，首在利民，民之利既见，而国之利因之，利国之大端，则征兵转饷是矣。"这一言论的含义是 A "求富"、"自强"；B 师夷长技；C 中体西用；D 民生主义。材料是洋务派代表张之洞所言，从题目来看，所给4个答案只能选A。但从材料所反映的内容看，作者的思想是"首在利民，民之利既见，而国之利因之"，是典型的民富而国强思想，而这恰恰是维新派甚至是革命派的基本观点。历史人物的思想是复杂的，张之洞与维新人士关系也非常密切，提出这一思想也是可以理解的。但是，依据材料就把它设计为洋务运动的"求富自强"这个选项，有简单化地对历史人物进行贴标签的味道，更是命制中史料解读之误。

其次，从命题设置看，2014年12题模仿了前三年12题。在表述上，2011年12题"在历史发展的进程中，人类社会逐步告别'小国寡民'时代，世界从分散走向整体。下列项中，与'小国寡民'相关的是"的历史进程表述到位，有"分散"和"整体"两个相对立的状态，人类从分散走向整体。题目考查"分散"（小国寡民）的相关知识点的整合。2012年12题的表述"东西方先哲的思想，有的倾向哲理思辨，有的倾向实际功利。其中贯穿着讲究实际功利精神的是"试题中给出了"倾向哲理思辨"和"倾向实际功利"两类思想家，题目考查有关"倾向实际功利"的思想家的知识点整合。2013年12题的表述"在人类文明史上，许多思想家对后世产生影响常常是通过教育的途径。下列思想家中通过私学培养人才的有"试题明确告知考生"许多思想家对后世产生影响常常是通过教育的途径"题目考查哪些思想家通过私学培养人才，该题尽管只列出一种现象但考生很明确知道题外之意还有种对立的现象。三题都有比较求同的能力要求。试题所述明确直接，没有歧义。而2014年12题的表述"如何看待物质需求，东西方思想家中有人认为'放纵自己的欲望是最大的祸害'，有的甚至提出'去人欲'，也有的针锋相对：'穿衣吃饭，即是人伦物理'。下列人物中，明确表达上述主张的有"，按照正常的题目表述"如何看待某物，有的……有的……"这类题目，必然所给的观点是对立的，然后选择某一个"有的"，如前三年的12题。而2014年的12题，给了三个相互不对立有交叉的"有的"，最后来个"明确表达上述主张的有"这一问，使题目漏气了。如此，还不如把题目改成"放纵自己的欲望是最大的祸害"、"去人欲"、"穿衣吃饭，即是人伦物理"依次是哪些人的观点。而且，此题如此命制使考生无法把握这个题目想说明什么，这样该题失去了价值。

思想性是试题的灵魂。作为国家级的测试，历史教学的"情感态度价值观"目标寓于测试题目之中。2014年12题的本意是好的，在物欲横流、道德滑坡的当下，引导考生探求物质需求和精神追求的辩证关系，只可惜试题题引"如何看待物质需求，东西方思想家中有人认为"放纵自己的欲望是最大的祸害"，有的甚至提出"去人欲"，也有的针锋相对："穿衣吃饭，即是人伦物理"的这个表述中看不出题目究竟要给考生什么样的价值引领：第一则材料很明显是反对纵欲，更何况这个"欲"不一定就是"物质需求"；第二则材料理学的"去人欲"中的"欲"据笔者所知，当今绝大部分高中老师把它理解为"物质需求"，理学家倡导要提升道德修养必须要抵制"物质需求"。从题引中"有的提出'去人欲'"前命题者加"甚至"一词，说明命题者反对"去人欲"，接着命题者笔锋一转（用了"针锋相对"一词）引出第三则材料"穿衣吃饭，即是人伦物理"可见命题者是赞赏"穿衣吃饭"这种"物质需求"的。由此笔者把命题者的价值观加以梳理：材料一反对过分追求物质需求，材料二反对"去人欲"即肯定一定的物质需求，材料三赞赏"穿衣吃饭"这种物质需求，从中看不出有"针锋相对"两种不同价值观而是肯定人的需要而且应该追求物质需求。这就与命题的初衷背道而驰了！

总之，高中教育倡导创新教育，重视学生的创新能力的培养。而对中学教育有直接导向作用的高考，如果其命题为了"省事"、"求稳"

而陷入程式化，让人感觉是"意料之中、情理之外"，则不利于中学课程改革和创新教育；新课程提倡素质，重视培养学生公民素养，重视社会主义核心价值观引领，而思想性缺失或混沌的试题则不利于正确价值观的引领和学生素养的提高。高考试题设计无法十全十美，但是在科学性、思想性、原创性等基本要求上是不能出差错的。

# 浅议高考历史小论文题的阅卷反馈与反思

——以 2015 年高考江苏卷小论文题为例

**南京市宁海中学 曾义青**

近几年无论是全国还是江苏高考卷，小论文题已经成为某种固定题型，小论文题也因其立意新颖、开放度高、综合性强等特点备受关注，被视为最能体现学生能力与水平的题型之一，并通过几年的发展，此种题型也日渐成熟，无论是教师还是学生都已对其形成了一定的认识。但从笔者 2015 年参与的江苏省高考小论文阅卷反馈来看，小论文的教学和学习依然还有很大的空间。

## 一 试题分析

小论文题通常分为两种类型即历史阐述型和历史探讨型。[1] 所谓历史阐述型是指对所给材料中的某一观点或结论进行说明，主要考查学生对于具体史实等知识的理解和运用。2011 年江苏高考小论文题"论证陈旭麓先生提出的观点"是历史阐述题的典型代表。历史探讨型则要求学生对材料和题目中的某一观点进行评价、探讨，这就要求学生既要亮明自己的观点又要对观点进行具体的论证和评价，无论是对思维能力还是论证能力都较历史阐述题有较大提高，2015 年江苏高考的小论文题就是这种探讨型题目的典型代表，原题如下：

23.（15 分）生产流水线是美国工业生产组织形式的一种创新。阅读下列材料：

材料一 亨利·福特的创新是用于生产的流水线。放上零件的

---

[1] 苏继红：《高考历史论证题的解题策略——以近年全国课标卷 41 题为例》，《中学历史教学参考》2015 年第 5 期。

人不去固定它，放上螺栓的人不用装上螺帽，装上螺帽的人不用去拧紧它。正因为流水线有如此的速度，福特才得以在以后的十年中每年的生产量成倍地增长，并使零售价降低了三分之二。到 1914 年，路上行驶的每两辆汽车中就有一辆是福特汽车。

——摘编自韦尔奇《美国创新史》

材料二　流水作业法的普遍采用推动了汽车时代的到来，从而引起了居住方面的革命……汽车的普及推动了一场社会革命，遏制了人口进一步向城市集中，从而使人口得以从饱和的城市向郊区扩散。

——李庆余《美国现代化道路》

材料三　1921 年，喜剧大师卓别林兴冲冲地参观了海蓝公园的福特工厂，并与福特在总装流水线旁微笑合影。当时人们把福特看作一个创造奇迹的大师，但在 15 年后，他已经成为劳动者的公敌。在《摩登时代》里，卓别林毫不客气地讽刺了他的这位资本家朋友和残酷的流水线。这部默片时代的经典电影也是迄今为止对大机器生产的非人性批判得最深刻的一部。

——杜君立《历史的细节》

请回答：

（3）据上述材料并结合所学知识，就"大机器生产的非人性"这一观点，从客观公正的立场写一篇小论文。(9 分)（要求：观点明确；史论结合；逻辑严密；表述清晰；280 字左右）

通过材料分析可知"大机器生产的非人性"暗喻了工业文明的发展既解放了人力又提高了人们的生活水平，同时也将人沦为了机器的附庸，扼杀着人性，可从正反两个方面进行论证。考生首先应从客观公正的角度分析、评价"大机器生产的非人性"这一观点，大机器生产是不是完全是非人性的？它有没有促进社会的发展和人性的解放？学生在答题时，开始就应旗帜鲜明的亮出自己的观点，然后运用所学知识对观点进行论证。如大机器生产是如何推动人类社会发展的？大机器生产的非人性主要表现在哪些方面？这就要求学生在材料分析的基础上充分利用所学知识，对观点进行论证。由此可见，小论文题不仅考查学生获取和解读信息、调整和运用知识、描述和阐释事物的能力，更要求论证和探讨问题的能力。

## 二 解题策略

### （一）立意要找准，论点需明确

例1：首先，大机器生产加强了对工人的压榨，使工人像陀螺一样在流水线上工作，大大加强了资产阶级对工人的剥削和压榨，使得工人的生活水平下降，工人受到了非人性的待遇。其次，大机器生产使得越来越多的工厂使用机器，工人被解雇，失业严重，从而引发严重的经济危机。此外，大机器生产还引发严重的环境污染，容易使工人患上职业病，也不利于社会的公正公平。所以，在《摩登时代》里，卓别林毫不客气的讽刺了他的资本家朋友和残酷的流水线。

立意可以说是命题者主要意图的体现，也是解题的关键所在。材料一、二肯定了大机器生产的积极作用，材料三批判了对工人阶级非人性的剥削，应从积极和消极两个方面进行分析。但从例1我们可以看到该考生在答题时没有明确自己对于"大机器生产的非人性"这一观点的认识，只是单纯从非人性的角度对大机器生产进行批判性论述，缺乏对整体材料的把握和灵活运用，就观点进行论述，也反映了考生在平时学习中学科思维的薄弱与僵化。

### （二）史论相结合，论据典型性

例2：大机器生产对社会发展既有积极作用又有消极作用。工业革命后，西方资本主义国家工业获得很大发展，生产流水线提高了生产量，生产出更多的产品，所以西方资本主义国家加紧了对中国等落后国家的侵略，在世界范围内倾销商品、掠夺原料，比如中国，就一步步沦为半殖民地半封建社会，所以对这些被侵略国家来说，大机器生产是非人性的。但西方国家在侵略的同时，又给这些落后地区带来了先进的机器和思想，促进这些落后地区的发展，又有积极作用。

论据是小论文题的主体核心，也是主要失分区。所以论据要求史论结合，论据典型，切忌空谈或史实错误，所举论据和论点不相关等现象。例2的答案充分体现了论点和论据"两张皮"的现象。题目中"大机器生产的非人性"反映了资本主义经济危机后人们对于大机器生产的反思。结合本题三段材料，论据应围绕第二次工业革命后大机器生产对于西方国家发展的影响展开。从材料一中"十年中每年的生产量成倍的增长，并使零售价降低了三分之二"，材料二中"推动了汽车时代的到来"、"引起了居住方面的革命"等相关信息不难判断出流水线作业的大机器生产提高了劳动生产力，提高了人们的生活水平，从材料三"卓别林毫不客气地讽刺了他的这位资本家朋友和残酷的流水线"等描述不难看出大机器生产加强了对工人阶级的剥削，使工人的生活质量受到影响，进一步加剧了社会的贫富差距。例2的答案中论点和论据分离，不具有典型性和系统性。这也反映了在当前模块教学下，学生对知识的掌握是零星碎片式的，想到哪写到哪，缺乏对所学知识的整体架构。

## （三）论证逻辑清，层次要分明

小论文题不同于一般的简答题，作答时要体现"论证"的特点，即论点要鲜明、论据要典型、论证层次清晰，更要紧紧围绕论点，逐层深入探究。2015年江苏高考小论文阅卷依然采取SOLO分层评价法进行评分，从低到高逐层量化考生的能力，具体如下：

| 评分细则<br>等级 | 论点方面（2分） | 论据方面（4分） | 论证方面（3分） |
| --- | --- | --- | --- |
| 一等 | 明确提出客观公正的论点（2分） | 论据充分，能联系材料和史实，对观点进行对应论证（4分） | 层次分明；史论结合；逻辑严密；表达通畅（3分） |
| 二等 | 隐含客观公正的论点（1分） | 论据较充分，能联系史实对观点进行对应论证（3分） | 论证较完整，表述清楚（2分） |
| 三等 | 论点偏颇（0分） | 论据不充分，仅能联系材料对观点进行论证（2分） | 论证欠缺说服力，表述不清楚（1分） |
| 四等 | 论点不合理；无论点（0分） | 至少涉及一个要点（1分） | 要点式列举（0分） |

在阅卷过程中，笔者发现考生答卷中逻辑混乱、层次不清的现象依然普遍存在，主要表现为"论点不明确，与论据混为一谈"，如有的考生一开始就进行论据说明，没有明确的论点；"论据重复、交叉"没有层次，一个论据可能多次重复出现于一篇文章中；论据脱离论点，史实混乱错误，概括和总结提升不够等现象。

### （四）答题需规范，文章要完整

经过几年的磨炼，大部分考生在答小论文题时，基本都会按照小论文"论点—论据—论证"的规范要求来答题，但依然有少数考生在答题时要点化、序列化，完全不符合小论文的答题要求。加之很多学生在答题时书写不规范，字迹潦草，错别字连篇，这必然会给自己的得分带来不必要的影响。小论文既然是以一篇文章的形式呈现，并且有明确的字数要求，学生在答题时还应注意文章全面统筹，首尾呼应，切忌只亮观点，没有论据，不进行论证。

## 三 教学反思

2015年江苏省高考小论文题的平均得分为3.93分，较去年相比有了1.3分左右的提升，学生在小论文题的答题技巧和解题思路方面都有了较大的进步，通过阅卷反馈可知大多数学生都能够从摆明观点、史论结合、分层论证等三个方面入手。如何使学生在掌握这些"技巧"的同时，更能提升自身的学科思维以及分析问题、解决问题的能力？笔者觉得我们可以从几个方面加以努力：

### （一）打破模块框架，重构历史体系

高中历史课程标准以模块与专题相结合的方式构建知识体系，是想通过"变换认识历史问题的角度，适当地提高学习的难度和抽象性，并赋予这种理论的抽象性以更为具体更为丰富的历史内容，使理论同史实更好地结合"。[1] 而据笔者多年一线教学的情况反馈，模块与专题相结合的组织形式，因为照顾专题的纵向发展线索，所以导致了知识系统的破碎，使得知识的跳跃性和重复性增强；又因为考虑到多样化的专题内容及其教育价值的需要，所以呈现出专业化和学术化的趋势。[2] 因此在教学过程中教师要勇于打破模块框架束缚，重构历史体系。在学生掌握基本历史知识的基础之上，引导学生灵活运用不同的历史观，多角度思考和分析历史现象，形成纵向和横向的知识网络体系，学会多角度、多层次的分析和解决问题。

---

[1] 朱汉国、王斯德：《普通高中历史课程标准解读（实验）》，江苏教育出版社2003年版，第50—51页。

[2] 姚锦祥：《高中新课程实践引领》，南京师范大学出版社2010年版，第31页。

## （二）强化思维训练，提供思考空间

新《课程标准》在"实施建议"的论述中提到："高中历史教学应在分析重大历史问题的基础上，揭示历史发展的整体性和规律性，注意历史课程与其他课程之间的联系，进一步提高学生的历史思维能力，注重学习过程与方法，培养学生的历史意识，学习用历史的眼光看待问题。"而历史思维能力主要体现在对学生阅读理解材料并提取有效信息的能力上；对历史人物、历史观点、历史现象进行评价的能力上；运用历史和相关学科知识解决当今社会一些重大问题的能力上。而小论文题正是这种能级要求的集中体现。教师在日常教学过程中，要善于利用教科书设计新问题，适当精选一些要点进行探究，或者提供新的材料情境、设计新的问题，给学生足够的思考空间，让学生在深化理解知识点的基础上，更要学到分析研究的方法，增强其知识灵活运用的能力。

## （三）关注学术前沿，强化基础知识

就历史学科而言，高考注重考查知识，不限于教科书，而是以历史教科书为基础扩展到整个历史学科，因此一些历史学科学术研究动态也经常出现在高考试卷中，尤其是像小论文这样的开放性试题，更是学术研究前沿动态的集中区域，反之历史教科书具有一定的稳定性，一些学术研究成果超越了教科书的内容，甚至出现了和教科书内容相悖的结论。故笔者觉得有必要在教学中适当突破教科书内容的认知视角，拓展学生的视野，以进一步提升学生的思维能力。通过阅卷反馈，笔者还发现了虽然大部分学生小论文题目解题技巧已基本具备，但在论证的过程中却充分暴露了基础知识薄弱的问题，常常出现张冠李戴的史实错误，所以在日常的教学过程中，既要关注学术前沿，也要注意夯实基础，避免在答题中出现史实错误的硬伤，影响考试成绩。

# 运用 SOLO 分类评价理论提升
# 高三历史复习教学的有效性

萧山区第二高级中学　金伟国

## 一　有效教学的提出和评价体系的重要性

20世纪上半叶，西方学者研究认为有效教学（Effective teaching）就是在符合时代和个体积极价值建构的前提下，其效率在一定时空内不低于平均水准的教学。当然，这个概念比较抽象。首都师范大学历史系教授赵亚夫在谈到有效教学时提出：有效教学，就是有意义、有价值的教学。有效教学要拒绝教学内容肤浅、教学思想绝对、教学整体无意义的学风。就现在来说，凡是能最大限度地达到新课程三维目标（知识与能力，过程与方法，情感、态度与价值观）的要求、促进学生个性发展的教学，就是有效教学。可见有效教学在高中教学中的意义是非常大的。

而如何开展有效教学，更是仁者见仁智者见智。诸如：提升教师的素质，提高课堂教学的效益；运用多学科渗透教学策略，提高教育教学的效率和质量；师生互动营造和谐的课堂氛围，提高教学效果等等。但是，这里有个如何检验的问题，怎么才算是真正的有效教学，这就需要一个科学的评价体系。只有有了科学的评价体系，才能了解我们的教学是否还存在着鲜为人知的缺陷，了解我们的教学是否真正有效。所以说评价体系是非常重要的。

## 二　传统评价体系的局限性

既然我们提到，有效教学就是要更好地实现三维目标。但是在现实的教学过程中，我们是否实现了这些目标呢？笔者的结论是不得而知。

原因是我们传统的评价体系过于单一。传统的评价体系小到平时测验，大到高考，无非是在检测三维目标中的知识与能力，少有检测过程与方法，而情感、态度、价值观根本无法体现。也正因为高考这个硬杠子，大多数历史教师包括笔者在内，都不得不重视知识与能力，很少重视过程与方法，基本不重视情感、态度和价值观。这样对学生的长远发展是不利的，也违背了新课程改革的初衷。

那么在我们只关心学生知识与能力的政策下，他们的三维目标到底实现得如何呢？

笔者为此做了一个测试。高三刚完成必修一专题六的学习，为检验学生的学习情况，笔者给学生们布置了一个问题：在学习完必修一专题六第三课《罗马人的法律》后，你有什么收获？笔者在上交的作业中随机挑选了两份。

学生甲：德国法学家耶林格曾说：罗马曾三次征服世界，第一次以武力，第二次是以宗教，第三次则以法律，而第三次征服也许是其中最为和平和最为持久的征服。通过贵族与平民的斗争，罗马制定了第一部成文法——《十二铜表法》，以此为起点，罗马法学不断完善，随着罗马的扩张，罗马的公民法逐渐发展为万民法，使法律有了更大的适用范围，形成了独具特色的政治文明。自然法的提出，标志着罗马法学的高度集中，其蕴涵的人人生而平等的思想，是对罗马法律的升华和概括，推动了近代法学的发展。罗马法巩固了罗马政权，促进了社会的稳定和发展，对后世来说，罗马法为西方法律的提出和政治制度的确立提供了基础，但罗马法也存在局限性，法律是维护统治阶级的工具，体现了资产阶级的意志，在一定意义上罗马法不可能实现真正意义上的法律面前人人平等。

通过这一节的学习，我认识到：制定法律必须适应历史发展的潮流。罗马人根据自己的国情制定法律，使罗马成为一个大帝国，对于中国的政治文明建设具有重要的借鉴意义。

学生乙：罗马法的建立是一个长期、漫长的过程。正如罗马城一点一点地建立起来，罗马的法律也是经过不断地完善才建立成为影响千年而不衰的法律。罗马法的法律规则、法律制度、法律观念都是非常超前的，我觉得这得益于罗马的人民，人民追求民主和平互利……他们的思想是鲜活的，这使罗马法充满了人性。在历史的长流中，罗马的平民、

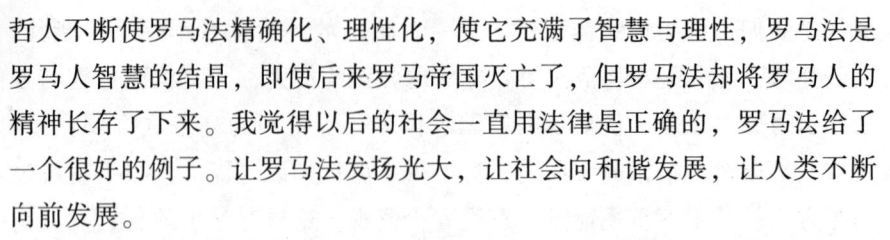

哲人不断使罗马法精确化、理性化，使它充满了智慧与理性，罗马法是罗马人智慧的结晶，即使后来罗马帝国灭亡了，但罗马法却将罗马人的精神长存了下来。我觉得以后的社会一直用法律是正确的，罗马法给了一个很好的例子。让罗马法发扬光大，让社会向和谐发展，让人类不断向前发展。

《罗马人的法律》的三维目标如下：

| 知识与能力 | 了解下列基础知识：十二铜表法、自然法、罗马公民法、罗马万民法。通过对以上知识的了解，使学生掌握罗马法的发展过程和历史作用，引导学生认识罗马法的历史意义 |
| --- | --- |
| 过程与方法 | 在教师的指导下，学生就罗马法的起源、罗马法的内容发展和罗马法的历史作用三个问题进行归纳和总结，全面理解罗马法的内涵 |
| 情感、态度与价值观 | 通过对罗马法的全面归纳和评价，教师要引导学生认识罗马法的历史意义和法律、法制在现实政治生活中的价值，最终肯定法治在现实社会生活中是一种最合理的国家治理方式，具有不可替代性 |

如果按照三维目标进行评价的话，学生甲的知识与能力远远高于学生乙，而过程与方法基本持平，但是在情感、态度与价值观上，反而是学生乙的感悟要多，要充满热情和人性。而两人平时的考试成绩的差距是很大的，这里笔者分别打分如下：

| 学生＼项目 | 甲 | 乙 |
| --- | --- | --- |
| 知识与能力 | 90 | 60 |
| 过程与方法 | 70 | 70 |
| 情感、态度与价值观 | 75 | 90 |
| 考试平均分数 | 91.5 | 46 |

通过测试证明，在传统的评价体系下，考试成绩好的同学的三维目标实现度竟然与考试成绩一般的同学相差无几。

为什么会出现这种结果呢？什么才是科学的评价体系呢？我们如何引导"低分高能"的考生考出好成绩呢？

### 三 科学的评价体系及其实施过程

#### （一）教育试验的过程与体会

所谓科学的评价体系就需要既关注评价的结果，也关注评价的过程；既关注量的评价，也关注质的评价。简单地说就是评价系统要兼顾三维目标的各个方面，这里有一个著名的智能理论。

20世纪80年代，美国著名发展心理学家、哈佛大学教授霍华德·加德纳博士提出多元智能理论，他认为人类的智能是多元化而非单一的，主要是由语言智能（Linguistic intelligence）、数学逻辑智能（Logical-Mathematical intelligence）、空间智能（Spatial intelligence）、身体运动智能（Bodily-Kinesthetic intelligence）、音乐智能（Musical intelligence）、人际智能（Interpersonal intelligence）、自我认知智能（Intrapersonal intelligence）、自然认知智能（Naturalist intelligence）八项组成，每个人都拥有不同的智能优势组合。而传统的评价都集中在语言智能和数学逻辑智能上。因而在这两个智能组合优势明显的学生，往往也是评价中的胜利者，而在其他几项智能组合有优势的学生，在评价体系中就无法得到体现。所以必须进行多元化的评价体系。

在这里笔者大胆地把历史学科的三维目标和多元智能理论结合起来。于是就有了以下的结论。

| 知识与能力 | 语言智能 |
| --- | --- |
| 过程与方法 | 数学逻辑智能（部分）、空间智能（部分）、人际智能 |
| 情感、态度与价值观 | 自我认知智能 |

可能不是很准确，笔者的理解主要是身体运动智能、音乐智能、自然认知智能在历史的三维目标中基本是无法体现的，它们主要是靠体育、音乐还有社会活动等来实现的。而我们能做的，就是在历史学科的范围内尽量地实现语言、数学逻辑、空间、人际、自我认知这几个智能。

为此，笔者在复习完必修二专题二《近代中国资本主义的曲折发展》后，又进行了一个小测试。在这个测试中，笔者特别说明必须尽量发挥你们的聪明和才智及多种手段来谈谈中国民族资本主义的发展过程，以四人小组为单位。目的是测试学生的空间智能、人际智能、自我认知智能等。班级总共56人正好分为14组，完成后随机收上来4组。

小组一

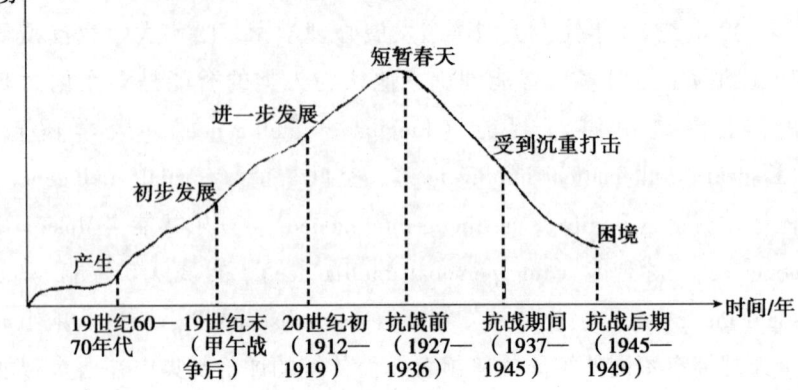

发展趋势

                    短暂春天
              进一步发展        受到沉重打击
        初步发展
                                困境
   产生
                                          时间/年
   19世纪60— 19世纪末  20世纪初  抗战前    抗战期间   抗战后期
   70年代   （甲午战  （1912— （1927— （1937—  （1945—
          争后）    1919）   1936）   1945）   1949）

近代中国资本主义的曲折发展

小组二

|  | 19 世纪六七十年代 | 19 世纪末 | 20 世纪初（1912—1919） | 国民政府前期（1927—1936） | 抗日战争（1937—1945） | 抗战之后（1946—1949） |
|---|---|---|---|---|---|---|
| 清政府 | 夹缝中产生 | 初步发展 | — | — | — | — |
| 北洋政府 | — | — | 短暂春天 | 短暂发展 | — | — |
| 国民政府 | — | — | — | — | 受到打击 | 陷入困境 |

小组三

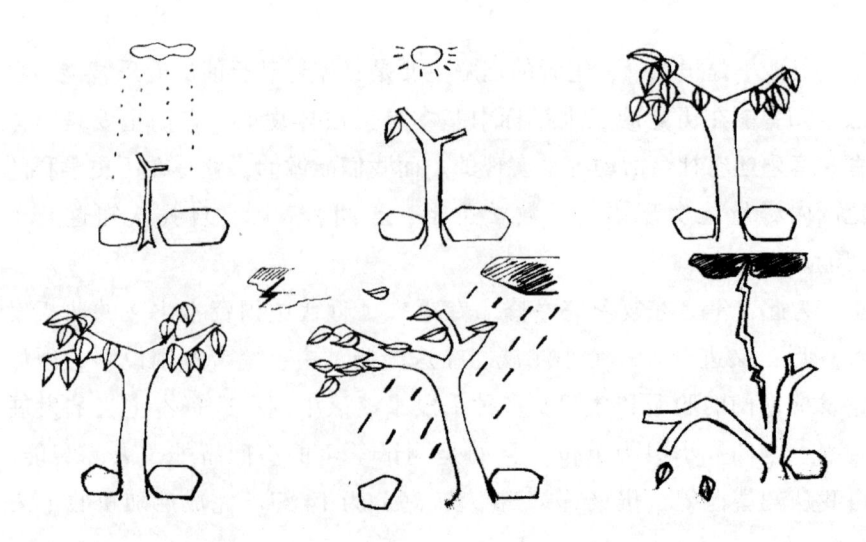

小组四

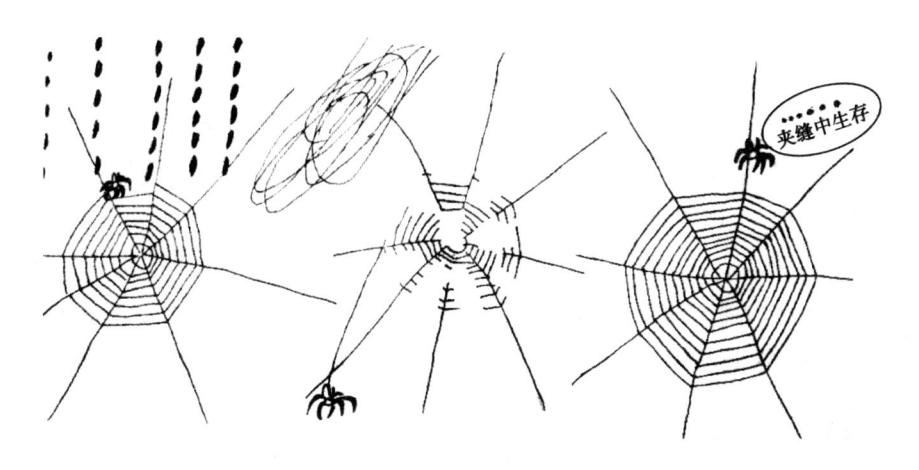

这次测试，四个小组各自发挥了自己的长处。小组一运用了曲线图，形象地展现了民族资本主义发展的过程；小组二用了表格，体现了不同政府下民族资本主义的发展状况；小组三用了漫画，分六个阶段生动地展现了民族资本主义的产生、初步发展、进一步发展、短暂发展、遭到破坏、陷入困境的过程；小组四也用了漫画，尽管没有完整地表达民族资本主义的发展过程，但是笔者认为，这个小组把中国民族资本主义的生存状况表现得非常到位——夹缝中求生存。这是他们讨论合作的结果。所以，这次测试使他们的空间智能、人际智能、自我认知智能都得到了很好的发挥。而在各个小组中起主导作用的，"差生"反而居多。当笔者把四个小组的平时成绩（基础测试、一模、二模的总分）拿出来比较的时候，又发现了微妙的现象。如下：

| 成员组别 | 1 | 2 | 3 | 4 | 平均分 |
| --- | --- | --- | --- | --- | --- |
| 小组一 | 240 | 234 | 243 | 238 | 238.75 |
| 小组二 | 234 | 237 | 241 | 229 | 235.25 |
| 小组三 | 218 | 229 | 217 | 220 | 221 |
| 小组四 | 217 | 208 | 198 | 195 | 204.5 |

我们认为小组一和小组二的成绩较好，这两个小组的曲线图和表格都完整地展现了民族资本主义发展的各个阶段。小组三和小组四的成员

成绩略低，这两个小组都运用了漫画的手段，想象力十足，跟前两个小组比起来过之而无不及。

通过两次测试，我们了解了，在传统评价体系中得到较高评价的，并不一定真正把三维目标都实现了，换言之，单纯的考试成绩并不能证明教学的有效性。我们眼中的"差生"，反而是我们最感到愧疚的，因为他们其实很优秀。科学的评价体系的重要性可见一斑。

近年来，一种最新的历史科学评价方法——SOLO分类评价法诞生了。SOLO分类评价法由香港大学比格斯（Biggs）教授首倡，是一种以等级描述为基本特征的质性评价方法。SOLO是英文"Structure of the Observed Learning Outcome"的缩写，意为"可观察的学习成果结构"。比格斯等通过大量的实践研究，根据学生的回答能力、回答思路、回答的一致性和相对收敛程度、整体结构这四个特征，将学生回答问题由低到高划分为五个层次。

SOLO分类评价法将学生学习结果由低到高具体划分为以下五个不同的层次：

**"SOLO"思维结构的五个层次划分**[①]

| | | |
|---|---|---|
| 第一层次 | 前结构层次 | 未能形成对问题的理解，回答时逻辑混乱或同义反复，没有论据支撑 |
| 第二层次 | 单点结构层次 | 仅找到一个解决问题的思路，但却就此收敛，仅凭一个论据就得出结论 |
| 第三层次 | 多点结构层次 | 能提供多个解决问题的思路，但各思路之间彼此孤立，未能把这些思路有机地整合起来 |
| 第四层次 | 关联结构层次 | 能将多个解题思路联系起来，形成多点论据支撑下的结论 |
| 第五层次 | 拓展抽象结构层次 | 能够对问题进行抽象的概括，从理论的高度来分析问题，而且能够深化问题，使问题本身的意义得到拓展 |

学生的学习成长必然要经历由低级阶段向高级阶段的发展过程，是由少到多的"量"的积累，再发展到"质"的跃迁。根据历史认识的基本特征，我们可以将学生的历史学习分为三个阶段，感性认识（历史

---

[①] 黄牧航：《SOLO分类评价理论与高中历史试题的命制》，《历史教学》2004年第12期。

事实的认定)、知性认识(历史过程的复原) 和理性认识(历史规律的探寻)。[①] 如果将"SOLO"的基本原理和历史认识的基本特征进行对接,按照两者各自划分的不同层次进行有机关联,构建出"历史思维能力层次"的基本框架。

**"SOLO"思维层次与历史思维能力层次**

| "SOLO"层次 | 历史思维能力层次 |||
|---|---|---|---|
| | 思维层次 | 层次内容 | 能力素养 |
| 单点结构层次 | 基本史实 | 基本史事;历史概念 | 对历史基本要素的认识和理解能力;获取历史信息的能力 |
| 多点结构层次 | 发展过程 | 背景原因;发生条件;发展过程;史事结果;史事影响 | 历史时序性的意识和理解能力;历史的时间逻辑思维能力;探究历史因果律的能力 |
| 关联结构层次 | 综合分析 | 综合分析历史发生发展的相关因素和基本特征 | 历史共时性的意识和能力;历史的空间结构思维能力(物理空间和社会空间);探究历史因果律的能力 |
| 拓展抽象结构层次 | 总体评价 | 1. 实质、性质、特点;2. 地位、作用、意义、影响;3. 规律性总结、综合性概括 | 史学观念;价值标准;时代意识 |

该表总体上具有四个特点:一是依据历史认识的规律特征,充分体现历史学科的基本属性;二是依据了认知科学理论,尤其是当前普遍认同的SOLO分类评价理论;三是将布鲁姆分类目标的一般性描述,内化在具体的历史学科能力表述中;四是呈现不同的思维层次,各属别之间呈现出一般历史思维过程的逐级关系。

(二) SOLO分类评价理论在教学中的适当运用

1. 优化问题指向,以个性处理促进学生思维发展

学生的学习具有个性特点,这反映了学生的学习思维存在明显的个性差异。有的偏向于逻辑思维类型(如:分析、比较、概括),有的偏向于形象思维类型(如:直接鲜明的事物、人物、地名、各类条文的内容),有的热衷于历史之谜的探究,有的专攻经济史、政治史、思想文

---

[①] 姜义华、瞿林东、赵吉惠:《史学导论(修订本)》,复旦大学出版社2010年版,第71页。

化史、军事史等，不一而足。教师的问题指向应符合学生的个性特点，在课堂教学中，教师适当设置些菜单式的问题让学生自主选择，可有效激发不同学生参与的积极性，有助于学生的个性发展。

例如：在必修二专题七第一课《社会主义建设道路的初期探索》一课结束前，教师可以设置这样一组问题供学生自主选择一个回答，以激发不同学生参与的积极性。A. 评价列宁在苏俄探索社会主义建设中的作用；B. 比较新经济政策与战时共产主义政策，并分析新经济政策"新"在何处；C. 新经济政策、罗斯福新政、中国改革开放被称为20世纪三大历史性的改革运动，它们的共同点是什么？D. 联系我们今天的改革开放，谈谈苏俄20世纪20年代的改革对我们的启示。

问题的指定回答要能照顾到学生的"点"、"面"和"个性"，为了调动每一个学生学习的积极性，让他们主动参与教学过程，教师必须对指定回答的对象进行适当的分配和指导。首先，教师必须细心观察班级里谁在积极参与活动，谁对参与活动不感兴趣，对不愿参与的要调动其积极性；其次，对于不善于表达思想的学生要给予锻炼机会，对于学习不好的学生，让他们先回答比较简单的问题，不断地给予鼓励和帮助，使他们逐渐地赶上去；最后，要特别注意坐在教室后面和两边的学生，这些区域常常被教师忽视。

值得注意的是，学生思维能力的提高是一个从量变到质变的过程，由开始对知识进行简单的"复制"，而后进行深入思考，从"是什么"发展为"为什么"、"怎么样"，逐步提升。由于学生认知水平的局限，加之历史内容的错综复杂，在短时间内完成对某一问题的完整而准确的认识是不可能的，因此需要一个时间周期，有时甚至还会出现循环反复，需要教师付出一定精力和足够耐心。

2. 遵循思维认知规律，关注思维分层

"SOLO"的五个层次划分，体现了思维认知规律，对学生思维能力素养有更高的要求。教师可以根据历史思维能力层次的递进关系，设计不同层次的教学内容，帮助学生进行完整的历史知识学习和思维能力素养的培养。

例如，学习"中国传统文化主流思想的演变"的教学内容时，可以将其分为四个实施步骤：

（1）分别了解中国古代著名思想家及其思想的核心内容，例如孔子、孟子、荀子等诸子百家，董仲舒、程颢、程颐、朱熹、陆九渊、王阳明、李贽、黄宗羲、顾炎武、王夫之等；

（"SOLO"的"单点结构层次"，要求学生掌握最为基本的史实内容）

（2）将这些思想家及其核心思想按照时间顺序排列，概括中国古代主流思想形成与发展的演进过程，认识中国古代主流思想发展过程中不同的阶段性特征；

（"SOLO"的"多点结构层次"，将史实依据时间顺序进行排列，清晰历史发展的基本线索，认识历史发展的阶段特征）

（3）联系必修一"古代中国的政治制度"和必修二"古代中国经济的基本结构与特点"等内容，进一步认识思想文化与政治、经济之间的互动关系；

（"SOLO"的"关联结构层次"，分析影响历史发生发展的相关因素，通过不同视角揭示历史错综复杂的相互作用关系）

（4）分别从思想、经济、政治等方面，将中国古代主流思想与西方思想进行比较，通过异同比较，概括人类思想发展的共性特征，分析东西方思想存在的差异及其根本原因，揭示人类思想发展潮流的共同趋势，确立弘扬中华民族时代精神的基本立场。

（"SOLO"的"拓展抽象结构层次"，依据时间顺序和空间结构，依据正确的立场观点和科学的研究方法，形成正确的历史认识，得出合理的历史结论）

以上四个设计步骤，是根据学科知识的内容和"历史思维能力层次结构"而形成的一个教学设计。不仅有助于学生历史学习的顺利进行，还有助于教师教学策略的灵活调整。

笔者认为，SOLO分类评价理论结合了多元智能理论，能有效全面地评价学生的真实水平。我们也欣喜地看到，2006年广东省在高考历史试卷中首次运用SOLO分类评价法，2007年上海高考同样采用。2010年高考全国文综新课标卷第40题第3小问："根据材料并结合所学知识，阐述对恩格斯所说的'历史前提'的认识。"在评分细则里，采用了SOLO分类评价法。2011年、2012年全国新课标文综卷"'西方崛起的观点'评述"题;"近代中国'冲击—反应'模式"题,也都采用了SOLO分类评价法。这反映出当前高考对学生思维能力层次的关注。

总之,传统的评价体系不能充分评价学生,而高考这个无形的压力又使得历史教学的功利性增强,给我们的科学教学与评价带来很多困难。SOLO分类评价法为我们打开了一个全新的窗口,作为一种与学科教学和考试结合紧密的新的评价思路和方法,给课堂教学提供了一个极具操作性的教学模式。但是,SOLO分类评价法尚处于探索和完善阶段,要真正实现新课程改革的要求,真正实现三维目标,历史教学专家和一线历史教师还任重道远。笔者学力绵薄,难免出错,请赐正。

**参考文献**

［1］黄牧航:《SOLO分类评价理论与高中历史试题的命制》,《历史教学》2004年第12期。

［2］赵亚夫主编:《历史课堂的有效教学》,北京师范大学出版社2007年版。

［3］张华、钟启泉、崔允漷主编:《为了中华民族的复兴,为了每位学生的发展》,华东师范大学出版社2001年版。

［4］赵亚夫主讲,卢阳记录:《我的新历史教育主张》,《中学历史教学参考》2008年第6、7、8、9期。

［5］［美］霍华德·加德纳:《智能的结构》,沈志隆译,人民大学出版社2008年版。

［6］姜义华、瞿林东、赵吉惠:《史学导论(修订本)》,复旦大学出版社2010年版,第71页。

# 精心设计练习　提高备考效率
## ——以"中国古代商业经济"复习为例

### 浙江省严州中学　夏安腊

近年浙江卷试题总体结构稳定，风格平实，体现浙江特色，切合中学教学实际，但在命题上注重"能力立意"。笔者选择以设计练习为突破口来帮助学生夯实基础，培养学生发现问题、分析问题、解决问题的能力。

### 一　把准考点，精编习题

考纲规定的考点是高考命题的重要依据。因此，深入研究与解读考纲是把握考点，精编习题的关键。在复习中，将考纲与教材有机结合起来，做到依纲靠本。一方面认真研读考纲，深入了解考试内容、考点，把握好教材重点和近年高频考点，做到心中有数、有的放矢；另一方面，在练习设置中力求每一道题都符合考纲要求，达到落实考点、巩固基础、培养能力的目的。通过考纲与教材的有机结合，让学生了解高考的题型，明确复习备考的方向，把握好知识的深浅度，提高复习效率。

如"中国古代商业—古代商业都市"考，这一考点是教材的重点，也是近年高考的高频考点，笔者先统计了浙江卷近五年该考点的考查情况。

**2010—2015年浙江卷古代中国商业史考查知识点分布表**

|  | 2010 | 2011 | 2012 | 2013 | 2014 | 2015 |
|---|---|---|---|---|---|---|
| 政策 | 4 |  |  | 4 |  |  |
| 城市经济 |  |  |  | 4 | 1 | 1 |
| 商业贸易 |  | 4 |  |  | 11 | 4 |

续表

|  | 2010 | 2011 | 2012 | 2013 | 2014 | 2015 |
|---|---|---|---|---|---|---|
| 区域经济 |  |  |  | 7 |  |  |
| 货币 |  |  |  | 4 |  |  |
| 农工商关系 |  |  |  | 7 |  |  |
| 小计 | 4 | 4 |  | 18 | 12 | 5 |

可以看出，浙江卷很多的年份都考查了古代中国商业经济，2013年浙江卷首次出现古代经济史的非选择题，考查明清江南经济的发展。商业史作为中国古代经济史考查的重点，这种现象并非偶然。说明它既是古代商业经济结构的重要组成部分，也反映了改革开放特别是市场经济体制改革后史学界对古代商业史的广泛深入研究。

为了突破"中国古代商业都市"，笔者从高三开学返校考的一道试题出发，设计了以下三道变式习题。

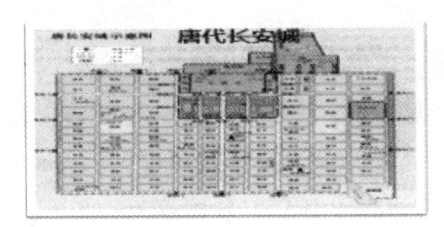

根据材料指出唐宋城市在空间布局上的最大变化及主要共同点。结合所学分析影响布局共同点产生的主要原因，并以史实说明宋代"城区"溢出"城墙这一现象"。

变化：从唐代的坊市分离到宋代的坊市不分；从封闭到开放。

共同：中轴对称；皇城处于中心位置。

原因：专制主义中央集权制度的影响。

说明：原本不允许设置的市在城郊和乡村出现，草市具备比较完备的饮食服务设施。

变式1：根据材料结合所学知识，说明北宋东京与唐朝长安在商业活动方面发生了哪些变化？

商业突破了传统市制在时空上的束缚（市坊制度解体、夜市出现）城市由封闭走向开放。

城市的经济职能空前增加，出现了专门市场。

变式2：结合所学知识，说明宋代在城市商业布局、思想、文学等方面的新变化。

布局：打破市坊界限。

思想：出现了一个以"理"或"天理"为核心的观念系统（理学）。

文学：出现一种更易抒发感情，表现市井生活的新体裁（宋词）。

变式3：明中叶以来苏州府市部分县区市镇数量增长统计。

| 县区 | 1550年前 | 1551—1722 | 1723—1861 | 1862—1911 |
| --- | --- | --- | --- | --- |
| 常熟县 | 21 | 43 | 46 | 85 |
| 吴县 | 18 | 21 | 26 | 58 |
| 昆山区 | 7 | 14 | 19 | 30 |
| 宝山县 | 5 | 9 | 12 | 17 |
| 合计 | 51 | 87 | 103 | 210 |

概括明末清初与晚清两个时期市镇数量发展的增幅变化有何不同？

结合所学概括两个时期城市经济发展不同特点及原因。

分析说明宋代以后中国城市发展落后于西方的原因。

不同：发展缓慢，增幅迅速。

特点：明末清初专业化城市出现；经济功能加强；资本主义萌芽产生——农业手工业发展、商品经济的发展。近代城市兴起，通商口岸城市发展迅速，具有半殖民地半封建性——列强侵略、洋务运动、民族资本主义发展。

原因：明末清初农耕经济的制约、专制集权制度、封建制度强大的稳定性和封闭性、战乱、列强的侵略。

这三道题具有很强的针对性，并且有一定的梯度，学生通过练习训练不但回顾了"不同时期市镇经济"、"不同时期商业布局"、"宋代经济与思想文学关系"、"中外不同时期城市发展比较"等相关知识,夯实了基础,而且学生理解、分析、运用知识解决问题的能力也得到一定程度的提高。

## 二 精析典题,熟悉套路

"做题不在多,理解则灵;难度不在大,有意才行"。在高考复习备考中,老师在摸透考纲,把准考点,把握考情的基础上,针对教材重点设置高质量、有代表性的典型题目让学生训练,教师在了解训练情况的基础上深入分析、巧作点拨,复习往往能收到事半功倍的效果。

如在复习"重农抑商"这一知识点时,强调本单元知识是必修二《古代商业经济》的重点内容,是近年高考的高频考点,无论是选择题还是主观题都常常依据本单元知识命题,大家一定要对相关知识弄懂弄透、熟记、掌握好。笔者先设计题目让学生围绕该知识点对内容进行整理。

整理重农抑商政策不同时期的表现,分析政策初衷与结果倒挂的原因?

|  | 措施 |  |
| --- | --- | --- |
| 战国 | 商鞅变法确立 | 各朝通过加重赋税加强控制(关津之税,市肆之税) |
| 秦朝 | 政府对经济生活的控制是相当全面和具体,措施严密 | |
| 汉初 | 商人不得衣丝乘车,赋税加倍。商人入市籍不得为官 | |
| 汉武帝时期 | 打击富商大贾。盐铁官营制度 | |
| 王莽时期 | 在长安和五都设五均官,控制物价 | |
| 唐朝 | 直到唐代所有市都是官市。设市署管理物价 | |
| 宋朝 | 商人政治和法律上受歧视,到宋代开始转变。直到宋代商业活动不再受到政府的直接监管 | |
| 明清 | 海禁和闭关锁国 | |

另外,再将近年高考真题中涉及该单元知识的题目给学生进行精析。例如:

(2013浙江卷16题)唐文宗太和六年(832),宰相王涯上奏:"商人乘马,前代所禁。近日得以恣其乘骑,雕鞍银镫,装饰焕烂,从以童骑，骋以康庄，最为僭越，伏请切令禁断。"以下对当时商人地位的判断，错误的是：

A. 经济地位优越　　B. 政治地位低下

C. 遭受全社会的鄙视　　D. 实际上没有自由民的平等地位

这样学生对我省高考命题的题型、形式、难易度有了一定的了解，从而使复习方向更明确，学习积极性也得到相应提高，对教材知识掌握得更加牢固。又如在主观题分类解法指导复习中，笔者结合课本知识链接编了以下一道题目进行分析点拨。

整理重农抑商政策不同时期的表现，分析政策初衷与结果倒挂的原因？

（1）重农抑商不是不让商业自由发展，而是在国家干预下有控制地发展，维护王朝经济基础（举例说明）。

（2）商品经济的发展，商人社会地位虽然较低，但经济实力却越来越强，商业能获得比农业更大的收益。

（3）中国古代的土地制度和赋税制度使农民遭受沉重压迫。

引导学生在主观题的解题中可按照"审题—衔接—采点—作答"四步法进行解答。强调在这四步法中，"审题"环节是关键，审题这一环节做得不好，往往会出现下笔千言，离题万里，失分严重的现象，导致前功尽弃。另外，审题包括审设问和审材料两方面，一方面，通过审设问，明确题目的规定性和指向性，用什么知识，解决什么问题；另一方面，通过审材料，提取有效信息，联系设问中所限定的课本知识进行推理、梳理出答题要点，为后面的"衔接、采点、作答"三环节打好基础，做好铺垫。

## 三　归纳链接、习题巩固

习题分析不应在于就题论题，就点论点，应延伸发散地有效评讲，举一反三，融会贯通。试卷评讲不仅要让学生知道正确的答案和错误的原因，还需要在一些错误率较高的、有典型代表性的习题评讲后注意相关书本知识的归纳链接、另选相似类型习题的训练巩固、所学知识的拓宽延伸、答题思路的及时总结、发散思维的着意培养，例如分析秦汉、唐宋元、明清商业的特点。

**战国秦汉时期商业发展概况**

| 阶段 | 商品流通（商路） | 市的发展 | 城市发展 | 交换媒介 | 商人 | 政策 |
|---|---|---|---|---|---|---|
| 兴起及初步发展 | 富商大贾周流天下。西汉开通丝绸之路外贸开始逐渐发展 | 集市繁荣但经商受到时间、地点的限制 | 春秋战国出现繁荣商业中心。汉代全国性商业中心形成 | 货币种类繁多到统一货币 | 出现巨商。"法律贱商人，商人已富贵" | 重农抑商政策确立 |

特点：1. 商人阶层形成。

2. 商业区域突破了中国大地，"丝绸之路"的形成。

3. 城市仍然首先是政治中心。

4. 重农抑商开始成为政策。

发散到整个古代商业特点分析。

**中国古代商业发展特征**

| 商品流通（商路） | 市的发展 | 城市发展 | 交换媒介 | 商人 | 商业地位 |
|---|---|---|---|---|---|
| 国内商路越来越便利，并开拓了海外商路 | 由严格限制发展到打破时间、地点界限，并出现早市、夜市、晓市 | 城市规模越来越大，职能越来越多元化 | 由天然货币发展为统一的金属货币甚至出现纸币和金融服务机构 | 从早期的商人发展为大商人甚至出现地域性商帮 | 商业地位低下。商业长期受到重农抑商政策的压制 |

并进一步发散到谈谈中国古代商业发展的影响因素。

谈谈影响中国古代商业发展的因素有哪些？

国家政局、农业发展（或经济发展）、交通条件、货币发展、政府政策。

这样，不仅拓宽延伸了书本知识，提高了此类试题的得分，更是培养了学生的发散性思维和历史学科的素养。

## 四 整合改编，研究异同

新课程标准要求培养学生"适应终身学习的基础知识、基本技能和方法"。高考命题强调"能力立意"。这就要求教师在复习备考中，不但要以本为本，落实考点，帮助学生形成系统的知识网络，夯实基础，还要求我们对全国各地高考试题和各地模拟试题进行研究、整合、改编，进一步加强对学生综合题型的识别和对相似题型的区分的辅导，使他们举一反三，触类旁通，提高复习备考效率和应考能力。

首先，笔者将各地相近、相类似的高考真题编选在一起对比训练分析，研究异同点，总结解题规律、复习方法，减轻学生负担。

其次，将设问灵活、巧妙的模拟题改编，强化训练，加强学生理解、分析和应考的能力。

将一些典型的模拟试题进行改编、变式，进行强化训练，虽然花费了教师大量的时间和精力，但这样从中能发现学生在解题中存在的问题，也有助于纠正学生解题的错误思路。因此，通过对各地高考真题、模拟试题的整理、对比、改编和强化训练，不但能让学生回归课本，从宏观、中观、微观三方面掌握课本知识，形成系统的知识网络，还能全面增强学生辨别、分析、获取和解读信息，调动和运用知识，描述和阐释事物，论证和探究问题的能力，学生复习的实效性定能大大增强。

总之，选择以设计练习为突破口来帮助学生夯实基础，培养学生发现问题、分析问题、解决问题的能力，从而提高高考复习备考工作的质量和效率。

# 基于"考情"的高中历史自主式试卷讲评

杭州学军中学　金丽君

## 一　学生是自主式试卷讲评方式的选择者

试卷讲评课作为高中教学的常规课型，依托检测试卷，具有总结前一阶段、引领下一阶段教与学的功能。因此，试卷讲评于学生来讲是对前一阶段学习情况的查漏补缺，并在此基础上寻找错因，归纳解题的一般方法并规范提升思维技巧，是发展完善自身知识系统和思维系统的又一起点；于教师而言是一个发现反思自身教学的不足，进一步调整教学内容、教法，提高教学水平的依据。高中一线历史教师都重视充分利用试卷的诊断功能指导教学。但在实际教学中师生都面临着一些试卷讲评教学效果的困扰和焦虑。

教师：同类题目在以前的考卷中出现过，作为错误率较高的题目，教师必然进行讲评。为了进一步了解学生考后的掌握情况，再次放入考卷且依然成为高错误率的"难"题。教师往往按不住焦虑的心情问一句：为什么考过且讲过的题目你们还是一错再错呢？

学生："我也不知道怎么回事啊？上课我也听了，错题也订正了，可怎么还是错了。"学生往往也是一脸的无奈与委屈。

教师用心讲评过，学生认真听过的题目为什么依然一错再错呢？显然，师生的付出与收获不成正比，课堂效率低下。由此，笔者在自身的教学反思中寻求学生对教师讲评课的评价及要求。笔者对年级的全体文科102位学生进行的不记名调查表明，学生在教师主讲型、师生互动型和学生自主型中，43%的学生选择了第三类并说明理由大多为：自己讲过、讨论过的内容印象最深刻。可见，自主是学生对试卷讲评课堂的核心要求。学生的要求和选择引领着教师的教改方向——自主，教改必然会带动"学改"的进行。师生间教改、学改的互动探求着学生自主学习框架下历史试卷讲评课的最佳效益。

## 二 学生自主式试卷讲评的基本程式

从认知规律和认知心理上来看，高中学生具有自主学习的能力和要求。传统的讲评课通常采取教师一道题一道题讲解的方式，往往过于枯燥，且一成不变的教学模式容易让学生烦，无法调动学生的积极性，同时也无法满足优秀生和学困生的不同需求。怎样使学生主动求知并在讲评课上能各得其所，笔者把整个自主式讲评程序分为课前准备—课堂讲评—课后巩固三个阶段。

1. 课前准备

学生的"考情"是自主式试卷讲评的主要依托，也是提高讲评效率的基石。提高讲评课效率的首要条件是讲评内容必须具有针对性，也就是说，讲评的内容恰好就是学生的困惑点、需求点。与新课、复习课不同的是，讲评课的内容没有教材依据，没有课程标准，更没有考试说明，它完全是教师根据学生的考试情况而确定的，那学生考试的试卷分析成为试卷讲评课的最重要的依据和来源。

分析学生的"考情"，提高讲评内容的针对性、实效性需要教师准备和学生自主准备的互动结合。教师需要从考卷本身和学生答卷情况进行充分研究。考卷本身的分析着眼于考查的内容是否与自我的教学目标一致，是否与高考的方向一致，难度值如何，笔者更多作为自我调整教学的数据。学生答卷情况的统计分析包括最高分、最低分、平均分和每题的得分率、错误类型的统计——按答卷中的失误归类。这份数据是最基本的教师课前准备资料。教师应充分关注这些数据及这些数据背后反映的问题，即学生的"考情"应尽可能从学生的"已知"、"未知"、"能知"、"想知"和"怎么知"这五个方面全面分析。例如，平均分：它是试卷难度值的体现，也是班级整体水平的衡量值。从班级间、学校间的横向比较看，教师把它作为班级学生在同级学生中学业水平的体现，学校领导往往把它作为教师教学水平的衡量指标。得分率：它是学生已掌握知识和能力的体现。它包括班级的得分率和学生个体得分率。

教师通过班级得分率分析班级整体学生的掌握情况——学生群体性错误，通过学生个体得分率了解学生个体的掌握情况——个体性错误。此外，教师还需与以前的考试对比，对本次成绩起伏较大的学生作个体性错误的全面诊断，可以对退步的学生实行针对性辅导。选择题：从显示的四个选项的选择人数中判断学生错误的原因，是知识记忆性错误、理解性错误还是综合性错误，并以错误的原因进行归类分析，比如：把知识性错误的几个题目归类在一起，分析学生产生错误的原因，有利于有针对性地对学生基础知识掌握进行指导。非选择题：以材料题的形式呈现。非选择性题的错误具有主观性，要善于抓住典型性错误，分析错误产生的原因，归纳一般的解题方法。个别学生的试卷：对学生错因的分析是教师的个人诊断，有经验的教师都知道，学生有时候的错因是老师难以想到的，需要直接同学生交流。这些学生包括好、中、差三类学生，以正确了解不同层次的学生对问题的理解。

学生的自主准备是以教师的引领为先导的。为保障学生自主准备的针对性和有效性，教师可以借助作业的形式来引领学生发挥主体地位、调动参与的积极性。组团：学生自愿组成5—7人学习研讨团，让每一位学生都有展示自己的平台，将他们的潜能最大限度地发掘；自查：课代表出示选择题答案，在可以看书的情况下，重新思考错题和有疑惑的题目，通过自我诊断、自我评价来提升下阶段学习的针对性；探讨：与学习研讨团成员自由讨论，交流答题思路，在自我教育和他人互助中得到启发；反馈：课代表收集各研讨团的问题，是教师对考情分析的重要组成部分。

这样，教师通过分析"考情"，明确学生哪些是"已知"，哪些是"未知"，哪些是学生能自主解决的"能知"，哪些是学生"想知"，教师据此来选择教学方式让学生"怎么知"。总之，师生充分的课前准备为讲评课堂内容的确定、重点突出、难点突破做好了铺垫。

2. 课堂讲评

多种师生互动的形式是提高讲评效率的有效手段。在日常的教学中，教师间不乏这样的对话：某老师，我想这节去听你的课。没什么好听的，这节课我准备试卷讲评。没什么好听的，是因为我们心知肚明，试卷讲评往往演变成简单的教师苦口婆心讲解答案，学生奋笔疾书记录答案的过程。由于缺乏师生互动，学生在答案的记录过程中实际上丧失了一次练习表述、总结思维的机会。笔者采用的师生互动的讲评以材料题和选择题来分别述说。

材料题的讲评。操作过程：第一步，出示学生预先复印好的学生考卷答案（好中差三类）投影到黑板上，每一类由2—3个学生点评这个答案，点评中需要指出这个答案的优点是什么，不足是什么，你觉得不足点产生的原因是什么？答案如何修正更好一些？第二步，出示参考答案对比，认识自己解题过程还存在哪些偏差？第三步，教师分析学生答案和参考答案，总结解题一般思路和常用方法，指出学生的典型错误及针对错误在下阶段学习中的最关注点。第四步，教师把类似的题目拿出来让学生再练练手，运用一下刚才得到的一般思路和常用方法。

温馨提示：学生点评前的1—2分钟允许与同桌、前后桌同学讨论，让学生有探究的时间和平台；衡量答案优缺点的标准需要教师的引导，如：是否切题、知识点是否正确、表述措辞是否规范等；有些学生喜欢动脑不动手的，教师要提出修改答案的具体要求，如必须人人动笔写出来等一些符合班级学生情况的要求。一旦习惯养成，操作过程会很流畅，课堂效率很可观，班级学生主观题的得分明显高于平行班。

选择题的讲评。操作过程：相对材料题，选择题的讲评比较简单。第一步，每次考试一结束就由课代表公布选择题的答案，要求学生对错误自我分析和反思，是基础知识记忆不落实、内容理解不到位还是其他原因造成的？第二步，按照类别分析群体性错题（错误率较高的题目）。如属于记忆性基础知识不落实的错题有三题，分别由学生讲解，要求落实到课本的具体知识，不到位的地方由教师补充。第三步，教师对所有不同类别的选择题作归纳总结，比如选择题的常见题型和每种题型的解题技巧，常见选择题有最佳选择、组合选择、逆向型选择、情境式选择、对比型选择等，提出下阶段学习的重要关注点。

温馨提示：从面向全体学生的角度出发，基本采用车轮战术，每一位学生都会主动或者被动参与到课堂师生的互动中来。在这种课堂动力或者压力的驱使下，学生思维始终处于活跃或紧张的状态之中。

从师生互动实践过程看，学生的讲评更接近学生的思维，课堂的氛围活跃；从学生的发展来看，课堂的点评对学生的胆量，组织语言能力都是一种训练；从后期检测看，通过学生讲题方式讨论过的题目，学生再次出错的比率总体上明显低于教师讲评的题目，可以说，以学生为主体的试卷讲评课效果明显优于教师在讲台上唱"独角戏"。但缺陷也明显，由于知识能力、组织水平、教学经验等方面的原因，学生在知识的讲透、讲深、讲清、拓展和延伸方面不足，在学生点评的基础上，教师有的放矢地加以指点，从不同层次和角度启发学生的思考。在发挥学生自主性的同时，教师在讲评课中的主导方向的地位不能动摇。

### 3. 课后巩固

订正试卷中的温馨提示和课后的变式练习都是提高讲评效率的保障。讲评课堂最好留下5分钟的时间让学生自由提问，解答学生个别疑惑；学生还遗留的个体性错误，需要课后学生的主动提问及教师主动对学生的关注来弥补。笔者一直要求学生在试卷订正中，列出这样的一张表格（见表格）让学生计算自己的错误情况，感受自己的进步和退步，这有助于学生去反思下阶段复习中自己的努力方向和措施，同时也有助于教师对全体学生的个体错误作深入的了解，确定哪些学生需要教师的主动关注，更重要的有助于教师对学生的个体错误提出温馨提示：学习的建议及鼓励，当然有时也要批评。班级学生的大部分试卷会留下笔者字迹不太好看但实用的温馨提示，一些没写上的学生往往会拿着试卷找上老师：老师，你怎么没给我说说啊？看，"鱼儿"主动上钩了！

| 失分类别 | 第一次考试 | | 第二次考试 | | 第三次考试 | | …… | |
|---|---|---|---|---|---|---|---|---|
| | 分数 | 比值 | 分数 | 比值 | 分数 | 比值 | 分数 | 比值 |
| 记忆性错误 | | | | | | | | |
| 理解性错误 | | | | | | | | |
| 其他错误 | | | | | | | | |

比值：指一类的错误失分在整个失分中的比值。

还有，"借分计"也成为提高效率的辅助手段。讲评试卷后，学生对自己的成绩不满意的，在不涉及年级排名的考试中可以向老师"借分"，一次最多4分，也就是说，56分的同学也是可以及格的，但规则是借1分还5分，下次考试必须提高5分才能实现借分的成功，否则下次考试下降5分。提供的"借分服务"，目的是想弥补个别同学因小失误造成的伤心，提升了下阶段学习的动力。

教师经常感叹："折腾"学生就是"折腾"自己。学生考完了，随后的一张变式练习就让教师费尽心思、绞尽脑汁。变式练习怎么变？一是考虑试卷本身，命题者的思路、考查的角度与教师在这阶段的复习有哪些重合或相异的地方，教师在变式练习中要根据自己对高考的理解和本班学生的学情补充一些试卷中没有出现的题型和内容，这需要教师的经验和苦功夫；二是考虑学生的答卷，这是最有用的资料，跟平时的作业相比，考卷能最真实反映学生的知识积累、解题思路与技巧，甚至心理状况。根据学生的错误情况，针对性地做一些相关的练习，让讲评课中提供的一些解题的思路和技巧得到运用，理想的境地是学生能熟练并自然而然地运用，这需要教师查阅大量的试题并自己编题来实现学生纠错能力的提升。

## 三 学生自主式试卷讲评的辅助策略与原则

学生自主式试卷讲评课中，教师除了通过学生参与试卷的自我分析和互动式的讲评方式来发挥学生的学习主动性外，还需要和谐良好的课堂氛围和民主宽容的评价方式的辅助来提升课堂的效率。

及时性：抓住学生考后的兴奋点，及时反馈，调动学生的积极性。从心理内在的需求看，学生是非常看重考试结果的。及时抓住学生考后的兴奋点，及时公布答案并反馈成绩，不仅能有效地激活学生考场的思维过程，更能激发学生自主探究的积极性，从而避免因时间拖延而渐渐淡化了记忆和激情。

宽容性：正视错误，积极评价，形成和谐的课堂氛围。多数学生对自己的错误是忐忑的，这种心理是学生积极向上的心理正能量。教师要让学生认识到错误是正常的，学习的过程就是一个不断发现错误、纠正错误、从而减少错误的过程。多对学生进行鼓励性评价，切忌表现不满意甚至抱怨学生的情绪而导致学生回避错误。

兼顾性：兼顾不同层次的学生需求，提升课堂的实效。课堂是面向全体学生的，而学生对知识掌握的程度是有差异的，让不同层次的学生在讲评课中各有收获，可以让不同层次的学生参与不同难度的题目讲解，或者请程度好的同学帮助程度较弱的同学，提升一些同学的荣誉感和责任感。

一般认为，在课堂教学的条件下，有效性学习的形成有以下五点条件，即：学习内容要适切，学习环境应力求宽松，学习形式应多样，组织过程要科学，学习活动评价应有较强的包容性。笔者在讲评课中，从"考情"出发，开发好班本、生本资源（从校本资源衍生出来的提法），尝试自主式讲评模式，优化了学生的学习方式，提升了学生的学习能力，提高了课堂效率。

**参考文献**

1. ［美］加里·D. 鲍里奇：《有效教学方法》（第四版），易东平译，江苏教育出版社 2002 年版。

2. 侯建军等：《引导学生自主学习促进学改教改互动》，《中国高校研究》2004 年第 1 期。

# 基于内隐思维活动外显化的课堂多元评价
## ——以"模拟考古"学习任务为例

### 杭州采实教育集团　吕阳俊

学为中心，是以学生为学习活动的主体，以学情分析为教学的依据，以任务为学习活动的基本组成单元，以促进有意义的思维为教学活动的目的，以学生主动而有质量的参与为特征的有效学习方式。

可以说，"学为中心"课堂教学方式变传统的"对话中心"课堂为"任务中心"课堂，给予了学生充分的自学、思考、表达、展示的时间和空间，促使学生在知识和技能的学习过程中提升学习力等综合能力。

但是，学生获得知识技能的思维操作是内隐的，难以观察的。教师很难了解学生头脑中的思维运作，更无法发现学生在学习过程中存在哪些问题。即便是通过事后的纸笔测试评价，也只能评估出学生存在哪些知识和技能方面的问题，而无法评估学生在学习过程中存在哪些不足。

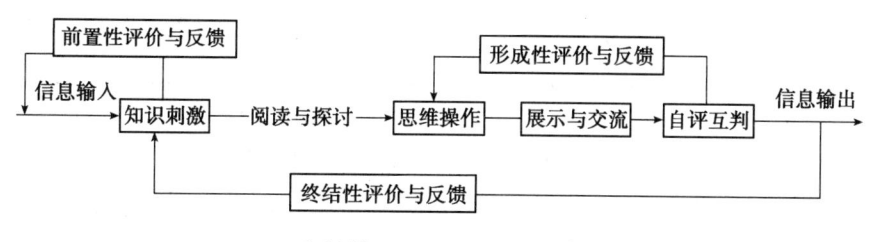

**文科学习心理活动示意图**[①]

北京师范大学卢立涛教授在《以学习为中心的课堂评价》中指出：在"学为中心"的课堂里，学生的学习真的发生了吗？学生学习过程的质量如何监控？如何指导学生进一步改进学习策略，提高学习效度？

---

① 引自牛学文《浙江省中小学学科教学建议案例解读：初中历史与社会》，浙江教育出版社2015年版，第200页。

这些都是"学为中心"课堂亟待解决的问题。

本文以《对话史料》课堂中的"模拟考古"学习任务为例，采用与"学为中心"历史与社会课堂相对接的多元化评价方法，将学习过程中内隐的学习状况和思维活动转化成可观察的言语行为，再通过与原定学习目标相对照，发挥评价的诊断和导向功能，改进学生的学习策略，提升历史与社会"学为中心"课堂的效度。

## 一 以学习为中心的课堂多元评价标准——以"模拟考古"为例

《对话史料》对应的是"课标1-4-4：区分历史叙述和文学作品的差别，知道获取历史信息的常用方法、途径及其功用"和"课标1-4-5：区分第一手资料和第二手资料，解释它们各自的意义和功能，运用不同的资料有理有据地论述问题"。

**历史与社会知识分类表①**

| 内容目标＼知识分类 | 符号与事实 | 概念与原理 | 技能与方法 | 价值与意义 |
| --- | --- | --- | --- | --- |
| 1-4-4 区分历史叙述和文学作品的差别，知道获取历史信息的常用方法、途径及其功用 |  | 历史叙述和文学作品的差别 | 获取历史信息的常用方法、途径 |  |
| 1-4-5 区分第一手资料和第二手资料，解释它们各自的意义和功能，运用不同的资料有理有据地论述问题 |  | 第一手资料和第二手资料 | 运用不同的资料有理有据地论述问题 |  |

从课程标准的要求来看，学生需要在区分史料形态（实物资料、文献资料和口述资料）和价值判断的基础上，从史料中提取有效信息，并进行概括、理解和解释，从而提炼观点或论证观点。可以说，这是学生学习历史的基本技能和核心能力，也将贯穿于学生整个历史学习活动的始终。

为此，在《对话史料》这一课中，笔者设计了"模拟考古"这一学习任务。学生通过角色扮演，利用所学的知识和方法，对河姆渡遗址

---

① 引自牛学文《中学社会学科教学论》，浙江教育出版社2015年版，第41页。

中出土的文物进行探究,从史料中提取有效信息,并得出关于河姆渡先民生产生活的结论。

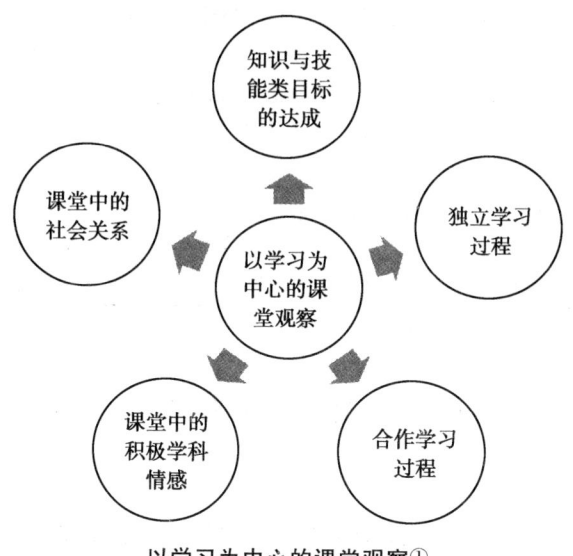

**以学习为中心的课堂观察**①

结合课程标准和夏雪梅博士提出的"以学习为中心的课堂观察"的5个维度,笔者认为学生在完成"模拟考古"学习任务过程中,关于史料形态区分、史料价值判断、史料提取和观点论证等知识与技能目标是显性的,教师可以通过纸笔测试评价直接观测并评估。而"独立学习过程"、"合作学习过程"、"课堂中的积极学科情感"、"课堂中的社会关系"等维度是比较隐性的,传统评价方式难以评价。

基于此,笔者采用课堂观察评价、自评互判、课堂提问评价、纸笔测试评价等多元评价方式,并运用轶事记录、核查量表和 SOLO 分类评价理论等观测工具,将学生学习过程中的学习态度、团队协作、思维能力和信息素养等隐性思维活动清晰地呈现出来,然后进行分析、诊断和反馈,并指导学生及时调整自己的学习策略,提升课堂学习的效率。

---

① 夏雪梅:《以学习为中心的课堂观察》,教育科学出版社 2012 年版。

**"模拟考古"学习任务课堂多元评价标准**[①]

| 评价维度 | 评价标准 |
| --- | --- |
| 学习态度 | 是否始终关注学习的主要问题,并保持较长注意力;是否有积极进取的学习态度,是否自觉地完成课堂学习任务,是否积极思考并踊跃表达学习成果等 |
| 团队协作 | 能否清晰有意义地进行交流;能否恰当地展示自己;能否虚心听取他人意见;能否尊重他人的发言;遇到困难时能否主动与他人交流、共同解决问题等 |
| 思维能力 | 能否依据自己收集到的和整理过的有关材料,对所探究的问题阐述自己的观点;能否综合运用所学知识解决问题 |
| 信息素养 | 能否通过阅读、分析、评价史料,从史料中获取有效信息并得出结论 |

## 二 以学习为中心的课堂多元评价策略——以"模拟考古"为例

### (一)轶事记录[②]——关于学生独立学习过程的课堂观察评价

【展示】微课——《解读文物》(主要以北京周口店龙骨山发掘的一枚骨针为例,从来源、用途和细节等角度去解读实物资料中的历史信息,从而还原当时北京人的生产生活状况。如动物骨头的材质说明当时可能已经掌握了狩猎技术,针说明当时可能掌握了缝纫技术,针孔说明当时可能掌握了钻孔技术等)

【设疑】请同学们观察微课,说说解读文物可以从哪几个方面着手?

【王某】怎么来的,看有没有洞这种细小的地方。

【赵某】怎么来的,细节。

【李某】来源、用途、细节。

在自主学习微课的过程中,学生进入了一种思维操作阶段。他们根据教师发布的学习任务,以聆听微课的方式学习解读实物资料的方法。这一过程基本上是隐性的,只能依赖于学生自我监控系统能够紧紧围绕

---

[①] 笔者认为,课堂中的积极学科情感和课堂中的社会关系是贯穿于整个学习活动中的,因此将两者分解于学习态度和团队协作两个标准中。而思维能力和信息素养是《对话史料》的学习重点要求,因此单独作为两个标准呈现。

[②] 轶事记录是指把课堂上认为有意义的观察结果用自己的语言记录下来,从而在课后进行分析和反思。

学习目标展开，并最终达成学习目标。但实际上，不可能所有学生都有这种监控力和学习力来独立开展高效的自主学习活动，这也导致了两位同学（检测样本）的回答与教师预期的目标有着明显的距离。

在传统的评价模式中，教师一般会通过提问评价来评估学生微课学习的效度。但这种评价方式本身具有滞后性，而且也只能评估学生是否掌握这种程序性知识，对没有掌握知识的原因则无从涉及。

因此，在提问评价的基础上，教师运用了轶事记录这一测量工具，对学生（尤其是后进生）学习微课的状态进行课堂观察评价。

在学生学习微课的过程中，教师可以先对全班同学进行集中性观察，再结合学生的日常表现锁定 1—2 名有必要进行深度观察的学生，然后仔细观测他学习微课时的表现，然后把认为有意义的观察结果用自己的语言记录下来，在课后进行分析和反思。

**自主学习（微课）轶事记录 1**

| 学科 | 历史与社会 | 姓名 | 王某某 | 时间 | 2015 年 5 月 27 日 |
|---|---|---|---|---|---|
| 任务 | 自主学习微课《解读文物》，说说解读文物可以从哪几个方面着手？ ||||||
| 自主学习（微课）时的表现记录 ||||||
| 1. 倾听指导：我宣布任务时，她似乎并没有认真听，直接低头在看课本（但事实上接下来的学习任务与课本关系并不大）<br>2. 学习微课：开始的时候，她显得很兴奋（可能是第一次接触微课），但对要完成的任务略显迷茫，后来在同桌的提醒下，明确了任务。但整个听讲过程中目光多次游离。<br>3. 提问环节：在提问的时候，她下意识地低头去看课本，并快速翻阅课本的页码，但并没有找到相应答案（事实上，课本里也没有现成的答案） ||||||

**自主学习（微课）轶事记录 2**

| 学科 | 历史与社会 | 姓名 | 赵某某 | 时间 | 2015 年 5 月 27 日 |
|---|---|---|---|---|---|
| 任务 | 自主学习微课《解读文物》，说说解读文物可以从哪几个方面着手？ ||||||

在教师的轶事记录下，原本隐性的学习过程被转化为可观察的行为。结合之后的学生回答，教师可以更深层次地发掘学生在学习过程中存在的问题，给予学生更准确的诊断，并给予有价值的改进策略。

**自主学习（微课）记录分析 1**

| 学科 | 历史与社会 | 姓名 | 王某某 | 时间 | 2015 年 5 月 27 日 |
|---|---|---|---|---|---|
| 任务 | 自主学习微课《解读文物》，说说解读文物可以从哪几个方面着手？ ||||||
| 自主学习（微课）时的表现分析 ||||||
| 优点 | (1) 善于用正确的方式向他人求助；<br>(2) 对微课有愉悦的学习情绪 |||||
| 不足 | (1) 不注重倾听教师的发言，因此无法抓住要点；<br>(2) 不善于提炼微课中的有效信息（因为微课中不止一次地强调了材质、用途和细节等关键词）；<br>(3) 依赖于从课本中寻找答案而非自我思考等 |||||
| 改进策略 | (1) 采用多元化的教学手段提高该生的学习兴趣；<br>(2) 提高该生的课堂专注度；<br>(3) 通过笔记等方式培养记录学习重点的能力；<br>(4) 通过设问培养该生自主思考（而非照本宣科）的意识和能力 |||||

**自主学习（微课）记录分析 2**

| 学科 | 历史与社会 | 姓名 | 赵某某 | 时间 | 2015 年 5 月 27 日 |
|---|---|---|---|---|---|
| 任务 | 自主学习微课《解读文物》，说说解读文物可以从哪几个方面着手？ ||||||
| 自主学习（微课）时的表现分析 ||||||
| 优点 | (1) 课堂专注度比较高；<br>(2) 对微课有愉悦的学习情绪；积极地进行思考并踊跃表达自己的观点 |||||
| 不足 | (1) 没有对碎片化知识进行全面概括；<br>(2) 无法熟练运用术语来呈现观点 |||||
| 改进策略 | (1) 采用多元化的教学手段提高该生的学习兴趣；<br>(2) 学会运用笔记概括课堂中碎片化知识；<br>(3) 加强历史关键词教学，注意用词的严谨度 |||||

需要指出的是：首先，传统课堂中教师需要同时扮演课堂组织者和观察者两种角色，势必使得观察评价的难度增加。但微课的引入可以将教师暂时从组织者中解脱出来，专心观察、评价学生的自主学习过程；其次，轶事记录比较费时费力，所以要选取那些典型的、有意义的事件，最好这类评价信息是无法用其他方法来收集的；第三，轶事记录时不但要记录事件发生的过程，还要记录事件发生的情境。因为离开情境的孤立事件，很难进行客观评价。同时最好对观察对象的某一行为进行多次观察和记录，这样才能尽可能客观；最后，并非每次课堂观察评价都需要借助轶事记录来进行分析。在大部分时候，教师可以根据自己的

经验当堂进行观察、验证、判断和反馈，以此来强化学生的学习体验。

**（二）核查量表①——关于学生合作学习过程的自评互判**

【承转】我们的第一站，就在距离杭州不远的河姆渡地区。一次意外，让考古学家发现一处距今7000多年的历史遗迹。不过很可惜，散落一地的文物里，既没有语音，也没有成熟的文字。我们只能运用刚才所学到的方法，对话无声的文物，来获取有效的历史信息。

【探究】分组讨论：每组选择观察的文物，运用刚才学会的方法，推测当时河姆渡人的生活。

在这一环节中，教师创设了一个接近于真实的情境：学生扮演考古学家，运用刚才所学会的技能和方法，从实物资料中获取有效信息，并试图根据学生完成任务时的表现来评估学生团队协作，以及运用所学解决实际问题的能力。

但理想与现实操作往往存在差异。在现有的课堂中，教师面对30多个观测样本，要在短短的5分钟讨论时间内观测所有同学的表现并作出评估显然是不切合实际的。

所以，在讨论合作环节，教师主要运用核查量表这一工具，通过学生的自我评价和同伴互判来评估学生在合作学习中的学习状况。

自评互判：自评是促进学生对照标准（他人）去反思自己和目标的差距；互判则是指生生之间相互评判，这也是一个学习和交流的过程，双方都能够更清楚地认识到自己的优势和不足。由于评价主体是学生，因此可以弥补合作学习中教师观察评价的主观性和片面性，因为没有谁比学生本人更清楚自己在合作学习过程中的状态。但毕竟初中生评价意识和能力仍显不足，因此需要通过核查量表来明确评价标准，且内容也以一些简单明确的行为观察为主。

首先，教师要根据评价目标，把团队协作的标准分解成若干项需要观察的行为。然后，用有或者没有（正确或者错误）等简单的维度对所观察到的行为进行区分。

---

① 核查量表是一个用来评价学生学习过程的行为列表。评价者观察学生的行为后用简洁的语言来进行标示。和轶事记录的描述性不同，核查量表在表述时相当的简洁，如是或者否等。

**合作学习行为核查表**

| 相应要素的行为表现 | 是/否 |
| --- | --- |
| 积极参与，踊跃发言 | |
| 能用准确的语言描述自己的发现 | |
| 能多角度探究解决的问题 | |
| 组员发言的时候能仔细倾听 | |
| 能理解组员的发言，即时抓住要点 | |
| 记录全面、详细 | |
| 能提出有意义的问题 | |
| 能对他人的观点提出质疑 | |

本次合作学习，小组_____最值得我学习。原因：

与轶事记录不同，核查量表是可以重复使用的观测工具。上述这份行为核查表几乎可以应用于所有的合作学习评价，甚至可以持续追踪学生学习过程中的变化。教师只需要在第一次使用时花时间与学生共享、分析评价标准，之后就可以在每次合作学习后，花1—2分钟让学生进行自评互判。

课后，教师需要对采集得出的信息进行分析，然后将信息反馈给学生，帮助学生理解自己需要改进的地方。

例如：学生A被认为不善于合作，比较孤立。但这样的评价显然太过笼统，也很难帮助他进行针对性的改进。但通过核查量表的反馈，教师发现A非常仔细倾听大家的发言并能进行记录，而且有自己独到的见解，但是他无法用清晰的语言来表达自己的观点。这一信息的反馈能够有效地帮助教师和学生调整学习的策略，促使其改进交流能力，做到有的放矢。再如学生B每次合作学习时都滔滔不绝，而且能够说服组员采纳自己的观点。在传统的评价中，这类学生往往被认为是善于合作学习的学生。但这种评价也太过于泛泛，通过观察核查表，教师发现他经常会打断其他学生的发言，而且是在没有完全听懂内容的情况下。换而言之，他的倾听能力和理解能力等是存在问题的。

所以，在合作学习中合理使用核查量表能够帮助教师和学生更全面地了解合作学习过程中的信息。

## （三）SOLO 分类评价——关于学生思维发展水平的评价

图1　刻有"猪"图样的陶器

图2　杆栏式房屋（河姆渡遗址七千年前的房屋）

图3　木桨和用陶做的舟模型

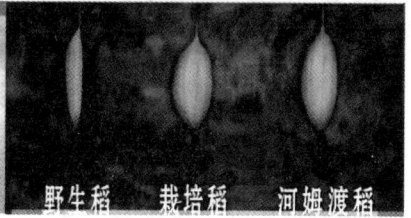

图4　河姆渡出土的水稻种子（野生稻　栽培稻　河姆渡稻）

【展示】学生分享探究成果。

【陈某】从材质来看，说明当时的河姆渡人可能已经掌握了制陶技术。从细节来看他们可能已经掌握了雕刻技术。

【李某】烧制陶器需要用到火，所以说明他们已经会人工取火了！

【叶某】我们初一的时候学过，杆栏式建筑具有防潮通风的功能，所以当时河姆渡所处的自然环境应该是温暖潮湿的。而且从用途来看，杆栏式建筑的一楼一般是用来蓄养牲畜的，再结合图1中的猪，我认为是更接近今天的家猪，说明当时的河姆渡地区很有可能已经开始蓄养牲畜了。

【黄某】从杆栏式建筑的构造来说，当时的河姆渡人已经运用了一定的物理学原理，比如三角形最稳固，而且他们应该已经定居了。

【方某】我同意，你看图3中的流线型，说明当时的河姆渡人已经运用了浮力的原理。除此之外，图3也说明了河姆渡人已经掌握了制陶、造船、捕鱼等技术。

【吴某】从水稻的形态对比，当时的河姆渡人已经掌握了人工栽培水稻的技术，并且开始食用水稻了。

从上述学生的回答中，我们可以评估他们基本能从实物资料中提取有效信息了。但"能否多角度探究信息"和"能否利用所探究的资料推论出正确的观点"就因人而异了。

然而，学生的思维能力和信息素养并不来自于答案本身，而来自于"生成答案的思维方法和过程"。但遗憾的是在历史与社会的课堂学习中，"史料提取"和"论证观点"的思考过程是不可见的，而运用轶事记录和核查量表的课堂观察评价虽然能将学生的学习过程外显为可视化的言语行为，但在评估学生的思维水平这类较复杂的信息时，仅靠行为观测又难以为继。

因此，教师需要设计高层次的问题让学生作答，然后按照SOLO分类评价标准[①]对学生的回答进行评价，将学生隐性的思维结构外显化，从而清晰地观察到学生的思维层次（学习成果的结构）正处于哪个水平，有效地弥补课堂观察评价的不足。而这些搜集到的关于学生学习的信息，又可以为教与学的改进提供依据。

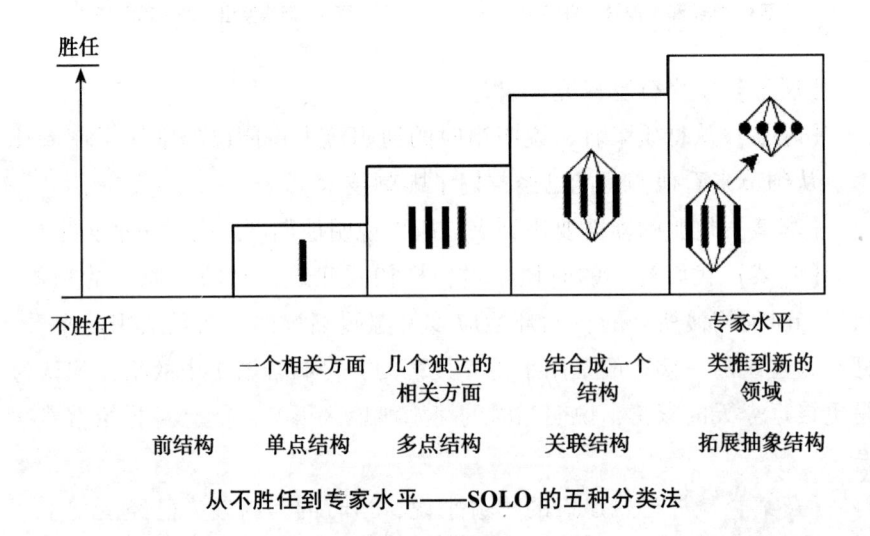

**从不胜任到专家水平——SOLO的五种分类法**

以《对话史料》中的问题"选择观察其中一件文物，运用刚才学会的方法，推测当时河姆渡人的生活"为例，该问题考察的能力是"提炼实物资料中的有效信息，并得出结论"。依据SOLO分类评价理论，我们可以把学生的思维水平分为以下五个层次：

---

① SOLO分类评价理论是香港大学教育心理学教授比格斯在皮亚杰发展阶段论基础上建立起来的一种学生学业评价方法。他把思维分为五个层次：前结构、单点结构、多点结构、关联结构和抽象扩展结构，用于评估学生的思维发展水平。

## 基于 SOLO 分类评价理论设计的评价标准——以"模拟考古"为例

| SOLO 层次 | 思维水平 | 回答表现 | 举例 |
| --- | --- | --- | --- |
| 前结构 | 学生基本上无法理解问题和解决问题,只提供了一些逻辑混乱、没有论据支撑的答案 | 回避问题、同义反复、答非所问 | 我不知道;河姆渡人生活得很原始;河姆渡人住在房子里 |
| 单点结构 | 学生找到了一个解决问题的思路,但却就此收敛,单凭一点论据就跳到答案上去 | 从单一角度剖析史料并得出结论,结论有局限性甚至可能是错误的 | 从图 1 我们可以推测河姆渡人可能掌握了制陶技术 |
| 多点结构 | 学生找到了多个解决问题的思路,但却未能把这些思路有机地整合起来 | 从两个以上角度来剖析史料并得出结论,但是毫无联系 | 从材质来看,说明当时的河姆渡人可能已经掌握了制陶技术。从细节来看他们可能掌握了雕刻技术 |
| 关联结构 | 学生找到了多个解决问题的思路,并且能够把这些思路结合起来思考 | 能联系多个信息(包括材料中的或这个已有的经验知识)并能建立起它们之间的相互关系,甚至对信息中的矛盾关系作出解释 | 从杆栏式建筑的构造来说,当时的河姆渡人已经掌握了一定的物理学原理,比如三角形最稳固 |
| 抽象扩展结构 | 学生能够对问题进行抽象的概括,从理论的高度来分析问题,而且能够深化问题,使问题本身的意义得到拓展 | (1)采用史料中未曾给出的抽象原理;(2)从该抽象原理中演绎出推论,根据素材对推论进行检验;(3)采用符合抽象原理,但没有出现在素材中的类比;可能得出的中性结论 | 无① |

从教师的设计意图来看,学生只需要运用微课中学到的方法,从材质、用途和细节等多个视角在史料中获取有效信息并得出结论即可。这个要求在 SOLO 分类评价中属于多点结构层次。

也许是小组合作学习的缘故,学生呈现的答案基本达到了多点结构层次(能从多角度获取信息并得出结论),如:

【陈某】从材质来看,当时的河姆渡人可能已经掌握了制陶技术。从细节来看他们可能已经掌握了雕刻技术。

【吴某】从水稻的形态对比,当时的河姆渡人已经掌握了人工栽培

---

① 对于刚刚接触历史的初中生而言,抽象扩展结构层次属于比较难达到的层次,而且这类问题也很难测量学生这方面的思维水平。

水稻的技术，并且开始食用水稻了。

但也有的小组结果仍处于单点结构层次，而且推论的结果还是不科学的。

【李某】烧制陶器需要用到火，所以说明他们已经会人工取火了！

对于这类思维层次，教师在评价中要提醒学生多注意论点与结论的逻辑性，比如烧制陶器——使用火——人工取火的逻辑性是否科学，并注重从多角度来思考问题。

特别令人惊喜的是，有的小组的学习成果已经超出了教师的要求。

【方某】我同意，你看图3中的流线型，说明当时的河姆渡人已经运用了浮力的原理。除此之外，图3也说明了河姆渡人已经掌握了制陶、造船等技术。

【黄某】从杆栏式建筑的构造来说，当时的河姆渡人已经应用了一定的物理学原理，比如三角形最稳固，而且他们应该已经定居了。

【叶某】我们初一的时候学过，杆栏式建筑具有防潮通风的功能，所以当时河姆渡所处的自然环境应该是温暖潮湿的。而且从用途来看，杆栏式建筑的一楼一般是用来蓄养牲畜的，再结合图1中的猪，我认为是更接近今天的家猪，说明当时的河姆渡地区很有可能已经开始蓄养牲畜了。

他们运用了地理学、物理学中的相关知识，然后联系史料中的相应信息，并建立多个信息（材料中的信息和已有经验知识）之间的相互关系来为自己的结论作出推断。这说明他们的思维层次已经达到了关联结构层次。对于这类回答，教师要着重分析好在哪里，并且予以肯定和赞赏，因为对于初中学生而言，关联结构层次已经是比较难得的水准了。

之后，教师在这个问题的基础上，布置了更高阶层的学习任务。

【设疑】刚才我们从史料中获取了许多关于河姆渡人的历史信息。但是非常的零碎，请同学们根据所掌握的信息，写一段话描绘河姆渡人的生活场景（100字左右）。

【学生】展示成果

从SOLO分类评价角度来看，比较好的答案可以达到关联结构层次，甚至达到抽象扩展结构。

清晨，河姆渡人在朝霞中开始了一天的劳作。他们有的进行稻作的栽培，有的蓄养家畜，有的伐木建房，有的制作陶器并雕刻上精美花纹。从雕刻技术看，河姆渡人已经具备了原始的审美观念。而这一点恰恰说明他们已经达到了比较高的生产力水平。

在这片土地上，河姆渡人有的陆路而行，有的走水路。

傍晚，结束了一天劳作的河姆渡人用陶器煮熟了米饭、猪肉等食物，饱餐后在杆栏式建筑里休憩……

上述的作品中，学生不仅能将提炼到的多个信息排列组合，交织成河姆渡人衣食住行的景象，而且能采用史料中未曾给出的抽象原理，如审美观念、生产力，并从原理中演绎出推论："河姆渡人已经具备了原始的审美观念。而这一点恰恰说明他们已经达到了比较高的生产力水平。"这个说明学生的思维程度已经到了高阶层的抽象扩展结构。

对于这类答案，教师可以利用适当的时机，作有针对性的点评，引导学生提升自己的思维水平。

## 三　以学习为中心的课堂多元评价实施意义

### （一）发挥评价导向功能，构建学为中心课堂

评价具有引导评价学生朝着目标前进的功效和能力。在上述评价活动中，课堂观察评价和自评互判可以有效评估学生自主学习和合作学习时的参与度，而SOLO分类评价则可以促进学生进行有意义的思维活动。多元评价的交替使用，可以使原本内隐的思维活动外显化，更多方面地分析学生学习的信息，以评促改，建构真正意义上的学为中心课堂。

### （二）透视学习思维发展，提升学生学科素养

作为新课程改革的产物，《历史与社会》是为实施公民教育而构建的综合课程，其学科素养包括综合解决问题的视野、辩证看待问题的思辨、深入思考问题的立意。但显然，这类学科素养不可能通过学生自悟而自然生成，必须建立在教师精准指导的基础上，长期练习而成。

原有的评价方式在评估学生学习参与上颇有成效，但涉及思维发展方面则显得信度和效度不高，以至于学生虽积极主动参与课堂任务，但限于学习过程中的思维障碍，易陷入变相的"题海战术"中。基于内

隐思维活动外显化的课堂多元评价可以将原有的评价关注点从知识与技能、课堂的参与转移到学习过程中的思维发展上来，以更准确地评估、诊断并引导学生改善学科思维发展，从而提升学生的学科素养。

**（三）精简组织评价策略，优化教师教学实践**

诸如表现性评价、苏格拉底式评价等评价法也能有效地评估出包括学生思维发展在内的学习信息。但遗憾的是，此类评价方法费时费力，难以在常态课中落实。

因此教师在简化传统的轶事记录法和核查量表的同时，引入了SOLO分类评价法的相关理论，建构出一套简便、易操作的评价流程，并将其融入日常教学的流程中去，实现评教一体化。

在不增加师生负担的前提下，教师可以根据学生学习任务表现，透视学生真实的思维发展趋势，搜集评估结果，推论学生达到目标的程度，然后重新审视、调整自己的教学，以做出更好的教学决策，从而优化教学实验的效度。

**参考文献**

[1] 中华人民共和国教育部：《义务教育历史与社会课程标准》，北京师范大学出版社2011年版。

[2] 王少非：《课堂评价》，华东师范大学出版社2013年版。

[3] 牛学文：《中学社会学科教学论》，浙江教育出版社2015年版。

[4] 牛学文：《浙江省中小学学科教学建议案例解读——初中历史与社会》，浙江教育出版社2015年版。

[5] 沈玉顺：《课堂评价》，北京师范大学出版社2006年版。

[6] 吴磊：《中学历史发展性评价的研究》，广东教育出版社2012年版。

[7] 余林：《课堂教学评价》，人民教育出版社2007年版。

[8] 陈新民：《历史与社会课程的理论与实践》，浙江大学出版社2007年版。

[9] [澳]约翰·B.彼格斯、凯文·F.科利斯：《学习质量评价——SOLO分类理论》，高凌飚、张洪岩译，人民教育出版社2011

年版。

［10］杨向东、崔允漷：《课堂评价：促进学生的学习和发展》，华东师范大学出版社 2012 年版。

［11］夏雪梅：《以学习为中心的课堂观察》，教育科学出版社 2012 年版。

［12］覃兵：《课堂评价策略》，北京师范大学出版社 2010 年版。

［13］崔允漷、王少非、夏雪梅：《基于标准的学生学业成就评价》，华东师范大学出版社 2008 年版。

［14］［美］E. 韦伯：《有效的学生评价》，国家基础教育课程改革"促进教师发展与学生成长的评价研究"项目组译，中国轻工业出版社 2003 年版。

［15］［美］斯蒂金斯：《促进学习的学生参与式课堂评价》，国家基础教育课程改革"促进教师发展与学生成长的评价研究"项目组译，中国轻工业出版社 2005 年版。

［16］周辉兵：《引导学生自评互判　建构自主互动课堂》，《浙江教学研究》2006 年第 2 期。

# 华夏政治的肇始课例

### 杭州娃哈哈双语学校　李家平

## 一　教学设计说明

　　传说时代末期，禹去世后传位于儿子启，开启了"家天下"的时代，也建立了中国历史上第一个朝代。约400年后，商汤灭夏，定都于亳。商朝时期，华夏文明逐渐稳定下来，渐次发展。它们构成了中华文明的遥远想象，是中国古代史学习中必不可少的一部分。这一部分内容既没有神话传说生动有趣，又缺乏丰富的史料描绘，加上时间跨度很大，与现代社会的生活共同点较少，对于刚刚接触历史的学生有很大的挑战。

　　因此，本课的教学目标除了让学生了解夏商的国家机构、社会生活、经济文化、宗教信仰外，很重要的一点就是让他们建立基本的历史学习方法。通过文字、图片和影像，建立起历史想象，能够抓住事件的主要特点，学会比较事物间的联系和区别。在学习能力上，希望建立更多小组合作的活动，让学生熟悉与同伴讨论的模式，自主进行思考，并通过不同观点的碰撞，培养他们运用知识进行判断、质疑和思辨的能力，以及运用已知自主学习新知，拓展思维的能力。几乎在同一时间段世界上其他地方的文明也开始出现，希望学生在进一步学习中尝试探索四大文明发源地间的区别和联系。同时也希望通过这样一个探索过程，激发学生对中华文化的热爱，增强民族自信。

　　七年级的学生对于历史的了解较少，还没有建立起学习历史的思维模式，所以需要先进行朝代的基本讲解，让学生了解朝代的重要史实。通过多媒体的教学手段，从考古发现记录切入，让学生有更多直观的印象。

在建立起基本的历史框架后，让学生重点理解国家的建立、私有制、世袭制等比较抽象的概念，理解这些基本制度的形成对以后历史的影响。

下一步就定位在让学生通过已有的对文明的认知，去探索其他三大文明发源地，进行横向的比较，训练学生的思维，鼓励他们培养自主学习的能力。因为这一部分的任务量较大，所以采取分组的方式进行，同时也可以训练学生合作学习的能力，经历讨论形成一致的观点，并尝试用不同的方法呈现出来。

## 二　教案

教学内容：华夏政治的肇始

教学目标：

- 了解夏朝、商朝的建立和灭亡
- 掌握夏商二朝的首都、疆域、国家结构、文化、宗教信仰和经济生活
- 了解奴隶制和氏族社会的内容和区别
- 理解禅让制和继承制的内容和含义
- 初步学习如何评价人物

教学过程：

1. 以小组课题的形式贯穿整个学习，在教学开始前，设计好课题形式和作业呈现形式，并规定好评分细则，给学生详细讲解，在整个活动过程中：

社会学课题项目

各位同学：

现在我们已经进入社会学的第二个主题：古代文明。

在这个主题结束的时候，你需要上交一个和以下话题有关的小组作业：将古代中华文明和其他早期文明进行比较。

重要信息

- 提交日期：2016年1月18日星期一
- 分组情况如下：

| 7A |
|---|
| 第1组：（古代中国） |
| 第2组：（古希腊） |
| 第3组：（古埃及） |
| 第4组：（玛雅文明） |

作业形式：作业可以选取很多形式提交，比如：宣传手册、ppt、海报、iBook，或者其他有创造力的形式。

语言：中文和英语

| | 杰出成就 | 达到要求 | 部分完成 | 没有完成 | 分数 |
|---|---|---|---|---|---|
| 整合信息 | 学生有逻辑的整合信息（9—10） | 学生分类和整理信息的错误较少（6—8） | 学生尝试着组织信息，但有些错误（4—5） | 无法组织找到的材料（1—3） | /10 |
| 分析信息 | 学生能够精确地回答问题，包含细节和感受（9—10） | 回答问题时可以学以致用（6—8） | 作业不完整，只回答了一部分问题（4—5） | 作业不完整，缺少细节（1—3） | /10 |
| 呈现作品 | 有亮点，在视觉信息和文字信息间保持合理的比例（4—5） | 包含所有必要的信息，但缺少了一些条理（3） | 作业缺少细节，没有亮点（2） | 没有使用图片或色彩等媒介，缺少细节（1） | /5 |

评分细则：

- 项目开始部分：
- 介绍该文化现在所处的地理位置（大洲）和国家
- 指出该国的首都
- 展示该国的国旗
- 你需要在以下方面比较中华文明和其他文明：
- 家庭生活（家庭成员、工作等）
- 宗教信仰

作业主要是利用课外时间进行，请仔细规划，小组配合认真完成。每位成员都要担负起自己的责任，一起努力完成项目。

| 要点 | 填写 |
|---|---|
| 发源地 | |
| 首/迁都 | |
| 政策 | 政治： |
| | 军事： |
| 灭夏准备 | |
| 兴兵伐夏 | 时间： |
| | 战役： |
| 商朝建立 | |
| 重要人物 | |

评分细则：总分 25 分

2. 学习商汤伐夏时，采取阅读材料，完成表格的方式，让学生自己提取信息。具体实施时，将阅读材料分成四个部分，放在中庭的四个不同地方，学生带着表格在四个站点分别获取不同的信息，完成表格。这样避免学生在位置上长时间阅读材料，导制注意力分散失去兴趣。

附表格及阅读材料：

商族兴起于黄河下游的商丘，商部落的历史可以追溯到母系氏族公社时期。这个部落的始祖叫契。传说契的母亲简狄洗澡时，忽然发现燕子下了个蛋，吃了以后便怀孕生契。所以古代有"天命玄鸟，降而生商"的传说。

夏朝自孔甲继位为夏王以后，"好方鬼神，事淫乱"（《史记·夏本纪》），不理朝政，迷信鬼神，专事打猎玩乐，使得人民怨恨，诸侯反叛。由于国力衰弱，也无法控制各诸侯国势力的发展。在夏朝的诸侯方国中，商国自上甲灭有易以后，势力逐渐发展壮大。农业和畜牧业的发展，社会财富的增加，促使商族由氏族制过渡到奴隶制。为了向外发展势力，掠夺更多的奴隶和财物，在上甲微到主癸的六个商侯时，曾两次迁徙，一次是迁到殷（今河南安阳小屯），一次是由殷又迁回商丘。到了主癸时，商国已是一个具有国王权力的大诸侯了。

商国从始祖契开始，到汤的时候已经将都城迁了八次。商汤继主癸做诸侯时，夏朝的统治者是桀，他骄奢淫逸、宠用嬖臣、暴虐无道，对民众及所属方国部落进行残酷的压榨奴役，引起普遍的憎恨与反对。夏朝的统治风雨飘摇，国势渐衰。商汤为了准备灭夏，在夏桀十五年，将商国的国都由商丘（今河南商丘睢阳区西南）迁至亳（今河南商丘虞城县谷熟镇）。汤在亳这里积蓄粮草、召集人马、训练军队，为灭夏之战创造有利条件。本来商国曾被夏王朝授予"得专征伐"的大权，他要征伐谁可以不经夏王的批准而有权出兵。但是汤准备征伐的并不是一般的侯，而是统治全国的夏王朝。他为了削弱夏王朝的势力，排除灭夏的障碍，争取更多的诸侯反夏，首先就从商国的邻国葛国开始，并迅速消灭了夏桀的耳目葛……

# 精心预设 预约课堂百分百的精彩
——以《百家争鸣》为例谈高中历史教学有效预设策略

## 杭州市余杭高级中学 华婷

### 一 课堂教学中的无效预设现象

1. 机械预设，课堂失去活力

案例：某老师在讲述必修一《中国军民维护国家主权的斗争》中"义和团反帝运动"一目时，为了帮助学生加深对义和团运动发生的背景、局限性、进步意义的理解，出示了一段义和团揭帖"神助拳，义和团，只因鬼子闹中原。天无语，地焦干，只因鬼子止住天。天爷恼，仙爷烦，一同下山把道传。神出洞，仙下山，附着人体把拳玩。大法鬼，心胆寒，英美德俄尽萧然。洋鬼子，都杀尽，大清一统定江山。"讲课过程中，老师试图从"掀铁路，拔线杆，紧急毁坏火轮船"，得出义和团盲目排外的局限性。这时，有一个学生提出自己的疑问："我觉得铁路、轮船可以用来运送侵略者，把这些先进工具毁掉有利于打击列强，百团大战时八路军也是破坏日本鬼子的铁路。"全班顿时安静下来，瞪大眼睛看着老师。老师愣了一下说："你先坐下，好好听，这个问题，我们下课讨论。"随后，老师按照预设的教学方案继续讲下去。

感悟：传统教学大多是执行教案所"预设"程序的过程，出现"意外"后并没有足够的准备去应对，既过于机械、刻板，又缺乏教育智慧。如果像案例中的教师那样完全按照预设进行教学，无视孩子提出的问题，既没有纠正孩子认识的误区，还会扼杀孩子灵动的火花，打击学习自主性。即便这堂课多么的环环相扣，突出的也仅仅是教师个人无效的独角戏。因此，教师走进课堂前，就要做好备课的每一个细节，设想可能出现的情况，不要急于教给学生什么，重要的是能不断激活学生思维，创设一种"海阔凭鱼跃，天高任鸟飞"的广阔发展空间。

2. 随意预设，教学失去方向

案例：《民主政治的摇篮——古代希腊》一课，老师设计的导入：根据希腊的地理、环境、建筑等图片，提问："你了解希腊吗？你来说说你知道的希腊。"正好这个班级本身就是一个比较活跃、知识面比较广博的班级，有的学生说了希腊的帕特农神庙，希腊的足球，有一个学生甚至滔滔不绝的讲起了希腊神话故事，其他学生听得津津有味，老师也不好意思浇灭学生的热情。整个导入就用了十几分钟。老师多绕了很多圈子才又回到起点。

感悟：老师的预设激起了学生的兴趣。但是这样的预设一味追求课堂上即时的"生成"，也许这堂课会热热闹闹，但因为缺乏目标，会出现"无的放矢"的现象。结果教学失去了方向，降低了课堂教学效率。无论怎样的生成，教师都不能忘记自身的引导作用和教学目标。这节课的核心内容是"古代希腊和民主政治"，教师的预设应该以此为切口，把设问指向古希腊地理、人文环境与民主政治之间的联系，而不是提出"说说你知道的希腊"这种泛泛无所指的设问。如果能始终围绕一个中心由浅入深、层层设问、环环相扣，就能让学生有一种"意犹未尽"的感觉，会不由自主地产生想要不断深入探索的欲望，在不知不觉中突破重难点。

3. 过度预设，教学失去节奏

案例：某老师参加区优质课，选题为《1600年的世界——海上力量的角逐》，其中预设了一个关于"1588年英国打败西班牙无敌舰队"教学环节。预设通过几段视频、材料分析西班牙为什么要（能）打造"无敌舰队"？真的无敌吗？西班牙发动战争的原因是什么？战败原因有哪些？这种结果对两国产生了什么影响？费时十多分钟，课堂气氛沉闷，严重偏离主题。

感悟：关于"1588年英国打败西班牙无敌舰队"这一知识点，教材中为学生课外阅读内容，教学要求并不高。教师预设多个环节，费时费力地解读这一史实，显然偏离教学的主干知识，教学有效性大打折扣。预设教学本没有错，但过度预设就值得商榷了。过度预设往往是在公开课比较常见的一种"病态"备课行为，一方面教师为了展示自己的教学先进理念和教学设计水平，因预设内容过多而导致在下课铃响时仍无法完成教学任务；另一方面教师因担心在课堂上出现意外，于是在某些细节上预设过于精细，比如只有借助学生的某些特定的发言能够推进教学发展，而容易与课堂上的意外生成产生冲突，导致课堂教学停滞。

## 二 反思预设，回归理性

课堂如果是教师一个人的舞台，学生都是按照教师的预设跳舞，那么教育就失去了现实意义，静静躺在书本里和成人世界里的知识也不可能被学生喜欢。课堂永远是动态变化的，学生是一个个鲜活的个体。实际教学中有太多有实效性的预设需要我们去精心准备，也有太多动态的生成需要我们去经营和促成。

1. 有效预设是实现课堂有效生成的首要条件

预设是预测与设计，是课前进行有目的、有计划的清晰理性的设想与安排，具有弹性和留白。生成是生长和建构，是根据课堂教学本身的进行状态而产生的动态形成的活动过程，具有丰富性和生成性。预设与生成是辩证的对立统一体，课堂教学既需要预设，也需要生成，预设与生成是课堂教学的两翼，缺一不可。精彩的生成离不开之前的精心预设。凡事预则立，不预则废。预设是教学的基本要求，因为教学是一个有目标、有计划的活动。教师必须在课前对自己的教学任务有一个清晰、理性的思考与安排，因此要重视预设。

2. 有效预设先走一步探路为的是找出易犯的错误

课堂教学是一个动态的过程，尽管我们进行了精心的设计准备，认真地实施教学过程，但在教学中仍然可能会遭遇"节外生枝"和"意外变故"。如果我们在教学之前先走一步探路，充分地进行教学预设，就能进一步找出教学中易犯的错误，发挥教师在教学中的主导性，让"错误"教学资源得到有效利用。因此，教师要认真钻研教材，根据学生发生错误的规律，凭借教学经验，以及对本班学生的了解情况，对学生学习中会出现的情况做到胸有成竹，课堂中才能在学生学习尚未发生认识偏差之前，把某些错误设法显示出来，采用有效的教学手段，引导学生从自己的认识角度，凭借已掌握的教学知识识错和改错，从而预先进行控制，促使学生会学。

3. 有效精心的预设不等于"精细"预设

如果说一般老师的备课更多地注重对教材教法的理解和落实的话，笔者所提倡的"精心"二字则更多地体现在教师备课过程中对于学生这一学习主体的思考和关注。教师需要注意的是教师在具体备课过程中，要充分考虑到自己的预设——精心而不精细。

换句话来说，就是在具体的备课过程中，教师要尽可能地熟悉教材和教法、熟悉自己的课堂教学的整体组织和建构。不过，这些都可能是教师从自己作为教学这一主体的单方面设想而已，而这些设想能不能与真正的课堂教学合而为一，能不能在真正的课堂教学中产生预设中的效果，往往并不取决于教师的精心预设。恰恰相反，很多时候，自己精心备好的一节课，到了课堂，却全然不是自己想象中的样子，自己站在讲台之上，看到眼前的现实，就让人产生一种水牛掉到井里——有劲使不上的感觉。之所以会产生这种难堪的局面，其中一个重要原因，就是备课这一环节出现了问题——过于精细化的备课，往往会让教师自身陷入画地为牢中，一旦学生的思路和回答与自己预设的不一样，甚至出现意外，往往会让教师本人陷入尴尬境地，从而影响甚至削弱课堂教学效果。

## 三 有效预设、创设精彩课堂策略

一堂精彩的课，往往是有备而来的。一切教学都是预设与生成的统一体，课堂生成也需要预设，精彩的课堂生成更离不开匠心的预设。这就要求教师需要对教学内容有全面、系统、深入的解读，要"用教材教"，超越教材，用精心的"预设"为学生搭建课堂生成的平台，让预设与生成珠联璧合、和谐共生，力求让课堂教学达到"挈领而顿，百皱皆顺"的境界，使一堂平淡的课呈现"思维碰撞、心灵沟通、情感融合"的"动态"过程。笔者认为，有效预设应具备以下六意识：

1. 目标意识——围绕教学目标，追求预设与生成动态平衡

在当前的课堂教学中，很多教师刻意注重热闹的"生成"，对教材目标的把握很不到位，对教学内容的处理显得很粗糙。笔者认为教师不能只是机械地教书，必须用心预设，超越的秘密就在教学目标中。预设的重中之重就是确定与教材要求适切、落实在学生最近发展区的教学

目标。

（1）目标的定位要准。要建立在教师对教材的深入钻研以及准确把握学生已有的认知基础和生活经验的基础之上，严格对照课程标准和教材，既不任意拔高要求，也不随意降低标准，确定学生学习的重点和难点，找准切入点，培育生成点。

（2）目标的定位要全。"知识和技能"、"过程和方法"、"情感、态度和价值观"是新课程目标的三个维度，而不是三种目标，就像一个立方体的长、宽、高一样。"知识和技能"维度的目标立足于让学生学会，"过程和方法"维度的目标立足于让学生会学，"情感、态度和价值观"维度的目标立足于让学生乐学。任何割裂知识和技能，过程和方法，情感、态度和价值观"三维目标"的教学都不能促进学生的全面发展。既要有知识技能的目标，过程方法的目标，又应有情感、态度、价值观目标，这一目标要贴合实际，位于学生的"最近发展区"，着眼于学生的终身发展；也注重方法的培养，让学生不仅学到了知识，更学到了走遍天下不怕的法宝。教师要搞清哪些方面需要在教学中"步步紧逼"加以突破，哪些方面可作"轻描淡写"，只需在学生自主学习的基础上稍作点拨即可。

在"百家争鸣"教学中，笔者把三维教学目标整理为以下内容。

（1）知识与能力

知道儒家、道家、墨家、法家等诸子百家的代表人物及主要观点，了解孔子、孟子与老子对儒家思想形成和发展的重要贡献。感受诸子百家为人类思想宝库所作出的卓越贡献，体会人类优秀思想传承对人类文明演进的价值。培养学生材料阅读能力，运用历史唯物主义的基本观点和方法分析历史问题的能力。

（2）过程与方法

学生可以根据教材与教师提供的材料以及课前自己的学习所得，进行推理分析。主动探究问题的答案，并学会用观察法、比较法等方法学习有关问题，学生要能对所学内容进行较为全面的比较、概括和阐释。

教师注重启发式教学，设计具有针对性、启发性的问题，引导学生主动探究，并对学生在探究过程中的表现予以及时而恰当的评价。

（3）情感、态度与价值观

通过对春秋战国时期百家争鸣，思想活跃而繁荣的文化盛况的介绍，使学生对这一中国文化史上的光辉时段有更深入的认识，从而更加热爱祖国历史与文化，有志于继承中华民族的优秀传统文化。

通过对儒家、道家、墨家、法家等诸子百家的代表人物及主要观点的归纳学习以及感受圣人对理想的追求精神，激发学生对理想的追求与坚持。

2. 学生意识——全面了解学生，准备多个预案

美国著名教育心理学家奥苏伯尔在他的作品中有过这样的一段经典表述："假如让我把全部教育心理学仅仅归纳为一条原理的话，那么我将一言以蔽之：影响学习的唯一最重要的因素就是学生已知道了什么，要探明这一点，并应据此进行教学。"面对我们的学生，在上课前，教师不妨从三维目标方面考虑：

知识技能、方法方面：（1）学生是否具备了新知学习所必需的认知基础？（2）学生是否已掌握或部分掌握了新知？掌握的人数、内容、程度怎样？（3）哪些内容自己能学会？哪些内容需要相互讨论？哪些内容需要教师点拨和引导？（4）学习这部分内容时他们用到了哪些学习方法？运用情况如何？（5）关于这部分内容他们具备了哪些生活经验？

情感态度价值观方面：（1）关于这部分的内容学生有什么学习需要？（2）他们希望在怎样的环境中学习？（3）经过前段时间的学习，学生的学习态度、学习方式、学习习惯发生了哪些变化？（4）不同群体的学生现阶段的思维特点是怎么样的？存在哪些个性差异？

因此，在教学方案设计中要有"弹性区间"，为学生的主动参与留出时间与空间，对过程要多作假设：学生会如何说？教师又该如何引？不妨多模拟些情景，多估计些情况，使预设更有宽度、厚度、深度和广度，在横向、纵向相结合的预设中追求课堂教学的精彩。这样，教师才能从容不迫地面对学生，才能胸有成竹地进行对话，也才有可能追求许多预计的精彩。

道家庄子的"齐物论"上升到哲学高度，是一个理解难点。如何从学生的已知和未知出发，生动又深入浅出地突破这个难点？课前，笔者

从学生角度作了如下预设：

（1）关于庄子，学生应该都知道《庄周梦蝶》典故，但可能不知道《庄周梦蝶》的完整故事。（2）《庄周梦蝶》的深刻含义，学生很难主动探究，可能需要以老师讲为主，若学生知识能力储备极好，可由学生表达演绎。（3）如何从"庄周梦蝶"突破"齐物论"，可由老师来完成。

上课时，笔者设计了三步骤。（1）学生讲《庄周梦蝶》的故事；（2）呈现《庄周梦蝶》典故，学生解释；（3）教师讲授演绎，现实中：庄周≠蝴蝶，梦中：庄周和蝴蝶相互转化，哲学高度：庄周＝蝴蝶，万物都是物质的，谓之"齐物"。

3. 资源开发意识——重组教材内容，扩宽学习资源

"用教材教"是新课程所倡导的基本理念。新课程认为教材是引导学生认知发展、人格建构的文化中介，"教材是范例"、"教材不是唯一的课程资源"、"教材是师生发展的平台"。要求教师主动参与对课程资源的开发和设计，由"教教材"转向"用教材"，用教材促进学生发展，教会学生学习，发展情感，培养良好习惯，提高学习能力。所以，教师在制定教学方案时，要注重为学生提供丰富的课程资源。一方面自己要进行教学资源的开发和筛选，另一方面要指导学生通过各种渠道查找相关资料，从而优化预设，收获生成。课堂实践表明，有效的教学资源为学生个性化的操作提供了极大的空间，学生表现得精彩纷呈，令教师耳目一新。

在教材的理解上，笔者结合《历史课程标准》、《浙江省高中历史教学指导意见》及学生学情，合理制定了三维教学目标，特别突出了运用历史史料对学生获取和解读历史信息能力的培养。

在教材的整合上，笔者运用了一条主线——"圣贤治国理想"，来贯穿本课四大学派的政治主张。同时让学生们也一起放飞了理想的风筝，跟随圣人的足迹，去追寻圣人的理想。通过圣人们追求理想的过程，也让学生感受到丰满理想和骨感现实之间的差距，唯有坚持和不断努力，才不会被历史长河湮灭。从教学效果看，对教材这个点的挖掘，较好地体现了思想史的教育功能。

在教材运用上，笔者设计了一条暗线——利用历史典故来突破重、

难点。"春秋战国时期儒家、道家、法家、墨家四家学派代表人物及主要观点"是本课的重点。笔者运用了九个基于教材的历史典故，生动而鲜活地帮助学生理解了抽象、理性、枯燥的"百家"思想。这也是本课的亮点之一。同时，笔者运用了四个图形演示来梳理儒墨道法四大学派及儒家学派各思想家之间的内在联系及理解老子的"无为"和庄子的"齐物"主张，图示法的运用使难点的解决简约而明了；运用了四个表格来归纳四大学派的主要主张，帮助学生梳理了基础知识，起到了非常好的化繁为简作用。

4. 问题意识——探索有效问题，展现预设与生成的精彩

特级教师李观博曾说："教学不只是直接给学生知识，还要唤起学生自己求得知识的强烈愿望。"这个强烈愿望的唤起靠的就是教师的设计。在问题设计上力求创新和出彩，让学生的思维沉潜其中，体验探索的乐趣，无疑是唤起学生强烈求知愿望的一条最佳途径。

从教育策略方面说，问题是加工信息不可或缺的一部分，它能够使许多联想朝着资料所指定的方向深入，促使学生理出答案并为进一步调查寻找新的途径。每一堂课的前前后后，老师们总要想：哪些内容是有效而不可忽略的？哪些内容是无效而应该舍弃的？哪些环节是非要不可而应该设置的？哪些环节是可要可不要却须慎重对待的？……追问到最后，便会最终落到课堂教学问题的预设上。历史课堂教学问题的预设是教师实施课程目标、进行课堂教学的基石。一个好的问题能唤起学生的好奇心，激起他们的发散思维，使之积极运用新方法重新构建知识，教师提问的方法和顺序也会影响课堂教学的效果。提问应避免两种存在的问题倾向：一种是问题太多、太浅；另一种是问题太宽、太难。要避免问题设置不恰当，教师所提的问题要直击教学目标，从贴近学生的客观实际出发设置问题，由浅入深引发思考。要做到这一点教师在设计提问前必须认真研读课标和教材，科学合理地确定教学目标，联系实际，设计宽泛些，提问精致些，从而使提问更有效，给学生更多自主思考的空间。

关于道家老子的"无为而治"思想容易让学生理解为"无为"就是什么也不干的治国思想。那么，怎么突破这一重难点呢？笔者选取了典故"老子曰'治大国者，若烹小鲜。以道立天下者，其鬼不神。……其神不伤人也；……圣人亦弗伤也。'"设计了三个问题：

（1）翻译典故；（2）理解"烹小鲜"的意思，请同学说说自己在家煎小鱼的感受；（3）将"烹小鲜"和"治国"联系在一起，体会其"无为"思想精髓。通过三个问题，由浅入深，和学生一起得出"无为"的深刻含义：无为≠不为≠妄为＝不妄为。

教师的预设中对教学问题的设计要具有一定的张力，有一定的挑战性、争论性，要容易引起学生的兴趣与共鸣。预设时，不要讲究"丝丝入扣，环环相连"，环节不要太多，要便于学生在较短的时间内，有充裕的展示机会、多向的交流互动；环节也不要太细，太细就可能牵着学生小心翼翼地走在预设的轨道上，不利于学生主动思考、自由探索；问题不要太碎，浅显的、一问一答式的问题要尽量减少，使预设留有更多的空间和自由度。同时，教师预设中对一些关键问题要把握"说破"时机，留下思考空间，也不要急于找学生回答，而是根据问题的性质给学生留下适当的考虑时间。研究表明，当教师把等待时间从1秒增加到3—5秒时，课堂就会出现许多有意义的变化。这就会让学生处于"质疑—思考—释疑"的主体活动过程中，为产生课堂生成资源创设条件。

5. *课堂应变意识——珍视课堂现场的"意外生成"，实现教学的弹性优化*

苏霍姆林斯基说过："教育的技巧并不在于能预见课堂的所有细节，而是在于根据当时具体情况，巧妙地在学生不知不觉中做出相应的变动。"课堂教学在预设性生成的基础上，往往会产生一些非"预设生成"，这是学生主动思维、积极创新的充分体现。面对这些"意外生成"，教师应充分珍视、转化促进，而不是刻意回避、牵强说教。课堂教学不是一个封闭系统，不必拘泥于预设的固定不变的程式，教师要能在师生互动中即兴创造，把它作为推进课堂教学进程的重要资源，教师应通过追问寻错、争论辩错、反思抖错等方式引领学生回归符合学习要求的正确轨道上来。从而张扬学生的课堂主权，激发学生的学习兴趣，培养学生的创新精神，实现课堂教学的弹性优化。

在学习《伟大的抗日战争》关于"关内关外的抗日救亡运动"一目中的中国共产党抗战的相关内容"九一八事变爆发后，中国共产党立即发表抗日宣言"时，有学生不屑地说："不就是发表了一个抗日宣言嘛。"教师停下了预设的内容，说："有同学对中共的抗日宣言很不以为然。请同学们将九一八事变后国共两党的对策做一对比。"学生们立刻就回答出了:"国民政府采取不抵抗政策,而共产党积极抗日,在东北还建立了抗日联军。"这样的对比,既反驳了这位学生的不屑,又让学生体会到了共产党的先进性,为学习抗日民族统一战线的相关内容以及感受共产党在抗日战争中发挥的关键作用埋下了很好的伏笔。

教师在教学中要善于抓住学生所思所想的契机,以及在教学推进过程中不断表现出来的思维火花,将教学及时进行调整,不断地推向理想境界。课堂上学生思维的顿悟、灵感的萌发、瞬间的创造无处不在,教师应该独具一双慧眼——及时捕捉即时产生的教学资源,引领学生全身心地投入到知识的建构和创造的愉悦中去;教师应该独具一颗慧心——随机地调节预设教案,教师手握的是已知的教案,面对的永远是学生未知的答案,是将教案进行到底还是顺着教学实际发展的方向去挖掘,这是每一位教师面临的研究课题。

6. **教学反思意识——教学反思,为改进研究**

教师通过教学反思,自觉地把自己的课堂教学实践进行全面、深入、冷静地思考、梳理和总结,在"温故而知新"的作用下,提升自己的教学状态,使之优化,更贴近学生实际,使学生得到更大限度的发展。课堂是一个动态交互发展的过程,"预设"往往会出现多种结果,如果教师课后能进行反思,可以为以后的"再预设"提供帮助。

教师针对教学预设,可以从整体课堂预设的成功和失败之举,课堂教学机智、预设的再设计等方面来进行反思,亦可以选取某一个角度如课堂提问、教学设计、目标达成等方面进行反思。关于本课,笔者写下了课堂提问预设反思——

第一,课堂提问指向性比较明确,针对性很强。提问激起了学生有针对性的思考,并达成了相应知识能力目标和情感目标。

第二,课堂提问能力层次分布合理。提问环节中两个属于简单识记,四个属于理解分析,一个属于综合运用与评价,顾及了所有层面学习能力的要求,同时侧重于理解。我们知道,如果提问的难度过深,则不仅不能激发学生的积极性,反而会使他们产生畏惧和抗拒心理。因此只有能力层次的分布合理才能有效达成各项教学目标。

第三,从学生反应的角度来看,针对笔者的课堂提问学生都给予了积极的反应，有集体回答，个别回答，还有集体的讨论，只有少数同学在《庄周梦蝶》的这个提问中没有应答。在本课中，面对笔者的提问，学生基本上能追随老师的脚步，进行积极的思考，逐步理解儒墨道法各家代表人物及思想主张，并且在课堂提问的过程中，培养学生的分析、综合、评价和运用的能力。

改进空间：第一，提问的语言表达比较单一，基本上都是很正式的书面语。比如，某段材料体现了某位思想家的什么观点之类的？能否用更生动的语言来尝试呢？第二，在回答时，面对学生不着边际或者是偏离主题意旨的回答，笔者采取的多数是淡化方式，然后再强调自己对这个问题的认识，教学机智能力和多角度预设能力需要加强。

## 四　在实践中创造有效预设，预约课堂百分百的精彩

成功的课堂一定是预设和生成的结合体。教学是开放的，没有精心的预设就不会有精彩的生成；没有精彩的生成，课堂就多了许多不确定因素，学生也是有差异的。正是由于有那么多的不确定，课堂才是丰富的、多变的、复杂的，这更需要教师在教学中不断反思、时刻总结，在实践中提高自身的教学机智，增强自己的教学本领，创造出生动和充满魅力的课堂，为学生的发展开拓更广阔的空间。

**参考文献**

[1] 蔡楠荣主编：《互动—生成教学》，上海三联书店2004年版。

[2] [美] 丹东尼奥等：《课堂提问的艺术：发展教师的有效提问技能》，宋玲译，中国轻工业出版社2006年版。

[3] 周千红：《预设与生成》，宁波出版社2008年版。

[4] 顾忠坚：《有效预设　营造精彩课堂》，见于http：//www.doc88.com/p-633428082622.html.

# 高中历史课堂提问有效性的实践研究
—— 以人教版《孙中山的三民主义》一课为例

杭州市余杭第二高级中学　王强

## 一　问题的提出

新课程改革不仅强调学生的成长，而且同样强调教师的成长，要求改变教师教学的理念，转变教师的教学方式，从而为学生自主学习创造必要的前提。教师，是落实课程改革的先锋，如何通过具体的课堂教学行为体现以学生发展为本的理念一直是个难题。教学实践表明课堂教学应该是以问题解决为核心展开的教学，是师生双方共同设疑、质疑和释疑的过程。重视课堂提问的科学性、主客体的民主性、艺术性以及方式、方法和策论，为创造性地解决问题提供必要的知识准备和方法论指导，只有这样才能更好地体现新课改的目的。

多年来，在实际的课堂教学过程中，提问一直在发挥作用，凡是研究教学，特别是课堂教学的论著，就不能不研究课堂提问。课堂提问是优化课堂教学的必要手段之一，也是教师教学艺术的重要组成部分。恰如其分的提问不但可以活跃课堂气氛、激发学生学习兴趣、了解学生掌握知识情况，而且可以开启学生心灵、诱发学生思考、开发学生智能、调节学生思维节奏、与学生作情感的双向交流。通过提问，可以引导学生进行回忆、对比、分析、综合和概括，达到培养学生综合素质的目的。课堂提问也是教学过程中师生之间进行思想交流的重要方式，是沟通教师、教材和学生三者之间的桥梁和媒介。教师通过提问来激发学生的兴趣，启发学生的思维，引导学生积极主动地探求知识，培养学生的表达能力和思维能力，因而提问在教学中具有重要的意义和作用。

"一言堂"、"满堂灌"的教学形式已基本消除，取而代之的是"问题教学法"。有专家曾指出现在课堂提问存在着如下问题:"高密度提问已成为课堂教学的重要方式,问答时间占整节课时间的一半以上;把可供探索的问题分解为较低认知水平的结构性问答;教师提问中记忆性问题居多;学生齐答比例很高;教师完全控制课堂;提问后基本没有停顿等。研究得到下列基本结论:一方面课堂教学边讲边问正在取代灌输式讲授;另一方面课堂提问以低层次的推理性尤其是记忆性问题为主,提问技巧比较单一。"由此可见,目前教师对新课程理念的理解仍存在某些误区,在课堂提问方面有许多值得我们去思考研究和急需解决的问题,尤其在历史课堂教学中如何提高历史课堂提问的有效性,更是一个值得探讨的问题。

## 二 核心概念的界定

"有效提问"。"有效提问",我们并不陌生,也对此进行过一些所谓的"研究"。但以前的"研究",我们探讨的重点在提问的策略上,现在看来这是十分片面的。

"有效提问"就是以有效的策略提出有效的问题;主要包括:一是有效的问题;二是有效的提问策略。即无论是提问的策略还是"问题"本身都要具有有效性,这才能真正实现有效提问。[①]

如果说有效问题是老师在备课时应该重点考虑的问题,那么提问策略则主要是在课堂教学中实施。有效问题是课堂提问的基础,是问题教学的前提。提问策略是对有效问题的实施,是保证问题能够顺利进行的关键,两者缺一不可,互为影响。

**有效问题和提问策略的关系**

| 时间 | 依据 | 主要解决的问题 | 关系 |
| --- | --- | --- | --- |
| 备课阶段 | 课程标准、学生基础 | 问题设计 | 是课堂提问的基础,是问题教学的前提 |
| 授课阶段 | 课堂实际中学生的表现 | 提问策略 | 是对有效问题的实施,是保证问题能够顺利进行的关键 |

---

[①] 王雪梅:《课堂提问的有效性及其策略研究》,博士学位论文,西北师范大学,2006年。

## 三　主要理论依据

### 1. 教学最优化理论

要达到教学最优化的目的，就必须分析学生状况和教学任务，明确教学内容，选择教学方式方法，拟定教学进度，对教学结果加以测定和分析等。要达到提问的最优化，必须要分清教学主要的和本质的东西，确保学生能够掌握这些内容；选择能有效地掌握所学内容，完成学习任务的教学方式方法，进行有区别的教学。

### 2. 有效教学理论

它关注学生的进步和发展；"有效提问"需要教师具备一种反思的意识，要求每一个教师不断反思自己的日常教学行为；"有效提问"也是一种策略，需要教师掌握有关的策略性知识，以便于自己面对具体的问题时做出决策。教学方法研究，就是在这一先进教学理论的指导下，研究具体的策略和方法，以达到课堂教学效益。

### 3. "最近发展区"理论

教学必须促进学生的发展，只有促进了学生发展的教学才是有意义的、有价值的。而想让教学有价值，就必须找到学生的最近发展区，或者说，必须找到那些他们不能独立解决，却能在课堂环境里，在同伴或教师的帮助下得到解决的问题。如果这些问题在教学之前确实是他们不能独立解决的，而在教学之后却能独立解决了，教学就显示了它对学生发展的促进作用。

## 四　高中历史课堂提问存在的问题

通过随堂听课、教师访谈，并结合自己的教学实际，笔者认为：现在大部分教师在教学观念上都有很大的改善，很少有满堂灌的现象出现了，大家都比较注意教师的主导地位和学生的主体地位，尽可能地让学生在课堂上多说，边讲边问正在取代灌输式讲授，但课堂提问以低层次的记忆性问题为主，提问技巧比较单一。课堂提问存在的问题主要体现在：

### （一）所提问题过多随意性大

表现在课堂教学中，就一个历史现象或一个历史事件，一连串提问。例如有位老师在组织学生学习"新文化运动的背景"一目内容时，从上课开始就不停地提出如下问题："什么是文化启蒙？什么是新文化？列强是如何支持袁世凯称帝的？辛亥革命是怎么失败的？中国资本主义是如何进一步发展的？西方启蒙思想是如何介绍到中国来的？"经老师这么连珠炮式的提问，学生头脑发昏、发胀，瞪大了眼睛，不知从哪一个问题入手，心中的沉重包袱成了读书思维的累赘。课堂提问的数量并不等于质量，问题越多并不等于教学效果越好，关键是问什么问题，是否问到点子上；怎么问，是否问得学生感兴趣。

### （二）所提问题肤浅缺乏深度

口头禅式提问，诸如"对不对？"、"是不是？"、"行不行？"，半截话式提问，诸如："中国共产党从大革命失败的教训里开始认识到……？"、"南昌起义打响了……？"、"八七会议确定了……？"，诸如此类，无思考价值的提问，培养不了学生的思维能力。

### （三）留给学生思考时间较短

为了追求课堂效率和顺利完成教学任务，教师通常在发现没有学生响应后，便重复问题或把可供探索的问题进一步细化分解，学生因此失去了思考探索的空间。在没有学生愿意举手回答时，多是找少数几个好学生回答，或者有时就采用集体回答问题的形式。从听课的过程中明显感觉到多数教师都缺乏耐心的等待。

### （四）处理学生的回答时有欠缺

教师往往以心中的答案为唯一标准，如果学生说的不是自己想要的答案，就给予否定。对学生回答过程中暴露的问题和错误缺乏适时的分析、评价，即使有的教师注意对学生的回答给予鼓励、称赞，但鼓励流于形式，方式单一。教师绝大多数时候是把学生的回答简单地重复一遍并加以追问，没有作出适当的评析和引申。对学生回答过程中所暴露出的问题和错误没有明确指出并予以纠正，态度比较含糊，追问也主要是对前一问题的延续或对前一问题的回答感到不大满意而作出的，缺乏一定的深度和梯度，对学生回答问题后的评价欠缺。

### （五）提问对象的面过于狭窄

问题提出后很少有学生主动举手回答（注：高中课堂的一种普遍现象），大多是老师点名回答。有的教师提问只盯住几个尖子生，学生答对了就理所当然。每节课只让几个尖子生答问，这些教师的理由是差生基础差，回答问题浪费时间，完成不了教学任务。让学生机械地接受他人现成的思维成果，这与教师的满堂灌无实质性差异。

## 五 提问有效性的实践研究

### （一）充分备课，设计问题

设计有效的问题是有效提问的前提，良好的课堂提问，需要教师备课时做好充分准备，设计与学生知识水平相适应、激发学生学习欲望的问题，从而实现历史教学的三维目标。

1. 问题设计关注趣味性

德国著名教育家赫尔巴特指出："兴趣是教学的基础，教师在任何一个阶段里都要注意激发学生的兴趣，必须注视学生的反应是否自然发生，如果自然发生则被称为注意的，教学本身就是有趣的。"[1]

在教学中，教师要关注学生的兴趣点，并通过兴趣点设计课堂提问，这不仅可以促进学生对问题的理解，而且还能给学生耳目一新的感觉，提高学生历史学习的兴趣，产生强烈的求知欲。

人教版必修三专题四第一课《三民主义》，如果教师设计：三民主义的内容是什么？如何评价？新旧三民主义的区别是什么？新三民主义与三大政策的关系是什么？这样设计重点突出、线索清晰，学生的思维会受到良好的训练，能力也会有显著的提高。但是，学生对这样的问题是否感兴趣，学生思维的积极性是否能充分调动起来？如果把它们置于新情境中，情况就会大为改观。上述问题可以这样设计，如：孙中山早年学医，目的是救治国民的病痛，但在行医过程中，他痛惜国家衰败，人民贫弱，逐渐认识到"医术救人，所济有限，其他慈善事业亦然"，"医国"比"医人"更为重要。请你诊断一下当时的国家出现了什么病症？孙中山给它开了什么药方？为什么不能医治社会的顽疾？孙中山于20年代又开了一剂药方，并增加了药的剂量，这张药方能医治国家的顽疾吗？为什么？两张药方有什么异样？请你设计一张药方来解决中国的社会问题。

---

[1] 何旭明：《从学习兴趣看赫尔巴特与杜威教育思想的相通性》，《大学教育科学》2007年第2期。

这样的问题以一种新面孔呈现给学生，使学生在新的历史情境中体会历史，感悟历史。就能大大激发学生的好奇心，激起思维的涟漪，使学生从被动接受知识转而主动探索知识。

2. 问题设计体现层次性

教师备课时在预设问题时应详细解读课标，深入钻研教材，了解学生的知识掌握情况，设计知识覆盖面广、层次分明的问题。

《三民主义》的课程标准内容是：了解孙中山三民主义的基本内容，认识其在推动中国资产阶级民主革命中的作用。笔者根据课标设计如下三个不同层次的问题：

| 等级 | 设计问题 | 要求 |
| --- | --- | --- |
| A级 | 旧、新三民主义的内容及含义 | 所有学生都应该掌握的知识性问题 |
| B级 | 认识三民主义产生的历史背景；对比分析新旧三民主义的异同 | 中优等学生理解应用型问题，需要应用基础知识进行分析、归纳 |
| C级 | 学习认识伟人顺应时代发展潮流、与时俱进的高贵品质和为革命事业不断求索创新的精神 | 优等生综合评价问题，要求学生综合运用有关知识解决问题 |

问题设计的层次性有利于教师因材施教，有利于学生学习效率的提高，促进不同层次学生的发展，问题设计的层次性为提问的层次性打下基础。

3. 问题设计突出情感性

《普通高中历史课程标准（实验）》引导学生从政治文明、物质文明和精神文明三大角度来探讨人类文明的发展历程，每个模块都有知识与技能、过程与方法、情感态度与价值观的目标追求。因此，历史教学过程应是一个情感、态度与价值观和知识技能共同发展的过程。如果教师只重视知识的学习和技能训练，缺乏情感态度价值观引领，学生就会变成知识的容器，缺乏生命的灵动与鲜活。这就需要教师提炼价值引导素材，在知识技能目标落实过程中渗透情感态度价值观目标。

如上表中的C级问题"学习认识伟人顺应时代发展潮流、与时俱进的高贵品质和为革命事业不断求索创新的精神"。对这一问题在本课内容完成后，教师设计如下问题，组织学生进行讨论：

（教学片断一）

（1）本课内容涉及孙中山先生一生两次重要的转变。你知道是哪两次吗？

在学生讨论的基础上，教师总结：孙中山先生一生有两次重要的转变，第一次是放弃改良而走向革命道路；第二次是在他领导的一系列资产阶级革命活动失败后，接受苏俄和中共的帮助，把旧三民主义发展成为新三民主义，实行"联俄、联共、扶助农工"三大政策，实现了他一生中最伟大的转变。

（2）孙中山先生的这两次转变说明了什么？

这一问题可以让学生各抒己见，但教师总结时一定要紧扣孙中山先生与时俱进，为民族革命贡献毕生精力的高贵品质。

（屏显）他一生历史具在，站出世间来就是革命，失败了还是革命；中华民国成立之后，也没有满足过，没有安逸过，仍然继续着向近乎完全的革命工作。

——鲁迅

（3）鲁迅这样看孙中山，我们应该向孙中山学习什么？

学生：为了救国屡屡碰壁，仍坚持不懈，与时俱进，大公无私。（这一问题在讨论时，师生都可发表自己的见解，只要言之有理即可）

最后，（屏显）请大家齐声朗读，读出自己的心声：

孙中山先生一生追求真理，始终与时俱进；一生不懈奋斗，始终坚忍不拔；一生热爱祖国始终致力于振兴中华。

——胡锦涛

通过讨论这一问题，既深化了本课内容，又升华了思想情感。教师要善于把情感态度价值观融入知识技能的教学中去，在潜移默化中培养学生的情感。

**（二）操控课堂，优化提问**

1. 及时调整问题难度

教师在设计问题时，已经对问题的难度进行充分的考虑，使提问的问题尽量符合学生的实际。但由于各班情况不同，仍会出现"坐在地上摘桃子"或"搭梯子也摘不到桃子"的现象。此时教师必须充分运用自己的教学智慧,"灵活调节问题范围的大小"。①

例如,《三民主义》中,孙中山在国民党"一大"上重新解释"三民主义",并将它发展为"新三民主义",它成为国共合作的政治基础的内容是教学重点。为剖析该内容,教师精心设计以下四个提问:

(教学片断二)

(1) 孙中山为何重新解释三民主义?在教师的启发下,学生回答:孙中山总结过去斗争的经验教训。第二次护法运动失败之后,他认识到军阀打军阀是不可能取得民主革命的胜利,所以他顺应了革命发展的潮流,不断修正和补充自己的理论,孙中山接受中共提出的反帝反封建的主张。

(2) "新三民主义""新"在哪些方面?此问题难度较大,教师在教学中及时调整难度,教师可以启发学生从以下几个方面概括,第一,背景新:它是在俄国十月革命之后,孙中山得到了中共和苏联的帮助。第二,内容新:以"联俄、联共、扶助农工"三大政策为基础,使三民主义有了崭新的内容。第三,性质新:新三民主义虽然是资产阶级民主革命的思想体系,但它属于新民主主义革命的思想体系。

(3) 新、旧三民主义有何区别?(答题的思路将问题2与旧三民主义进行比较)

(4) 新三民主义为什么会成为国共合作的政治基础?综合上面三个问题,学生便知道这是因为:第一确定了"联俄、联共、扶助农工"的三大政策。第二它同中共反帝反封建的民主革命纲领基本一致。通过这样的提问和探究,就会把学生的认识逐步引向深化,使学生思维能力得到培养。

**2. 准确把握提问时机**

"不愤不启,不悱不发",说明提问时机的重要性。教师要努力抓

---

① 肖锋:《学会教学——课堂教学技能的理论与实践》,浙江大学出版社2002年版。

住学生"愤""悱"状态的最佳时机。教师如果能在此时发问，往往能取得良好效果。

（1）当学生学习情绪高涨时可抛出难度较大的理解应用型问题、综合评价型问题。教师要通过基础知识的梳理分析，调动学生的情绪，为学生解决这一难点问题做好准备。

（教学片断三）：解析新三民主义和三大政策的关系

（屏显）材料一  中华民国就像我的孩子，他现在有淹死的危险。……我向英国和美国求救，他们只顾着站在岸上嘲笑我。这时候，漂来了苏俄这根稻草。因为要淹死了，我决定抓住它。

材料二  ……我目前正在改组中国国民党，使本党能有更多的农民、工人参加进来。……为了谋求社会的根本改革，还要努力唤起民众觉醒……

——1922年孙中山谈话录

1. 阅读材料并结合课文第三段，指出孙中山为挽救革命制定了什么政策？

生（回答），师（屏显）：联俄、联共和扶助农工三大政策。

2. 解析新三民主义和三大政策的关系

新三民主义或真三民主义，是联俄、联共、扶助农工三大政策的三民主义，没有三大政策，或三大政策缺一，在新时期中，就都是伪三民主义或半三民主义。

——毛泽东

请把"新三民主义"、"三大政策"、"革命纲领"、"方法与手段"分别填入下列空格，以理解掌握新三民主义和三大政策的关系：

（1）<u>新三民主义</u>蕴含<u>三大政策</u>。

（2）新三民主义是<u>革命纲领</u>，三大政策是实现新三民主义的<u>方法与手段</u>。

生（回答），师（屏显）。

（2）当学生走神、困倦时要提问新颖、有趣的问题。例如，在讲完了三民主义产生的历史背景后，学生的情绪没有以前那样高涨，此时教师设计一个"连连看"的游戏，将材料和三民主义的相应内容用线连起来。

教师在屏显上打出如下材料：

今者由平民革命，以建国民政府，
凡为国民皆平等以有参政权。　　——创立民国（民权）
文明之福祉，国民平等以享之。当改
良社会经济组织，核定天下地价。　——平均地权（民生）
满洲政府穷凶极恶，今已贯盈。义师
所指，覆彼政府，还我主权。　　　——驱除鞑虏，恢复中华（民族）

这既提高了学生的兴趣，又检查了学生知识掌握的情况，还使学生高度紧张的神经得到暂时的放松。

### 3. 恰当选择提问对象

课堂教学中的提问，教师不但要注意"问什么"、"什么时候问"，还要注意问"什么人"。教师的提问是否能达到预想的效果，很大程度上取决于教师对学生的了解程度和对提问对象的选择。教师在预设问题时已经把问题与学生进行了组合，但仍需要根据课堂实际情况进行灵活的变动，对提问对象进行有机组合。

首先，就提问个体而言，针对学习程度不同、性格不同、课堂表现不同的学生，教师提出的问题应有所不同。应把难度较低的知识型问题提问学习程度较差的学生；把理解型、应用型问题提问中等生；把综合型、评价型问题提问优等生；用开放性问题提问性格外向、思维活跃的学生；点名提问性格内向的学生。这些教师在课前一般就会考虑到，但教师在课堂上仍应当察言观色，根据学生的课堂表现灵活变换提问对象。如对于已经举手、跃跃欲试、但学习成绩较差的学生，教师不妨给他们机会；对于神态自若、抬头微笑、但并未举手的学生，教师可放心提问；对于教师已经预设好的提问对象，但是当问题抛出以后，此生却眉头紧锁、苦苦思索或极力避开教师目光，说明该生回答问题有困难，教师可以转而提问别的反应较为积极的同学。如果学生回答不完整，教师可以适时进行追问。

**问题设计与提问对象**

| 序号 | 需要向学生提的问题 | 提问对象 |
| --- | --- | --- |
| 1 | 请你诊治一下当时的国家出现了什么病症？ | 提问性格外向的中等生 |
| 2 | 孙中山给它开了什么药方？ | 提问学习后进生 |
| 3 | 为什么不能医治社会的顽疾？ | 提问优生或小组中提问 |
| 4 | 该方有什么药效？ | 提问性格内向的中等生 |
| 5 | 孙中山于20年代又开了一剂药方，这张药方能医治国家的顽疾吗？为什么？两张药方有什么异样？请你设计一张药方来解决中国的社会问题 | 提问小组 |

教师提问要面向全体，使每一个学生在课堂上始终处于思维活跃的状态，做好回答的充分准备，尽量避免"少数人表演，多数人陪坐"的现象，这不仅能调动学生学习的积极性，树立学生的主体地位，而且有利于良好师生关系的确立和良好课堂气氛的形成。教师如果不能选择合适的提问对象，可能就会出现"有问无答"、"有呼无应"的情况，最后只能自问自答，这样必然就失去了提问的意义和作用。

4. 灵活掌握待答时间

待答时间是指在教师提出问题后让学生思考问题、组织答案的时间和回答问题后评价答案的时间。苏联著名教育家、心理学家赞可夫说："教会学生思考，这对学生来说，是一生中最有价值的本钱。"[①]

首先，教师提问应把握"少而精"的原则，给学生充分的思考时间和组织答案的时间，鼓励学生对一个问题进行多角度的、全面的、深入的思考，这既避免了满堂问给学生带来的巨大心理压力，又避免了学生来不及思考而被动接受教师答案的现象。

其次，教师根据问题的难易程度，准确掌握待答时间。难度较高的问题，第一等候时应适当的延长，可以在1分钟左右，如果教师认为只有小组合作学习才能解决此问题，也可以等待3—5分钟，使学生有足够的时间去回忆、联系、组织语言。如果一个小组无法将问题回答的圆

---

① 寒天主编：《特级教师教学艺术全书》，延边人民出版社1999年版。

满完整，教师可以在第二等候时之后让其他小组进行评析、补充。

再次，教师根据不同的提问对象，准确控制待答时间。由于学生的性格、反应速度、学习程度不同，造成学生需要不同长度的待答时间。如学习程度较差的学生，即使是一个简单的问题，教师也应给予较长的等待时间；学习程度较好，但性格内向、反应较慢的学生，教师给予的等待时间应适当的延长。

（教学片断四）：旧三民主义与新三民主义有何不同？
要求：自主思考2分钟，合作探究2分钟
生：（合作探究），师：（流动指导）
师：哪组先起来比较一下新旧三民主义的不同。
生：（回答），师（屏显）：不同：（1）明确"反帝"，民族平等；（2）强调民权为一般平民共有；（3）节制资本，扶助农工，实行"耕者有其田"。
师：这些不同就是新三民主义的发展，请问最大发展是什么？
生：明确反帝。
……
师："耕者有其田"又说明了什么问题？
生：思考，师：等待学生思考（1分钟）后
生：反对封建土地私有制。
……


5. 有效评答学生回答

有效评答是教师在学生回答问题后给予及时的评价。有效的评价可以帮助学生判断知识的理解掌握情况、问题回答的质量，有助于学生的进一步提高。

对学生的回答作出肯定性反馈。对学生的回答，不管其正确与否，首先要肯定他们的参与，对回答不正确的学生不要指责或讽刺，以免打击或伤害他们的积极性，特别是对学习困难生的回答行为，更要从肯定、鼓励的角度作出反馈。如给他们留有更多的思考时间，并使用"你再想想"之类的鼓励性语言。也就是说，教师应对学生的回答行为多肯定、表扬，少做评判性评价特别是否定性的评价。

　　学生通过课前预习和自主学习，对比较简单的知识型问题一般都能正确回答，教师应对学生及时予以表扬，强调答案重点、关键词。对于中等难度的理解应用型问题，学生回答不全面或核心思想表述似是而非，教师可采用追问策略，为学生提供解决问题的支架，鼓励学生继续思考；如果学生回答正确，教师要追问学生的思路。对于高难度的综合评价型问题，学生一般只能回答其中一部分，教师应抓住学生的亮点表扬学生，并启发学生思路。教师也可以不急于评价，而是把评价的权利转让给学生，让学生从预习中自己思考的角度去评价同学的答案。学生和教师从不同角度去评价，使答案更加全面，评价更加客观，也有利于学生独立自主地、创造性地解决问题。

　　在学生回答时可以通过非评判性的反馈方式，运用语言（继续说、这一点是对的、不错、很好）和非语言手段（眼神、表情、姿势、点头等）鼓励犹豫不决、吞吞吐吐的学生。例如，对学生的回答只要不是原则性的错误，都应予以肯定；对于学生出现的原则性错误，应在肯定其合理性的基础上帮助其分析错因；对于学生绞尽脑汁思考出的一个答案，如果言之有理但又不符合老师的答案，也不能一棍子打死；要适时地对学生在回答问题中的闪光点进行鼓励。

　　无论教师采取哪种评答策略，都要实事求是、恰如其分，既不过度赞扬，助长其虚荣心，也不讽刺挖苦学生，伤害其自尊心。不回避学生回答问题中出现的错误，教师通过耐心引导得出正确答案，而不是把自己的观点粗暴地强加给学生。

## 六　结束语

　　课堂提问是进行历史学科思维、语言训练，提高学生学习能力的一种有效的教学方法，在历史教学中发挥着重要的作用。教师通过科学的课堂提问，多角度、深层次地调动学生学习的内动力，加强教与学的和谐互动，能极大地提高教学的有效性。

　　历史课堂提问是历史课堂教学中一个必不可少的环节，把课堂教学与新课程要求的培养学生的创新精神与实践能力相结合，是作为一名优秀的历史教师必须具有的较高水平的设计问题的能力。我国著名教育家陶行知有诗云："发明千千万，起点是一问，禽兽不如人，过在不会问，智者问得巧，愚者问得笨，人力胜天工，只在每事问。"

**参考文献**

［1］叶小兵：《历史老师的提问》，《历史教学》（津）2005年第11期。

［2］《历史有效课堂教学评价标准》，《人民教育》2003年第7期。

［3］《运用问题教学法增强历史教学有效性》，《中学历史教学参考》2008年第4期。

# 《南京大屠杀死难者国家公祭读本》教学思考

南京市宁海中学　陈红

为配合南京大屠杀死难者国家公祭日活动的开展，2014年12月江苏省中小学开设《南京大屠杀死难者国家公祭读本》（以下简称《读本》）课程，小学、初中、高中分别为《血火记忆》、《历史真相》、《警示思考》。其中，高中的《警示思考》[①] 分册采取"专题—探究"结合方式，将南京大屠杀相关史实分为南京保卫战、日军暴行、安全区、历史反思、国家公祭五部分，列举了高中生关注度最高的11个专题。南京地区的《南京大屠杀死难者国家公祭读本课程纲要》规定《读本》课程教学时间为4课时，包括课堂教学和课外活动。如何在有限的时间里进行教学？笔者做了以下尝试：

## 一　通过了解学生的学习需求来确定教学内容

高中历史课程标准（实验稿）："列举侵华日军的罪行，简述中国军民抗日斗争的主要史实，理解全民族团结抗战的重要性，探讨抗日战争胜利在中国反抗外来侵略斗争中的历史地位。"[②] 笔者所用的人教版必修一《抗日战争》一课有南京大屠杀的相关史实，因为它是侵华日军战争罪行最为典型的代表。中国人民的抗日战争，是中学历史教学的重要内容。抗日战争历史的教学，主要是让学生认识抗日战争在中国近代历史上具有的极其重要的地位和伟大的意义。一方面让学生了解当年

---

[①] 《南京大屠杀死难者国家公祭读本（高中版）：警示思考》，南京出版传媒集团2014年版。

[②] 高中历史课程标准（实验稿）。

日本的侵华战争给中国人民带来的巨大灾难和对中国历史发展造成的严重影响；另一方面让学生从侵华日军反人类的残暴罪行中得到启示，汲取历史教训，更加关注人类命运。

在学习历史必修一的基础上再进一步学习《警示思考》读本，教师课堂上该上哪些内容，怎么上？笔者对所在学校的高二（10）班学生进行了调查，学生提出了以下问题：

朱雨岚：南京大屠杀中，到底发生了多少惨案？

李瑶函、陈晓薇、夏羽欣、潘末雨、黄亦璠、李杨、袁晓霞、吴佳恒、陈金宇、李冰洁、江姗姗等：为什么大屠杀发生在南京？

刘笑语：为什么会发生南京大屠杀？是因为地处战略要地吗？

张佳敏：为什么士兵在投降后仍然将他们杀害？

刘儒隽：日军为什么要杀南京人？日本军部为什么没有对士兵进行教育约束，以致屠杀手无寸铁的平民？

陈程佳子：日本人一面崇尚茶道等高雅艺术，一面又能做出屠杀的暴行，是什么原因？

姚嘉琪：日本士兵如此屠杀，难道他们没有家人吗？没有人性吗？

陈昱捷：侵略者进入南京为什么会进行大屠杀？是民族文化的影响吗？为什么会产生这样残忍的文化？

徐文韬、鲁成：南京大屠杀时，宁海中学附近有无帮助难民的避难所？

顾融章：南京大屠杀给人民带来的影响？

张聪颖：为什么要把南京大屠杀的纪念日定为国家公祭日？

由此可见，学生的问题主要集中在以下三个方面：第一，南京大屠杀的发生；第二，为什么会发生南京大屠杀；第三，南京大屠杀的影响和为什么要设立国家公祭日。笔者将课堂教学的重点确定为南京大屠杀的发生及原因，而日本侵华战争、南京大屠杀的影响和为什么要设立国家公祭日则通过课外活动来进一步认识。

## 二 通过导读使学生了解南京大屠杀的基本史实

笔者在课堂上首先请学生齐读《读本》第二章"对日军暴行的思考"导读部分:"1937年12月13日,南京沦陷。日军占领南京后,实施所谓的'扫荡'战。日军不顾国际公法,大肆屠杀放下武器的中国军人和普通平民,不仅将抓获的中国军民押解至长江边等地进行大规模集体屠杀,还在安全区内及南京城内外进行零星屠杀。在城内外搜捕、屠杀的同时,军纪涣散的日军官兵还在南京城内外四处游荡,滥杀无辜,大肆强奸、抢劫、纵火和破坏。"[①]

读后笔者向学生提问:南京大屠杀日军暴行有哪些?

学生回答:包括集体屠杀、零星屠杀、大肆强奸、抢劫、纵火和破坏。

笔者追问:我们用哪些证据来证明?

学生回答:可以用图片资料、文字资料、影像资料还有口述资料。

笔者向学生展示南京大屠杀的部分照片、牧师马吉拍摄的影片和部分文字资料。然后再提问:我们如何把这些证据构成一个证据链?

学生回答:如果我们能找到中方、日方和第三方的证据就可以构成证据链,说明南京大屠杀是铁的史实。

导读后问题的设计旨在培养学生的证据意识。笔者以发生在南京下关中山码头附近的屠杀为例,向学生展示三则史料:

### (一)中方幸存者刘永兴证言

到了下关中山码头江边,发现日军共抓了好几千人。日军叫我们坐在江边,周围架起了机枪。我感到情况不妙,可能要搞屠杀。我心想,与其被日军打死,还不如跳江寻死,就和旁边的人商量一起跳江。日军在后边绑人以后,就用机枪开始扫射。这时,天已黑了,月亮也出来了,许多人纷纷往江里跳,我和弟弟也跳到了江里。日军急了,除继续用机枪扫射外,又往江里投手榴弹。跳江的人,有的被炸死了,有的被炸得遍体鳞伤,惨叫声、呼号声,响成

---

[①]《南京大屠杀死难者国家公祭读本(高中版):警示思考》,南京出版传媒集团2014年版,第13页。

一片。一阵混乱之后，我和弟弟散失了，以后再也没有找到。我随水漂流到军舰边，后来又被波浪冲回到岸边。我伏在尸体上，吓得不敢动弹。突然，一颗子弹从我背上飞过，擦破了我的棉袍。猛烈的机枪声，把我耳朵震聋了，至今还没有好。机枪扫射以后，日军又向尸体上浇上汽油，纵火焚烧，企图毁尸灭迹。夜里，日军在江边守夜，看见江边漂浮的尸体就用刺刀乱戳。我离岸较远，刺刀够不着，才免一死。①

## （二）日方加害者町田义成的证言

我们中队到下关火车站广场的时候，日本友军的炮弹连续不断地落下来。这里还在与敌人进行大的战斗，敌人这时已经准备逃跑。他们已经失去了战斗力，枪也不拿，捡了小木船、木筏、木材，乘这些东西沿扬子江顺流而下。有5—8人乘的小船，也有30人左右乘的船，船里还有女人与孩子，没有能力抵抗的日本兵。前方20—30米处有逃跑的中国败兵，这边的日本兵都举起机枪、自动步枪瞄准他们"哒哒哒"地射击。小船、木筏上是穿着普通百姓衣服的中国人，畏缩着身子尽量多乘一些人顺江漂去。船被击翻了，那边的水域马上就被血染红了。也有的船上中国人被击中后跳入江中，可以听到混杂在枪声中的"啊、啊"的临终惨叫声。水中流过一沉一浮的人们。我们机枪分队与33联队的其他中队一起连续猛射，谁也没有发出号令，只是说："喂，那个那个，射那个。"数量相当多的日本兵用机枪和步枪的子弹拼命射击。但对方并没有全部都死，也有顺流而去的中国败兵。我身边的士兵们对我说："不用担心。在下游有部队在等着他们，一个不留，全部射死。让他们下去吧。"就这样，射击了不到两个小时。②

---

① ［日］松冈环编著：《南京战·寻找被封闭的记忆》，新内如、全美英、李建云译，上海辞书出版社2002年版，第4页。

② 同上书，第5页。

**（三）第三国美国牧师约翰·马吉在 1937 年 12 月 21 日致夫人的信函中说**

　　我们一直开到通向下关火车站的热河路。这个日本人说我们不能再向江边走了，我说："但是人家在发电厂附近看到他的（指马吉先生要找的陈昌）。"说了半天他才同意继续向前走，但走到扬子别墅附近时，他不同意继续向前进了，说如果再前进，日本兵会刺死你的。我们开上了经过传染病医院的路，过了几个电线杆的距离，看到一具尸体。他停下车说，必须掉头了。然后我们开上热河路（通向火车站），看到了更多的尸体。他说："下关没有中国人。"再次停车。实际情况是他不想让我看到日本兵所干的坏事，但他不知道，几天前我已经到过江边，看到了大批的尸体——有 300—400 具。（南京沦陷最初时在江边一个点上的情景）①

通过以上史料，学生们认识到：侵华日军南京大屠杀是铁的事实，屠杀达几十万人是事实。虽然日本军人的野蛮残暴屠杀，不像德国法西斯在集中营屠杀犹太人还登记造册，而是实施屠杀后千方百计掩盖罪行，但历史事实是不容否定的。

### 三 通过阅读和讨论多角度探讨南京大屠杀的原因

学生在课前提问中最多的问题是：南京大屠杀为什么会发生？大屠杀为什么会发生在南京？又为什么会有如此惊人的规模？为什么日军会失去人性？

在与学生共同阅读相关史料的基础上，再解读史料，并依据论从史出的原则，进行课堂讨论。大家认为日军进行南京大屠杀的原因主要有以下几个方面：

**（一）发扬日本的武威迫使中国政府屈服**

在古往今来的战争中，一国首都的失陷，对于战争的胜负虽然并不能起决定性的作用；但是，首都的守弃，毕竟在精神上与实际指挥上，

---

① ［日］松冈环编著：《南京战·寻找被封闭的记忆》，新内如、全美英、李建云译，上海辞书出版社 2002 年版，第 6 页。

具有非同寻常的作用,因首都失陷而国亡者亦不乏其例。侵略者一般都对占领对方之首都,抱有超常的企图和欲望。所以,日军在南京进行大屠杀有其政治目的。①

1937年,日军进攻南京城时,其华中方面军司令官松井石根下达训令:"发扬日本的武威而使中国畏服。"② 12月9日,在向中国空投散发的劝降书中宣称:南京是中国的古都,民国的首府,日本军对负隅顽抗的人将格杀勿论。③ 日本华中方面军高级将领为此专门乘车由苏州指挥部赶到南京中山门外,准备与中国方面的军使劝降。12月9日下午4时,松井最高指挥官发表司令官谈话,声明在攻占南京城这个历史性时刻,再次期望中国政府的反省,今后日军的行动将永不后退。

**(二)围歼中国军队精锐**

日本占领上海后,其侵华战争进一步升级。日军为了速战速决,迅速彻底解决所谓"支那事变",兵分数路围攻南京。1937年12月7日,松井石根起草的《攻克南京城纲要》规定:"一、若南京守城司令或市政当局留守城中,则劝其开城以和平占领。尔后,各师分别由经过挑选的一个步兵大队(9日改为三个大队)为基干,率先进城,分区对城内进行扫荡。二、若敌之残兵仍凭借城墙负隅抵抗,则以战场之所有炮兵实施炮击,以夺占城墙。尔后,各师团以一个步兵联队为基干进城扫荡。"

日军在攻占南京前下达扫荡的命令,主要是估计中国军队在南京城失守后,还将利用城内的街巷及建筑进行巷战,因此,命令各部队进城后进行扫荡作战,以消灭进行巷战的中国守军,即所谓"肃清残敌"。正是出于这一目的,12月13日,当日军攻占南京各城门及下关后,各师团几乎均根据命令派出了部分部队在城内外进行扫荡,以达成华中方面军攻占中国首都南京,并将中国军队围歼于南京城下的战略目标。④ 从军事角度来说,其主要目的就是要歼灭中国军队的精锐力量,这是导

---

① 孙宅巍:《澄清历史——南京大屠杀研究与思考》,江苏人民出版社2013年版,第63页。
② 张海鹏:《中国近代通史》第9卷,江苏人民出版社2013年版,第63页。
③ 孙宅巍:《澄清历史——南京大屠杀研究与思考》,江苏人民出版社2013年版,第62页。
④ 张宪文主编:《南京大屠杀全史》,南京大学出版社2012年版,第213页。

致南京大屠杀的直接原因之一。占领南京后，日军展开所谓的"扫荡"，不择手段地大肆搜捕放下武器的中国官兵及被怀疑是中国士兵的青壮年平民，并加以屠杀，这正是按照其所谓"歼灭战"的方针实施的。从战略角度来看，日军企图占领南京，在政治上打击中国人民的抗战意志，在军事上彻底消灭中国军队之精锐，其现实目的是迫使中国政府与之签订城下之约，以达到其彻底解决事变的战略意图。①

（三）"基本上不实行俘虏政策，决定采取全部彻底消灭的方针"

在日军攻击南京的过程中，大批中国军人在战斗中被日军俘虏。对于这些俘虏，日军并没有按照相关国际公约人道地对待，而是以屠杀的手段加以消灭。在"基本上不实行俘虏政策，决定采取全部彻底消灭的方针"指导下，日军第 16 师团所属部队按照师团的指示，先后下达了屠杀俘虏的命令。

> 败逃之敌大部分进入第十六师团作战地区的林中或村庄内，另一方面，还有从镇江要塞逃来的，到处都是俘虏，数量之大难以处理。……基本上不实行俘虏政策，决定采取全部彻底消灭的方针。
> ——中岛今朝吾在 1937 年 12 月 13 日的日记

> 情绪亢奋的士兵丝毫不理睬上级军官的劝阻，将俘虏一个个地杀死。回想到许多战友流的血和十天来的艰难困苦，别说士兵了，我自己也想说"全部干掉吧"。
> ——佐佐木到一

由于采取了"彻底消灭"的政策，日军在攻占南京的过程中即开始大量屠杀俘虏。而且屠杀俘虏并不是日军个别部队的个别现象，而是前线部队普遍存在的"恶习"。

（四）报复心态

日本侵略军所到之处，受到中国军民的抵抗和反击，侵略者的人员伤亡，带来了侵略者复仇的欲望和心理。进攻南京的日本华中方面军，刚经过淞沪战场的三个月恶战，作战艰苦，伤亡重大，日军官兵在南京

---

① 王卫星：《日军部署及战略意图与南京大屠杀的原因》，《江海学刊》2007 年第 6 期。

大屠杀中具有强烈的报复心态。日本华中方面军司令官松井石根也供认："自登陆上海以来，因苦战恶斗，付出巨大牺牲，激起我官兵强烈之敌忾心。"曾参与南京大屠杀的日军士兵增田六助回忆说："在攻击南京的过程中，中队不断地出现伤亡。这些人都是熟悉的年轻同乡，也有些是亲戚、堂兄弟或是同胞兄弟。我的弟弟在中国战场战死了，所以我一见到中国人，就想到这是弟弟的敌人……"在这样的心理状态下，自然就会产生为其复仇想法。日军第6师团第30旅团旅团长佐佐木到一少将在12月13日的日记中这样写道："俘虏接连不断地前来投降，达数千人。激动的士兵毫不听从上级军官的阻拦，对他们一个个地加以杀戮。回顾许多战友的流血和10天时间的艰难困苦，即使他们不是士兵，也想说'都干掉算了'。"

**（五）军纪涣散，长官纵容**

在日军当局的纵容下，军纪涣散的日军官兵在南京城内外四处游荡，滥杀无辜，使南京大屠杀的规模进一步扩大。虽然日军在发布"扫荡"命令的同时，也冠冕堂皇地加上"防止违法乱纪"、"严肃军容风纪"之类的条文，但在"迫使中国畏服"、"不保留俘虏"等一系列方针指引下，这些规定无异于一纸空文。松井承认他自己听说外国政府抗议日军犯下的这些罪行，但是他没有采取任何措施来改变局势。①

除以上五个方面，学生们还谈到粮秣问题、军国主义的教育、战争环境下的心态扭曲和民族优越论等原因。通过阅读和讨论，学生们认识到南京大屠杀的原因是多重的、复杂的。

## 四 通过课外活动进一步认识设立国家公祭日的意义

除了课堂教学，笔者所在学校还开展了相关的课外活动。如：寻访南京大屠杀的幸存者。高二（14）班芮雨乔的爷爷是南京大屠杀的难民幸存者。以下是学生采访芮雨乔的爷爷芮体和的记录：

> 1938年元月15日左右难民区国际委员会通知带良民证及户口簿可以去宁海路指定地点领救济米。第二天一早我和二哥带了口

---

① 张宪文主编：《南京大屠杀史料集（7）·东京审判》，江苏人民出版社2005年版，第608页。

袋，为了抄近路，从金陵大学农场绕过去。这一带据说是难民区，无人走动，走了二十分钟左右看到一个直径约 15 米的一个小池塘。走近一看，我愣住了，周围尽是尸体双脚，有的还半跪着。塘里一共约六七十具尸体，塘水硬是被染成血红色，结成了冰块。据周围人说，前两天夜里鬼子在这里用机关枪扫射，还伴着呼天喊地的惨叫。约十分钟后没了声，鬼子打开汽车灯，挨个检查，没死的一律用刺刀补刺。场景简直惨不忍睹，残忍极了。这些人，大概就是那些领良民证被扣下来无人认亲的人们啊！

——芮体和口述

通过寻访南京大屠杀的幸存者、见证者，学生们进一步了解历史真相。

学校还组织学生参观南京大屠杀遇难同胞纪念馆，举行了《铭记历史，警示未来》的晨会和班会等活动。通过以上活动，使学生认识南京大屠杀不仅是南京的城市记忆，更是整个国家的记忆。这段刻骨铭心的历史需要我们通过多种方式去固化和传承。设立南京大屠杀死难者国家公祭日，铭记历史、缅怀先烈、珍视和平、警示未来，永远不让历史的悲剧重演，使人类和平相处与共存，并以此向世界表明中国人民牢记历史、捍卫和平的决心。

通过《读本》教学尝试，笔者认为：高中历史教学要关注学生最希望解决的问题，以典型历史材料和相关解读对这些问题进行全方位、多角度探讨。通过探究和思考这些问题，不仅可以提升学生的历史思维能力，还能启发学生的深层思考。

#  在释疑解惑中培养学生的史料实证素养

### 杭州市余杭第二高级中学　周凌

历史学科素养是"通过日常教化或自我积累而获得的历史知识、能力、意识，以及情感价值观的有机构成与综合反映；其所表现出来的，是能够从历史和历史学的角度发现问题、思考问题及解决问题的富有个性的心理品质"。[①] 史料实证素养是历史学科素养之一，在《义务教育历史课程标准（2011版）》中关于史料实证的表述为："初步学会从多种渠道获取历史信息，了解以历史材料为依据来解释历史的重要性；初步形成重证据的历史意识和处理历史信息的能力，逐步提高对历史的理解能力，初步学会分析和解决问题的能力。"基于历史学科是"从史料所提供的'证据'中建构关于过去的人和事的论述，是一门推理的学问。要获得历史的认识，首先要认识'史料'与'历史'的关系"，[②] 因此，教师在解答学生提出的一些问题时可以尝试通过提供史料的方式，以培养学生的史料实证素养。

## 一　史料查阅以促理解

学生甲在阅读人教版高中历史课本（以下提到的课本均为人教版）必修二专题五《走向世界的资本主义市场》的第2课《血与火的征服与掠夺》时，对其中一段文字不解，"17世纪下半叶，英、法之间在北美和印度的矛盾渐趋尖锐。英国发动对法国的战争，夺取法国在北美洲的殖民地和西班牙向西属美洲贩卖奴隶的专卖权。1763年，英国取得

---

[①] 吴伟：《历史学科能力与历史素养》，《历史教学》（上半月刊）2012年第11期。
[②] 曹祺、姚锦祥：《关注史料证据价值的试题设计和教学要求》，《历史教学》（上半月刊）2015年第10期。

'七年战争'的胜利,签订《巴黎和约》,英国……成为世界上最大的殖民帝国"。① 学生的疑问是:"英法战争关乎英法的利益争夺,为何战争结果是英国夺取西班牙向西属美洲贩卖奴隶的专卖权?"

笔者向学生推荐中国知网的"中国工具书网络出版总库",让他自主查阅材料以获得理解。学生通过键入"七年战争"搜索到一系列词条解释,通过阅读词条得出结论:"七年战争不仅是英法之间的战争,它是场欧洲多国参加的国际战争,同时,战争地域不止于欧洲,在北美、印度、西非、西印度群岛等殖民地都有开展,由于英西是对立阵营,所以英国击败法西舰队后,夺取了西班牙的一些利益。"

笔者肯定学生对词条的理解,又鼓励他继续阅读课本,能否发现新的问题。学生带着疑惑的目光又回归课本,终于发现课本叙述的是"英国获取的是西班牙向西属美洲贩卖奴隶的专卖权",而此权益的获得时间是在"七年战争"之前。于是,学生继续查阅资料,在词条中输入了"17世纪到18世纪的英法战争"进行搜索,没有结果,又尝试了其他内容的搜索,最后用"英国夺取西班牙向西属美洲贩卖奴隶的专卖权"搜索到词条"乌得勒支和约",从而得到解答。

乌得勒支和约:西班牙王位继承战争结束后,交战双方在荷兰乌特勒支签订的一系列和约。……《乌特勒支和约》规定:原属西班牙的直布罗陀、米诺卡划归英国,尼德兰划归奥地利,原属西班牙的属地伦巴底、那不勒斯、撒丁和南尼德兰等划归奥地利,西西里割让萨伏依;英国分别从西班牙手中获得在美洲贩奴权利30年和法国在北美的殖民地纽芬兰、哈得逊湾等。各国虽承认法国王室的菲利浦继承西班牙王位,但不准他兼任法国国王。此后法国失去欧洲霸主地位,英国在海上和殖民地的势力大大增强。②

由此学生明确,七年战争发生之前的结束西班牙王位继承战争的乌得勒支和约中规定了英国获取西班牙向西属美洲贩卖奴隶的专卖权。

课本文字的叙述较为简洁,学生有时仅凭字面信息,无法获得历史理解,教师引导学生通过材料的查找和阅读,获取有效信息,扫除阅读

---

① 朱汉国主编、马世力副主编:《普通高中课程标准实验教科书·历史必修·第二册》,人民出版社2009年版,第89页。

② 高清海主编:《文史哲百科辞典》,吉林大学出版社1988年版,第123—124页。

和理解的障碍，有助于学生的历史学习，因为只有基于理解的学习才是有意义和起作用的学习，而史料则成为学生历史理解的连接和支撑。

## 二 史料求索环环相扣

学生乙在浏览历史必修1专题九《当今世界政治格局的多极化趋势》第1课《美苏争锋》第156页"第二次世界大战后形成的两大军事政治集团图"[①]的时候，提出问题"为什么联邦德国不是北约成员国？"

笔者以课本地图和文字为材料，让学生了解地图上黄色标注的北大西洋公约组织成员国及其数目，再让学生回看前页上正文和注释部分关于北约组织成立的相关内容，学生明白了地图上所示的成员国为北约组织成立之初的12个创始国（此处也说明课本地图标示不严谨，建议增加相关时间）。

接着，学生产生了新的问题："从时间上看，北约组织诞生和联邦德国成立均在1949年，联邦德国不是北约创始国，是否可能北约成立之时，德国还未分裂，联邦德国未成立？"

笔者取了《教师教学用书》[②]给学生，学生找了些与解决问题有关的材料。

> 1949年4月4日，布鲁塞尔条约组织五国（英国、法国、荷兰、比利时、卢森堡）与美国、加拿大、挪威、丹麦、冰岛、意大利、葡萄牙共12国聚会华盛顿，就集体防务问题共同签署了《北大西洋公约》。8月24日，北大西洋公约组织正式成立，简称北约。1952年，土耳其、希腊加入。1955年，联邦德国成为新成员国。至今，其成员国还在陆续增加。
>
> 1949年9月20日，德意志联邦共和国在西占区宣告成立，定都波恩，简称联邦德国或西德。

---

① 朱汉国主编、马世力副主编：《普通高中课程标准实验教科书·历史必修·第一册》，人民出版社2009年版，第166页。
② 朱汉国主编、马世力副主编：《普通高中课程标准实验教科书·历史必修·第一册·教师教学用书》，人民出版社2007年版。

1955年5月，联邦德国被美国拉入北约，苏联对此立即做出强烈反应。5月14日，……正式成立华沙条约组织，简称华约。……两大阵营对峙具有了强烈的军事对抗色彩，从而将冷战气氛推向到了高潮。

学生由这三段材料得出认识，"一是，北约成立在前，联邦德国建立在后，故以北约成立之时，不可能吸收联邦德国为其成员国。二是，联邦德国成立后被美国拉入北约，与冷战背景有关，同时也加速了冷战进程"。此时，学生又进一步提出问题"联邦德国成立后的情况怎样？它如何最终加入北约？"

基于学生的求知欲望，笔者给学生提供了几则材料。

联邦德国虽然已于9月20日正式成立，但是它没有自己的主权，没有军队，安全没有保障；萨尔问题还未解决；法国的反德情绪依然存在等等。……1951年4月18日，《欧洲煤钢联营条约》在巴黎签字，1952年7月25日正式生效。条约的生效，密切了联邦德国与西方的关系，尤其是为与法国永久和解奠定了基础。……1952年5月26日和27日《波恩条约》和《巴黎条约》先后签订。《波恩条约》最重要的是结束了被占领国的体制，《巴黎条约》的签订则使联邦德国在重新武装的道路上大大地迈进了一步。……1954年10月起草和签订"巴黎协定"。协定的主要内容有：承认联邦德国政府，废除对联邦德国的占领，同时在联邦德国驻军；允许联邦德国建立一支50至52万人的正规军；联邦德国以"平等成员国"的资格加入北约组织。1955年5月5日，该协定正式生效。①

朝鲜战争爆发后，杜鲁门政府决定重新武装联邦德国、推动联邦德国参加欧洲防务集团。②

---

① 梁瑞平、吴友法：《阿登纳与法德和解（1949—1963）》，《华中师范大学学报》（人文社会科学版）1998年第3期。

② 崔丕：《艾森豪威尔政府对联邦德国政策新探（1953—1960）》，《欧洲研究》2005年第2期。

学生阅读了这些材料后，与笔者交流，"联邦德国成立之初，不是主权国家，也由于和法国等国的紧张关系，当时没有可能成为北约成员国；随着冷战形势的发展，美国力促，法德和解，联邦德国被占领地位的改变和主权的恢复，重新武装问题的解决，逐步扫除联邦德国加入北约的障碍，最终促成联邦德国被吸纳为北约成员国"。

本例是由一张地图的浏览引发学生产生问题，教师引导学生把地图与课本正文及其注释相联系，促进学生对正文部分知识的掌握和地图的理解，也对课本地图的标识提出了要求。由这一问题引起学生的探究欲望，教师协助学生获得适切的材料，以解决问题。问题的提出和解决如同涟漪的扩散，学生在提出问题和应用材料解决问题的过程中，增加了对课本知识的了解、理解和掌握，激发了学生阅读材料的欲望，并提升了学生从材料中获取信息并解决问题的能力。

## 三　史料比对纵横捭阖

学生丙在翻阅历史课本必修二《学习与探究之一，图说中国经济的发展》时，对探究议题五"明代中叶以后，流通中大量使用白银，那么这些白银是从哪儿来的呢？"[1] 的问题产生疑惑并求索答案。

笔者先让学生结合必修二所学知识自主思考，学生可以得到的解释是："中国的丝绸和茶叶很受西方国家欢迎，当时，正值新航路开辟，美洲金银的发现，世界联系日益紧密，而中国以自然经济为主导，对外商品需求较少，所以白银流入中国较多。"

之后，笔者找了与这一问题解决有关的文章，让学生阅读文章，把文章作为材料，培养学生阅读、理解、提取材料信息和分析、解决问题的能力。笔者提供了王裕巽《明代白银国内开采与国外流入数额试考》[2] 和李隆生《明末白银存量的估计》[3] 这两篇文章，以下是学生阅读文章后的理解。

"从宏观角度看，明代白银供给来源是由国内开采与外国流入两

---

[1] 朱汉国主编、马世力副主编：《普通高中课程标准实验教科书·历史必修·第二册》，人民出版社 2007 年版，第 167 页。

[2] 王裕巽：《明代白银国内开采与国外流入数额试考》，《中国钱币》1998 年第 3 期。

[3] 李隆生：《明末白银存量的估计》，《中国钱币》2005 年第 1 期。

方面构成。国内开采以官方为主，民间产量很少；国内开采与外国流入相比，又以外国流入为主流，美洲和日本是主要白银来源地，日本、西班牙和葡萄牙为主要白银输入国，英国和荷兰也有适度的白银流入中国。西方国家的白银流入中国，与新航路开辟、美洲金银的发现、早期殖民扩张、中国的丝茶瓷器受西方欢迎、中国自然经济的主体性以及明中后期的开放政策有关。具体来说，西班牙的白银是来自西属拉美，经其殖民地菲律宾流入中国。日本的银矿采掘于十六世纪后期进入鼎盛时期，且日本政府对中国海商赴日贸易持欢迎态度，推动了中日贸易的发展，日本是当时外国白银流入中国的重要源流。葡萄牙虽无西班牙、日本的白银资源，但入据澳门（1553 年）后，就把澳门逐步发展为在东方进行三角贸易的中心，在其频繁往复的三角贸易中，葡萄牙本土运来的和贸易运动过程中曾经其手的日本与西班牙白银，皆流入中国。"

教师平时培养学生材料阅读和信息提取能力所使用的材料，一般是课本上的材料、教师选择并提供的材料或习题中的材料，这些材料一般是一则（段）或几则（段），文字量不会太多，这样的能力培养具直接性，于考试也是适用的，因为试题提供的材料也是如此。而文章阅读对学生来说，材料的文字量明显增加，从一篇或几篇文章中获得需要的信息，对学生阅读与提取信息能力的培养和提升提出了更高的要求。学生由于自身力图解决问题，于是会有更强的动机去阅读文章并从中获得有效信息。而且，从几篇文章中去搜索信息，获得解决问题的共性信息或得到信息的差异性（比如学生阅后，意识到国内白银开采方面，两篇文章提供的数据有出入），同样有助于学生提取信息能力的培养和增强。同时，文章的阅读还有助于学生获得解决问题之外的信息（两篇文章都提到白银的大量流通对明朝中后期东南沿海商品经济的发展乃至资本主义萌芽的产生与发展起到了重要的影响，此虽与问题解答无关，但有助于学生理解所学知识）。此外，学生为解决问题也会尝试文章阅读的方式，这对于学生解决问题也提供了有益的路径参考和选择。无论如何，材料阅读都有效地培养了学生的史料实证素养。

史料实证可以成为释疑解惑的方式之一，史料的提供可以是片断，也可以是整篇文章，提供的主体可以是教师，也可以是学生自主查找，关键是史料的阅读和信息的提取有助于学生获得历史理解、历史解释，也使学生养成史料实证的意识和习惯。当然，史料实证的素养培养还包括"懂得鉴别史料的真伪和不同来源及价值"[①] 等，本文暂未述及。

---

[①] 贺千红：《历史学科核心素养及培养途径初探》，《历史教学》（上半月刊）2016年第3期。

# 青史凭谁定是非

## ——基于历史学科核心素养下的初中《历史人物评说》课堂教学

### 杭州市西溪中学　褚燕雨

核心素养指必备的素质与涵养，它是必备的品格和关键的能力，需后天培养习得。一般我们将历史学科分为五大核心素养：时空观念、史料实证、历史理解、历史解释和历史价值观。而历史人物作为时代的产物，他以人物各自的个性和言行，从不同侧面影响着人类社会的发展。所以，历史人物评说的课堂教学是培养初中生历史学科核心素养，培育初中生人文情怀的重要专题之一，也是初中历史与社会教学研究中的难题之一。本文结合2011年版《历史与社会国家课程标准》，以杭州近几年初中毕业升学考试历史人物评说题为切入点，从教师层面的优化指导，加强训练；学生层面的培养良好思维习惯，掌握科学评价方法入手，着重探讨如何科学评价历史人物，提升初中生历史学科的人文底蕴、科学精神和学会学习的品格。

## 一　基于学科核心素养习得之历史人物评说兴趣培养

子曰：知之者不如好之者，好之者不如乐之者。历史人物评说属于学生自己的菜。因为在生活中，对于历史人物学生或多或少都知道一些，老师可从学生知晓略多的历史人物故事出发，如秦皇汉武、唐宗宋祖等，激活学生学习兴趣，让学生个体自带感性去理性地评价历史人物，那是本学科情与理的完美结合。当然，老师与学生的视角是不一样的，老师要寻找学生兴趣所在，力求课堂教学学生化，除了常用的故事法外，这里推荐对联法和脸谱法。

### （一）对联法

有道是：山河古迹无联则不能言胜，千古人物有联方彰显功过。对联，中华民族的艺术瑰宝。以对联形式赞造化伟大，叹人物是非，斥歪颂正，是中华民族独特的创造。自对联产生以来，它赢得了上自风流儒雅之文人骚客，下至引车卖浆之下里巴人的喜好。以对联评价历史人物，寥寥数字，精简扼要，朗朗上口，省时好记，符合学生认知与兴趣。当然，对联的内容和意境包罗万象，无所不涉。就历史人物对联，荦荦大端，不可胜道。如历史人物纪念型对联：

1. 集群圣之大成，振玉声金，道通中外；立万世之师表，存神过化，德合乾坤。

2. 是中国自由神，三民五权，推翻历史数千年专制之局；愿吾侪后死者，齐心协力，完成先生一两件未竟之事。

3. 扶大厦之将倾，此处地灵生人杰，解危济困，安邦救国，万民额手寿巨擘；挽狂澜于既倒，斯郡天宝蕴物华，治水秀山，兴工扶农，千载接踵颂广安。

前一则宏观定性类对联，后二则都是宣传业绩性对联。第一则突出了孔子万世师表的特点，第二则开列了孙中山为人熟知的三民五权等典型事例，第三则写实了邓小平安邦柱国、兴工扶农等主要功绩。兴亡江山史书载，千古人物对联中，用融合文史之美的对联证史实，对联与史实互证，顺应国学教育走新发展的大趋势，也是培养学生历史学科五大核心素养的极佳素材。

（二）脸谱法

珍贵的图像资料，比抽象的文字更能触动人。历史人物图片融视觉与信息于一体，包含的信息资源极为丰富，是研究当时人物活动和社会状况的珍贵史料来源。所以，对于历史人物的评说，不管学生懂不懂，先让学生跟历史人物混个脸熟。老师可引导学生搜罗初中三年教材中涉及的需评说的重要历史人物，并将他们分类，制成Facebook。如中国古代帝王及能臣先贤像：秦始皇、汉武帝、唐太宗、宋太祖、康熙、商鞅、孔子等为一列；中外资产阶级代表人像：克伦威尔、华盛顿、拿破仑、孙中山、蒋介石、希特勒、明仁天皇等为一列；近代学习西方的知识分子及中外无产阶级革命家像：林则徐、魏源、康有为、梁启超、陈独秀、马克思、毛泽东、邓小平等为一列；中外往来交流人士像：张骞、玄奘、鉴真、郑和、马可波罗、哥伦布、利玛窦和徐光启、容闳、郭崇焘等为一列；中外科学家思想家像：徐霞客、宋应星、李时珍、伏尔泰、哥白尼、布鲁诺、牛顿、爱因斯坦为一列。带有深刻时代烙印的历史人物图片，承载着丰富的社会文化内涵。学生在史海中摸爬滚打，认全这些人物的造型，引导学生从人物的服饰、发饰及配饰等方面，了解当时人的着装习惯和社会风俗，激发学生兴趣，把历史人物放到他所处的时代大背景中评价，这是提升学生历史人物评说素养的起步。

## 二 基于学科核心素养习得之历史人物评说方法指导

美国的约翰·D.布兰思福特等在《人是如何学习的》论著中写道："教育的目的是帮助学生学习发展习得知识所必需的知识工具和学习策略，是他们能够富有成效地思考有关历史、科学技术、社会现象、数学和艺术方面的内容。"根据现代教育目的观和学科核心素养已成为教育教学的行动纲领的现状，历史人物评说专题教学，可指导学生掌握评价历史人物的基本方法：三条标准，两条方法，一条原则。人文学科的这种动静结合的有法可依，有助于历史学科时空观念、史料实证、历史理解、历史解释和历史价值观五大核心素养的培养。

三条标准是指：是否顺应了历史发展潮流；是否有利于生产力的发展和社会的进步；是否符合人民利益和愿望。简单地说就是，发展标准、进步标准、人民利益标准。其中第一条是否顺应了历史发展潮流标准是牛鼻子，是最基本的标准。怎样才算历史顺应潮流呢，对学生来说太抽象，将它具体化，以能否解决当时的主要矛盾为依据；不同历史时期，主要矛盾不一，历史潮流也就不一。以中国为例，【中国古代史】王朝是否统一是标准。【中国近代史】主要矛盾是：中华民族同外国资本主义之间的矛盾，所以，是否反侵略（1894年后为反帝）反封建是标准；【中国现代史】主要矛盾：落后的社会生产与人民日益增长的物质文化需要之间的矛盾，所以，是否促进经济发展是标准，但凡符合标准顺应历史发展潮流的人物言行，应赞成肯定。

两条方法：坚持一分为二的辩证法观点；坚持史论结合，论从史出。这里的一分为二的矛盾分析法，即既要看到功，又要看到过，进行全面辩证评价。是功大还是过大，评价三标准就是标准、就是主流。根据这个年龄段学生身心及认知特点，有必要进行历史人物评价主流性的指导，要求学生不以标新立异、个人生活、个人道德标准代替一般人的善恶判断、政治活动、历史进步的标准。这样的人物评价指导，例如减少对希特勒等负面人物的肯定评价。

最后是一条原则，正如黑格尔所说：没有人能真正超越他的时代，正如没有人能超越他的皮肤。对历史人物的评价，不能以现代人的眼光苛求历史人物，必须把历史人物放在当时特定的时代大背景下分析。

评价思路：一评二析三总结。

1. 评。根据材料，先确定人物的时代背景、阶级属性。帝王领袖常用功过说（功>过、功<过、功过参半）。臣民及近现代人物一般用社会地位、个人成就来定性描述（……家）。比如政治家、教育家、思想家、革命家等。

2. 析。一般采用两类。一类：事迹分类法。以古代帝王为主，各类事迹+各自影响+总影响。帝王主要事迹可从政治（加强中央集权措施）、经济（实行宽舒政策，发展生产）、民族关系、对外关系、文化等方面入手。臣民：事迹+影响。如商鞅，徙木为信，改革内容+影响。事迹需一分为二归类，即功表现在哪些方面，过表现在哪些方面。另一类：时间分期法。近现代史上人物大多采用此法。如：华盛顿、孙中山、毛泽东、邓小平等。以孙中山为例，辛亥革命前、中、后、国共第一次合作期各阶段事迹+影响。

人物事迹解读，主要是：（1）抓准材料中的关键词、句；（2）注意各段材料间、各设问间、材料设问与课本知识间的联系；（3）注意从材料中的头尾和省略号两边。头尾，往往是为解读历史服务的；省略号两边所剩的肯定隐含着重要信息。（4）还需特别注意提示性文字和材料出处。如"摘自……"、"注释……"，以捕获有效信息。

影响：可从国内、国际等角度，直接影响、间接影响、历史上的、当今的影响等角度分析。

3. 总结。得出观点。

## 三 基于核心素养习得之历史人物评说中考试题整理

专家们深思熟虑出的中考试题是课堂教学的重要资源。可指导学生搜集本区域和全国近几年历史中考卷，与老师一起整理出历史人物评说的分值、题型、涉及的历史人物,结合国家课程标准,制成历史人物评说学习导航表。以杭州市区中考为例。

《历史人物评说》学习导航

| | | 课标要求 | 杭州市区 2011—2016 年中考试题梳理 |
|---|---|---|---|
| 古代史 | 中国 | 政治家<br>秦皇汉武、唐宗宋祖、康熙、盛世帝王 | 非选择题:2015 年第 26 题第(1)(2)考查秦皇汉武文化措施及影响<br>选择题:2013 年第 7 题考查康熙、汉武帝巩固民族统一举措;2011 年第 5 题汉唐盛世帝王。【重点秦皇汉武、唐宗宋祖、康熙的加强中央集权、巩固统一史实】 |
| | | 思想家<br>孔子、其他诸子 | 非选择题:2015 年第 26 题考查儒家思想的发展<br>选择题:2013 年第 5 题考查孔孟不同主张。【重点诸子主张和影响,尤其是孔子的基本思想、地位和影响(利于构建和谐社会的主张)】 |
| | | 政治家改革家<br>商鞅、北魏孝文帝 | 非选择题:2013 年第 20 题考查商鞅变法与孝文帝改革各自内容<br>选择题:2014 年第 1 题考查商鞅变法内容、第 2 题考查孝文帝改革影响;2016 年第 7 题考查商鞅变法内容。【关注古今中外成功的改革及影响】 |
| | 中外 | 丝路人物<br>张骞、玄奘、鉴真、郑和、马可·波罗 | 非选择题:2012 年第 23 题考查孙中山与郑和的时代先后史实<br>选择题:2015 年第 7 题考查张骞出使西域作用;2014 年第 2 题考查郑和下西洋影响。【重点联系"一带一路"】 |
| | 世界 | 政治家<br>克里斯提尼、伯利克里、屋大维 | 近几年未做考查【重点雅典、罗马政治制度,联系中国中央集权君主专制制度,西方民主制度】 |
| | | 航海家<br>哥伦布等 | 近几年未做考查【重点新航路、"一带一路"】 |
| 近现代史 | 中国 | 爱国臣民<br>林则徐、魏源、容闳(170 周年)、郭崇焘(140 周年)、康梁及戊戌六君子、关天培等、张杨(西安事变 80 周年) | 非选择题:2013 年第 21 题考查康梁等变法的理解<br>选择题:2015 年第 9 题考查林则徐虎门销烟背景。【重点关注郭崇焘联系中国外交政策演变历程,张杨西安事变】 |
| | | 政治家思想家<br>孙中山(诞辰 150 周年、辛亥革命 105 周年)、周恩来、毛泽东(逝世 40 周年)、邓小平、李大钊、陈独秀(《新青年》100 周年) | 非选择题:2014 年第 26(2)题考查评析孙中山及横向联系与华盛顿的共同追求;第 27(2)题考查知识点邓小平"一国两制";第 22 题考查孙中山国共第一次合作背景(90)。2012 年第 23 题考查孙中山与郑和的时代先后史实<br>选择题:2013 年第 7 题考查毛泽东"一五计划"工业化起步(60 周年);2011 年第 37(3)题考查陈独秀对建党的作用。【重点关注孙中山的三民主义及毕生致力于革命事业的精神,毛泽东对中国革命的贡献(西安事变、长征胜利、三大改造完成 60 周年),邓小平对改革开放的贡献】 |

续表

《历史人物评说》学习导航

| 课标要求 | | | 杭州市区 2011—2016 年中考试题梳理 |
|---|---|---|---|
| 近现代史 | 世界 | 革命家政治家：克伦威尔、华盛顿、拿破仑、丘吉尔（铁幕演说 70 周年）、罗斯福、马克思、恩格斯 | 非选择题：2014 年第 26（1）题考查评析华盛顿；2013 年第 24 题考查丘吉尔"铁幕演说"影响；第 37（3）题考查评析罗斯福的新政（80 周年）。【重点关注华盛顿史实，彰其贡献，显其品质，二战后世界政治格局】 |
| | | 思想家：伏尔泰、卢梭、孟德斯鸠、文艺复兴三杰 | 非选择题：2016 年第 27（3）题考查评析孟德斯鸠理论及精髓<br>选择题：2014 年第 2 题及 2011 年第 21 题考查启蒙运动（伏尔泰、卢梭、孟德斯鸠）影响；2012 年第 6 题考查伏尔泰的启蒙运动旗手地位 |
| 古今中外 | | 科学家：中国：李时珍、徐光启、宋应星、徐霞客<br>世界：布鲁诺、哥白尼、牛顿、爱因斯坦 | 近几年未做考查【重点关注科学家成就及品质共性】 |

注：杭州 6 年中考历史人物评析分值：2016 年 7 分、2015 年 12 分、2014 年 14 分、2013 年 18 分、2012 年 4 分、2011 年 7 分。

美国诺贝尔奖获得者赫伯特·西蒙提出："知识的意义已从能够记忆和复述信息转向能够发现和使用信息。"现代知识观告诉我们，学习本质已发生变化，对知识大数据的分析，主动建构知识已是时代的需求。根据初中阶段课程标准、整理中考试题和周年大事，就这些信息将历史人物依据历史的纪年与时序分为一级、二级重要评说人物，有意识地将初中阶段重点评说的历史人物置于具体的时空框架下考察分析。这种有的放矢的教学，注重学生时空观念的培养，有利于形成学生核心素养之信息意识，符合对中国学生发展核心素养之学会学习素养的培育；有利于教师进行优化指导教学，反映学科教学时刻关注学习对学生终身发展的影响，促进学科教学目标的发挥。

## 四　基于核心素养习得之历史人物评说实例与操作

笔者一直很喜欢并且在教学的不同阶段奉行陈寅恪的这句话：大中小学所讲之历史，只能有详略深浅之差，不能有真伪之别。根据国家课标和杭州毕业升学考试历史人物评价，选取人教版《历史与社会》学科中叱咤政坛的历史人物，将其整合成知识块。每一知识块三步走，第一步宏观把握核心知识；第二步以题说法，触类旁通；第三步，深化提升。下面以资产阶级革命家克伦威尔、华盛顿、拿破仑作典例。

【课标要求】2-3-3 讲述欧美建立资产阶级国家的重大事件及其代表人物，说明它们对各自国家历史进程的影响。

【能力要求】了解三位资产阶级革命家在本国资产阶级革命中的史实，简要评说各自的历史价值。

【教材】人教版《历史与社会》八年级下册第 44—51 页。

第一步：宏观把握核心知识。可将三位资产阶级革命家的主要史实整理制成知识表。

|  | 克伦威尔 | 华盛顿（品质） | 拿破仑 |
| --- | --- | --- | --- |
| 背景 | 英国资产阶级革命 | 北美独立战争和建国 | 法国大革命 |
| 贡献 | 赢得内战胜利；建立共和国；巩固革命成果 | 领导独立战争；推动建国制宪；以实际行动捍卫民主（拒当国王、拒当终身总统）（美国"国父"） | 稳定秩序；颁布法典；反对外来干涉 |
| 局限 | 后期实行独裁统治 | 对种植园奴隶主妥协，保留了黑人奴隶制 | 恢复君主制；实行独裁统治；后期开展侵略战争 |
| 影响 | 沉重打击了封建势力（美国除外民族独立），确立了一些资本主义社会的基本原则，为资本主义的发展扫清了道路 | | |

三位中特别关注华盛顿的品质。初中阶段，克伦威尔与拿破仑更多情况下是用他们的独裁来衬托华盛顿的拒当国王、拒当终身总统的爱国、不贪恋权力的高尚品质。平时基本是用华盛顿的史实来彰其贡献，显其品质。下列五个例题中，第 1、3、4 都是关于华盛顿功绩的问题，采用一题多变的变式教学。华盛顿有所为……有所不为……

第二步：以题说法，触类旁通。

《独立宣言》　　美国宪法原稿　　华盛顿就职演说

1. 根据图片提示列出华盛顿对美国的主要贡献？

2. 克伦威尔、华盛顿、拿破仑作为欧美资产阶级革命时代的杰出代表，有着诸多相同之处：（　　　　）

（1）非凡的军事指挥才能　（2）走上了独裁道路

（3）国家的执政者　　　　（4）反对封建专制制度

A.（1）（2）（3）（4）　B.（1）（2）（4）

C.（1）（3）（4）　　　D.（2）（3）（4）

3. "……异人也，其事勇于胜广，割据雄于曹刘。既提三尺剑，开疆万里。乃僭位号，不传子孙。而创为推举之法，几于天下为公。……"

——徐继畬《瀛环志略》

材料里的"异人"指的是谁？"提三尺剑，开疆万里"具体指什么？"创为推举之法"是指什么？

4. 华盛顿有所为，美利坚民族得以独立；华盛顿有所不为，美利坚人民不受其害。

——易中天《美国宪法的诞生和我们的反思》

5. 如果你是华盛顿，你会拒当国王、拒当终身总统吗？

第1问按时序，用实物资料串华盛顿对美国的主要贡献，问题创设注重"时空观念"、"史料实证"核心素养的培养；第2问将跨度为三国的历史人物的所作所为进行对比，注重"时空观念"、"历史理解"和"历史价值观"核心素养的培养；第3问，不同时期的国人对华盛顿的评价，注重学生历史解释能力的培养；第4问换位思考，善意理解历史人物，明其真善美，深化对问题的认识，以凸显注重学生"历史理解"、"历史价值观"核心素养的培养。

第三步：深化提升。

1. 近代欧美亚资产阶级时代的领袖人物的活动、影响及评价是初中阶段历史人物评价的重要切入点，是核心素养提升的重点。如2013年杭州中考关于华盛顿和孙中山的理解认识的考查等。平时需注意从历史人物生活的时代背景，运用史学方法评析领袖人物对一个国家、一个民族乃至一个时代社会的进步影响。

2. 人物评说比较项找法的指导。

（1）找同时代人物比较。18世纪末的华盛顿（1732—1799年）可与乾隆（1711—1799年）、拿破仑（1769—1821年）等比较，从中寻找历史人物的时代背景。

（2）找同类人物的比较。资产阶级革命时代的华盛顿可与拿破仑、克伦威尔、孙中山等的比较，从中寻找历史的发展规律。如：封建帝王、资产阶级革命家、振兴中华的领导者等。

（3）找同背景下人物的比较。如华盛顿（民族独立政治民主）可与孙中山、中国古代大一统王朝的政治家等比较，寻找历史发展的缘由。

对历史人物评价时，还要注意学生把英雄人物当救世主，把人民群众当群氓的倾向。克服英雄史观或夸大个人的历史作用，确立"时势造英雄"、"英雄影响时势"、"人民群众史观"的观念。

历史人物评价对初中生来说是个难点，功在平时，师生需梳理人物活动，从不同角度、不同层面分析，强化历史人物评析能力。

史实本身没有其固有的意义，意义是由历史学家的理解或思想所赋予的。……史实并没有改变，但史学家的思想不断在变，历史学不断在改变，历史也就不断在改写。历史事实本身只有有无或是否；对历史的判断则是由历史学家做出的，而不是由历史本身做出的。

——何兆武《可能性、现实性和历史构图》

"青史凭谁定是非"？细读何兆武的这段话，知道历史解释是永无终结的，那历史的价值，一定不只是解释了。历史价值何在？我们就以乔楚在《历史不能不信　不可全信》中的那句"历史是一门察古知今，鉴往思来的学问"作为结束语。

## 参考文献

［1］林崇德：《21世纪学生发展核心素养研究》，北京师范大学出版社2016年版。

［2］中华人民共和国教育部：《历史与社会国家课程标准（2011年版）》，北京师范大学出版社2012年版。

［3］[美]约翰·D. 布兰思福特：《人是如何学习的》，程可拉译，华东师范大学出版社2013年版。

［4］［英］科林伍德：《历史的观念》，何兆武、张文杰译，商务印书馆2003年版。

［5］任鹏杰：《主题征稿："历史教育需要常识"》，《中学历史教学参考》2016年第6期。

# 历史微故事在高中历史教学中的运用研究
## ——以人教版教材为例

杭州师范大学历史系　王俊

### 一　相关概念和研究意义

关于故事，它属于文学方面的一种体裁，内容主要倾向于对事物完整过程的描述，尤其是要具备生动的情节。历史微故事从字面意思上说其实就是历史小故事，但它与历史小故事又有区别。历史小故事没有统一的界定，只要是篇幅短小精悍，都可以称之为小故事，有关它的内涵并没有太多的涉及。而历史微故事的内涵则是："适合于口头讲述的篇幅短小的，能够达到情节和智慧的高度浓缩的，反映历史事件的活动进程的故事。"① 这样历史微故事就与历史小故事有了明显的区别。这个微字强调了故事的篇幅要简短，中心思想要明确精练，情节要紧扣主题。

历史故事作为教师与学生之间的媒介，在整个教学过程中发挥了纽带的作用。历史故事在高中历史教学中有很多，教师在讲课的过程中如果能发挥历史故事的优势，将其穿插在历史事件的原因、经过和结果中，那就会让学生在理解分析历史事件的过程中不仅仅能够接收历史课本上固定的内容，还能感受到课本之外生动的鲜活的历史故事和人物，还原一个灵动的历史课堂。久而久之，学生在学习历史的过程中就不会感到很枯燥乏味，会带着积极和乐观的心态去上好历史课，这样就提高了学生学习的主动性，也就发挥出了历史课堂的魅力。② 由于历史课堂的时间很宝贵，教师在讲课的过程中要进行合理的安排，历史故事的讲

---

① 张莉：《故事教学模式探究》，硕士学位论文，西南大学，2011年。
② 白鹤鸣：《关于历史再现教学的探讨》，《中华少年》2013年第20期。

述也要提前规划设计好。但是很多教师都存在一些应用问题，让本来充满生动性的历史故事变得苍白无力，或者是残缺不全。在引起了学生一系列兴趣的时候又没有下文，让整个课堂学生都在思考故事下文，无法专心学习。同时如果浪费大量的时间传达冗余信息，就不免会降低课堂的效率，因此对于历史故事的讲述要提前经历一个加工、整理和创新的过程，使之成为符合课堂需要的历史故事，这也是笔者提出历史微故事的意义之所在。本研究旨在研究当前高中历史教学中微历史故事的运用需求及其运用问题，并提出解决这些问题的措施，希望可以更好地指导高中历史课堂教学和提高学生的学习效果。

## 二 历史微故事引入高中历史教学必要性分析

### （一）符合高中历史课程新标准的要求

新课改已在我国全面开展，新课改将课程目标分为三部分：知识与技能、过程与方法、情感态度与价值观。[①] 这就要求教师不仅要传授学生基础的知识和技能，还要教给学生学习方法，使学生学会学习，帮助学生树立正确的价值观。首先历史教师要转变传统的说教式的教学方式，树立全新的教学目标观，在历史教学中穿插历史微故事，将"说教人"身份转变为"历史故事大王"，是基于高中历史课程新标准的要求。同时，教师讲课时要生动，有感染性，以生动形象的微故事素材和通俗易懂的艺术语言，并配以恰当的肢体语言，争取重现历史情境，重现历史人物形象，使学生在听的过程中，将抽象语言转化为具体感受，既听了有趣的历史故事，也学到了相关知识，枯燥的历史课堂似乎也在多个历史情境中不断转换，最终提高学生学习效果。

### （二）符合教育学与心理学的要求

人的身心发展具有顺序性、阶段性和不平衡性。[②] 高中生是人的生理、心理发展接近成熟的时期，学习内容的更加复杂、深刻，使得他们的感觉、知觉向纵向方面发展并不断提高，比初中时的认知更富有目的性和系统性，在渴求知识结构上面有更高的要求，渴求的知识量明显比初中时增加，在知识的学习和理解上也更加全面、深刻。高中生的记忆

---

① 中华人民共和国教育部：《普通高中历史课程标准》，人民教育出版社2003年版。
② 王道俊、郭文安主编：《教育学》，人民教育出版社2009年版。

力水平已经达到成人的发展水平。采用有意识记忆来记忆更多的学习材料，记忆方法更为明确，但是由于思维自控能力还不完善，导致对一些不感兴趣的事物的学习就显得尤为吃力。所以，有必要在高中历史教学中引入历史微故事，以弥补高中学生记忆力和注意力发展的不足。而且，高中生对学习材料有了更高的概括水平，能够运用理论指导分析各种综合材料，能够通过事物的部分细节感知事物的本质。且思维发展具有独立性、深刻性，对于探究性的问题充满热情。因此，高中生有足够的思维基础和思考能力通过历史微故事，了解历史事件的本质。

### （三）历史微故事充满趣味性

俗话说兴趣是最好的老师，是推动学习者积极主动地寻求知识的原始动力。学习兴趣有一定的发展过程，一般来说，是从"有趣"开始，继而产生"兴趣"，然后向"志趣"发展。要想激起学生的学习兴趣，首先学习材料需要"有趣"。历史微故事一般具有一定的情节发展，有特色的主人翁，相对于课本上的文字叙述来说更加新颖，我们可以把它定义为"有趣"。教师对历史事件的讲授中加入有趣的历史故事，能唤起学生的学习兴趣，激发学生学习的好奇心，促使学生对该历史故事作深入的探究。其次，在听微故事的过程中，也能够使学生轻松地掌握和理解知识。在学习过程中的愉快体验也能进一步激发学生更高的求知欲，最终将历史知识的学习内化为"志趣"，有利于深化学生掌握知识的欲望，不断完善已有的认知体系。最终形成学生在快乐中学习、高效学习的良性循环。[①] 再次，历史微故事在高中历史教学中适当穿插，能够维持学生的注意状态，让学生觉得历史课更加有趣，从而引起注意，维持其稳定的注意状态，从而提高注意力，提高学习效率。

### （四）历史微故事有助于突破教学重难点

在历史教学中引用历史微故事，能够帮助学生理解历史知识的重难点。对于历史教学来说，历史是不可再现的，学生只能通过教师的讲述来理解历史事件发生的时间、地点、人物，然后通过这些基本因素的结合来理解历史事件发生的背景、历史意义，给学生的理解带来了难度。历史微故事具有生动性、形象性、情境性等特点，教师可以通过在教学

---

① 朱文倩：《历史故事：从聆听、理解到神入、对话——以高中历史课堂教学为例》，硕士学位论文，华东师范大学，2012年。

中加入生动的历史微故事，使学生身临其境地感受历史，从而顺利地理解知识的重点和难点。比如在进行西方近代资本主义的发展概况的学习时，就可以通过讲述某位贪婪的海盗改行去大西洋进行罪恶的三角贸易，积累了一定的远洋航行经验后，被英国女王派出为政府进行远洋贸易的例子来讲述近代英国的海洋战略，然后在此基础上深入讲解英国资本主义的原始积累的过程和资本主义制度在英国获得快速发展的原因，学生就能在历史微故事中受到启发，理解重难点，培养分析知识和解决问题的能力。

### （五）历史微故事富有情感态度与价值观教育

素质教育的基本理念就是要培养全面发展的人，运用历史微故事可以对学生进行情感态度和价值观的教育。比如在美国独立战争前夕，面对英国对北美殖民地的茶叶倾销等一系列盘剥政策，北美殖民地人民奋起反抗，成立大陆军对抗英国殖民军队，发表了意义深远的《独立宣言》，最终争取到了美利坚合众国的独立。[1] 教师在讲解完这个历史故事后，可以赞扬乔治·华盛顿和本杰明·富兰克林等人的壮举，他们维护了殖民地人民的尊严和利益，展示了美利坚人民抵抗外来压迫的决心，顺势对学生进行民族主义教育。学生们便会对北美人民抗英的事迹肃然起敬，在潜移默化中培养了民族主义的感情，树立了正确的价值观。

## 三 历史微故事在高中历史教学中的选用原则

### （一）精简性原则

在教学中，历史微故事篇幅不是很长。主要作用是营造历史情境，课堂上的主要环节是让学生"神入"历史思考问题，解决问题。如果历史微故事过于冗长，就需要花费大量的时间来讲述，不仅浪费学生精力，也抑制了学生的积极性，反而影响教学效果。因此，在选择历史微故事的时候要顾及故事的篇幅，力求精简。[2] 历史微故事是

---

[1] 李方祥、郑崇玲：《"中国近现代史纲要"课与高中历史教学内容的衔接——基于教学设计的创新视角》，《思想教育研究》2013年第2期。

[2] 王德民：《故事选择与意义生成——从张元先生讲隋唐史说起》，《历史教学》（中学版）2009年第5期。

在史料的基础上进行合理的分析、调整而成。因此在高中历史微故事教学中，可以通过一些文字处理，将史料变为精练简洁、通俗易懂的历史微故事。一是对生僻繁冗的故事史料进行翻译，将文言文变为白话文。这样的处理目的在于帮助学生更好地理解微故事的内容，并非改编，因此要注意保持史料原意。二是对情节散乱的微故事材料进行裁剪。裁剪是对微故事内容的某些不必要的细枝末节进行删减，以便集中展现微故事情节，更有针对性地反映教学内容，但裁剪必须保持故事情节和内容的连贯性。

## （二）针对性原则

将历史微故事运用于高中历史教学中，最主要的目的是以历史故事为素材，培养学生思维能力，同时通过历史微故事让学生"神入"特定的历史人物、历史情境，培养学生正确的情感、态度和价值观。[①] 因此，历史教师在选择历史微故事时必须注重其针对性。首先，所选的历史微故事要与教材内容有关，并能深刻揭示教学内容主题，以利于实现教学目标。其次，所选的历史微故事要考虑到学生的认知水平和思考能力，对学生有所启发。如果所选故事含义太深，会使学生难以理解，从而影响他们进入故事情境；如果故事信息含量少，学生觉得没意思，也无法进行深入思考。因此选择的历史微故事要有适当的信息量，能够创设一定的问题情境，启发和引导学生一步步分析故事内容，最终达到教学目标。最后，所学的历史微故事要贴近生活实际。要尽量考虑与当今现实有更多关联和衔接的历史微故事，让学生学以致用，才能让历史故事更好地服务于历史教学。

## （三）真实性原则

历史的真正面貌是无法复原的，我们所了解的不可能是客观事实，只能是无限接近客观事实的历史认识。因此，在高中微历史故事教学中，所运用的历史微故事要注意以下几点：第一，选用的历史微故事要以规范的史料或研究成果为依据，历史教师可在此基础上进行合理的分析和拓展，但必须符合时代精神和社会特征，不能胡编乱造。第二，神话、传说等故事虽然是特定历史文化的产物，故事的背后，通常能够反

---

① 尤平：《历史故事与德育教育》，《时代教育》2012 年第 18 期。

映某一历史时期的时代背景和社会问题，但其情节夸张，甚至违背自然规律，因而不能将其等同于历史故事。第三，文学作品中有些故事是根据真实事件改编的，为了增强故事的文学色彩，不免对某些过程、细节或人物的言行、心理等进行加工、改造，若将这类故事运用于课堂，首先需要进行一定的考究，尽可能还原史实。①

### （四）生动性原则

历史微故事能够吸引学生，在于微故事内容的生动有趣。② 主要有两点：一是有生动的情节；二是有新鲜感。"跌宕起伏、生动有趣的微故事情节能激发学生的历史感情"。而微故事的新鲜感也很重要。学生往往是具有很强的好奇心，尤其是对未知的事物。如果所选的微故事是学生耳熟能详的，就无法满足学生的好奇心。所以所选故事要尽可能新鲜，这样才能够激发学生的兴趣，吸引学生的注意力。要使历史微故事具有新鲜感，还可以通过挖掘学生熟悉的历史微故事中鲜为人知的细节。通过细节的描述，一方面让学生更具体地了解历史发生的过程，另一方面则让学生通过历史情境探究细节背后的内涵。历史微故事生动有趣是吸引学生的重要保障。

## 四 历史微故事在高中历史教学中的运用策略

### （一）导入时设置悬念，引人入胜

俗话说："良好的开端等于成功的一半。"对于历史教学来说，有一个好的历史微故事就能使学生的注意力集中到教师的教学活动中，开篇设置悬念，引人入胜。③ 教师可以在教授课文之前，先讲述一个历史微故事，以引起学生的注意，使学生从上节课或是课间休息的状态中抽离出来，专心听本节历史课的内容。需要提出的是，悬念的构成因素主要包括人物命运、扣人心弦的事件结果以及事件的奇特起因。例如讲述日本明治维新的过程时，就可以让学生在打开书本之前听日本倒幕运动和西南战争等故事。学生就会思考，西乡隆盛是谁？他是在什么情况下

---

① 肖恒梅：《人物带动历史知识教学的方法应用——以高中历史课堂教学为例》，《东方青年·教师》2013 年第 20 期。
② 刘丽红：《历史故事在教学中的作用》，《吉林教育》2009 年第 22 期。
③ 朱煜主编：《走进高中新课改历史教师必读》，南京师范大学出版社 2005 年版。

领导了西南战争？为什么政府军获胜？教师可以顺势提出：政府军获胜对日本明治维新又有什么影响？这些问题紧紧地抓住了学生的心，使之在后一步的学习中努力探究答案，提高了学生的学习积极性。

## （二）教学过程中穿插历史微故事

目前我国一节课的时间基本上是在 40—45 分钟左右，对于高中生来说，集中注意力的时间一般在 25 分钟左右，所以，在课堂教学活动中，适当加入历史微故事，不仅能够活跃课堂气氛，还能够提高学生的精神状态，保持注意力，扩大知识面。例如在讲拿破仑战争的时候，可以穿插讲拿破仑从厄尔巴岛回国的经历：1815 年 2 月 26 日逃出小岛，率领 1000 人于 3 月 1 日回到法国。本来被派来阻止他的法兰西王国军队转而继续支持拿破仑。3 月 20 日拿破仑回到巴黎，此时他已经拥有一个 14 万人的正规军和 20 万人的志愿军，路易十八逃跑，百日王朝开始。教师在讲回法经历的时候就可以不断向学生提出问题，拿破仑回师法国有什么意图？为什么说受人民爱戴的拿破仑政权仅仅存在了 100 天等，这样就可以引导学生去思考探究答案，辩证地看待拿破仑战争。

## （三）教学中深入浅出，巧妙讲解重难点

高中生思维虽然发展到较为成熟的阶段，但相对于教师来说，并不完善。所以，教师应该站在学生的角度，深入浅出，通过历史微故事来巧妙讲解教学重点，使学生更容易理解知识。[1] 比如在讲洋务运动失败的根本原因时，如果只采用传统的教师平铺直叙讲解的形式，仅仅指出是用封建制度嫁接西方先进技术，学生有可能会听不懂，就容易使课堂沉默，也就无法理解洋务运动破产的根本原因，整体教学效果不好。所以，我们可以"借洋助剿"事件来理解。1853 年，咸丰、向荣、陆建瀛和苏抚杨文定等，连连饬令上海道吴健彰向洋人"雇备洋船"、"合力剿贼"。另外，该年 1 月，驻上海的法国领事就向本国政府报告："城里的富户不断地请传教士来劝说我，要求派法国军舰来上海"，帮助防御和镇压人民革命。所以，通过上述微故事的叙述，可以使学生通过活生生的历史事件来理解那段历史，理解清政府内当权者开展洋务运动的目的是实现对封建制度的统治：采用资本主义生产技术，打压国内

---

[1] 于友西：《中学历史教学法》，高等教育出版社 2009 年版。

日益高涨的革命氛围,而不是富国强民。这种深入浅出的方式,能更具有说服力,使学生轻松掌握知识重点和难点。

## (四)课堂结束前,巧妙设置历史微故事

一堂课讲到最后如果草草收尾,会影响整体的教学效果。一个好的课堂结尾能对课堂的总体教学起到一个完善补充的作用,使学生巩固知识,进一步理解知识。所以,进行历史课教学过程中可以在下课前安排一个历史微故事,再次调动学生的学习积极性。比如在讲汉朝经济的发展时,可以叙述张骞出使西域开拓"丝绸之路"时的过程。张骞第一次出使西域时被俘虏,后来不畏艰难经过重重难关,回到汉代,给汉武帝开辟通往中亚的交通要道提供了宝贵的资料。第二次出使西域,使汉朝和西域的关系进一步发展,但是后来,张骞死去,是不是西域和汉朝之间的联系就变少了呢?对汉朝政治经济有没有影响呢?然后通过这些问题的思考,又给同学们讲解江都公主和解忧公主嫁给乌孙王的故事,说明和亲政策对汉朝和乌苏国的关系发展也作出了重大贡献等,然后再从另一方面说明,汉朝的发展离不开汉武帝的有效统治和各个历史人物的贡献。最后还可以从我国的发展情况启发学生,要好好学习,希望他们也能为我国的发展作出贡献。当然,课堂结束语多种多样,选择合适运用恰当就可以。

## 结　语

本文尝试从历史微故事在高中历史教学中的运用这一角度,来探讨历史微故事的教学效用。运用历史微故事开展高中历史课堂教学,不光是简单地吸引学生注意力,激发学习兴趣,更要通过历史微故事创设情境,让学生感受历史、理解历史,掌握历史知识;让学生学会探究,培养学生良好的历史思维能力,提高获取知识的能力、分析解决问题的能力。综上所述,将历史微故事引用到高中历史教学中具有可实施性和具体操作性,对高中历史教学现状具有一定的完善作用。但是,笔者的研究仍然存在较多不足之处,特别是对于历史微故事的时间设定和课堂中的穿插次数并没有作出详细的解释,这需要各位老师在实际的教学活动中根据自身讲课的习惯和学生群体的特征作具体安排。笔者认为,历史微故事只是作为一个辅助教学的作用,叙述时间应尽量简短,在一堂课

中历史故事的穿插数量也不宜过多，毕竟课本中的历史知识才是教学的重难点。要用好历史微故事开展教学，需要历史教师有广博的知识、深厚的语言功底，做到旁征博引、生动感人。笔者会朝着这个方向不断努力。

# 多元史观在高中历史教学中的碰撞与融合
## ——以《辛亥革命》为例

### 余杭第二高级中学　葛亦陶

历史教学不仅仅是史料的堆积与知识的传授，更要注重"历史精神"的传递。正如同葛兆光先生说的那样"历史知识并不是背诵的社会发展史和死记硬背的事件、年代和人名，它和必须经过反复实验确定的可以重复的自然科学知识不同"。[①] 这种区别于自然科学的要素，在历史学中，我们一般称之为史观，也就是何兆武先生说的"第二个层次是对第一个层次所认定的史实的理解和诠释"。[②] 如何理解历史，诠释历史，是我们高中历史教学中教师需要着重关注的内容，也是高中学生应该着重培养的能力。

通过对于《浙江省普通高中学科指导意见》的研读，可以发现，其中有几个史观是比较突出的，即唯物史观、近代化史观、全球史观以及文明史观。在新课改以后，我们的历史教学逐步摆脱一元的革命史观也就是阶级斗争史观的控制，向更加多元的方向发展。为培养学生多角度看待理解历史的能力，在教材的各个方面以及各种重要考试之中，都体现了对多元史观的重视。有时候，在一节课的教学中，就会出现多种史观的融合和碰撞，这是对教师教学水平以及处理教材能力的考验，也是对学生理解历史事件能力的重大提升。下面，笔者将以高中历史必修一中《辛亥革命》一课为例，探讨在高中教学中多元史观的呈现问题。

---

① 葛兆光：《穿行书林断简》，社会科学文献出版社2011年版。
② 何兆武：《对历史学的若干反思》，《历史理论研究》2006年第2期。

## 一 四种史观在课程中的体现

1. 唯物史观

我们今天的历史课本还是以唯物史观为主导的,这个史观渗透在历史教学的方方面面。唯物史观又称历史唯物主义,其基本观点认为:生产力和生产关系之间的矛盾,经济基础和上层建筑之间的矛盾,这是人类社会的基本矛盾。这两对矛盾决定着其他各种社会矛盾,是推动社会发展的基本动力,决定着社会历史的一般进程。在阶级社会中,社会基本矛盾表现为阶级斗争,阶级斗争是阶级社会发展的直接动力;阶级斗争的最高形式是进行社会革命,夺取国家政权;社会发展的历史是人民群众实践活动的历史,人民群众是历史的创造者。

具体到《辛亥革命》这一课,唯物史观也有较多的体现。专题三总体脉络就是按照三大阶级的探索来编排的,辛亥革命是资产阶级的探索,所以在对辛亥革命背景的描述中,教材着重突出了帝国主义和封建主义与新兴资本主义的矛盾。民族危机的加深、清政府反动本质的暴露和民族资产阶级实力的增强,都是革命必要性和可能性的体现。而在对辛亥革命的影响评价中辛亥革命未完成反帝反封建的任务,未改变中国的社会性质,是辛亥革命最重要的局限。教师在上课过程中还应该对资产阶级民主革命这个概念加以必要的阐释,以呼应最后反帝反封建的革命任务的问题。

2. 近代史观

罗荣渠先生对于近代化史观是这样定义的:"现代化史观主要指政治民主化、法制化;经济市场化、工业化;思想文化的科学化、理性化。其中,政治民主化,经济工业化是核心。高中历史教学中涉及的现代化主要是指人类社会从农业文明到工业文明的转变过程,是人类社会的历史性进程,涉及世界的各个角落,是工业革命以来人类社会摆脱农业社会,转变为工业社会,政治、经济、文化等领域都不同程度地受到工业文明的作用和影响,并发生了十分深刻的改变。"[①]

教材在表述辛亥革命的影响中有这么一句话,"辛亥革命是中国社

---

① 罗荣渠:《现代化新论:世界与中国的现代化进程》,商务印书馆2008年版。

会近代化进程中显著的里程碑",教师在课堂上对近代化进行充分的解释和探讨,才能让学生对这句话的内涵有比较深入的了解。南京临时政府颁布的法令和措施从民主政治、民族工业、文化教育等方面促进了当时中国的近代化。这些都是近代化史观在教材中的体现。在课本的"材料阅读与思考"中也着重突出了"世界大潮"对于中国近代的影响,当时的世界潮流就是近代化,所以要求教师在处理教材的时候,从推进中国社会近代化的角度去诠释辛亥革命的伟大意义。

3. 文明史观

文明史观在新教材中体现得比较充分,必修一、二、三这三本书就是按照政治文明、物质文明、精神文明三个板块编排的。文明史观比较重要的倡导者是北京大学的马克垚先生,其主编的《世界文明史》一书"序言"中阐释了文明史的概念:"文明是一个相当宽泛的概念,是人类所创造的全部物质和精神成果,从这个意义上说,文明史也是世界通史,但另一方面,文明史又不同于世界史,它是以各种文明作为自己的研究单位以及反映各种文明在历史长河中不断发展变迁和磨合的过程。"①

由于必修一主要讲述的是政治史,所以《辛亥革命》一课的重点就在于其对于中国近代政治文明的贡献。教材中对于临时约法的重点阐述以及对于辛亥革命结束中国两千多年君主专制政体的凸显,都反映了辛亥革命对于中国政治民主化的重大贡献。

4. 全球史观

《2014年浙江省普通高中学业水平考试标准》中要求"认识人类社会发展的统一性和多样性,理解和尊重世界各地区、各国、各民族的文化传统,汲取人类创造的优秀文明成果,进一步形成开放的世界意识"。这就是要求培养学生的全球史观,将整个知识融会贯通起来,联系而不是孤立地看待各个历史事件。

《辛亥革命》这一课在必修一专题三中,高一学生在学习这节课的时候还没有系统地学习过世界近代史,虽然在初中社会课中对世界史有一定的接触和了解,但是对大部分学生来说,在这堂课中,以全球史观

---

① 马克垚:《世界文明史》,北京大学出版社2004年版。

的视角观察问题还是有一定难度的。但是在学完三本必修课本以后，就要求学生能以全球视野重新审视这节课的内容。这也对教师的课堂教学有了更高的要求，要依据教材，却不能局限于教材。辛亥革命前，兴中会、同盟会的总部都在海外；革命核心也有不少外国留学归来的知识分子，这些都说明辛亥革命受到了西方政治思潮的影响。而在革命成功以后，中华民国成了亚洲第一个民主共和国，也促进了周边国家的民族解放运动的发展。补充史料都非常重要，能帮助学生了解在近代整个世界连成了一个整体，重大历史事件不是孤立发生的，其兴起、发展、结束都会在世界范围内产生重大的影响。

## 二　不同史观在课程中的冲突和整合

四种史观在教材处理中有时可以并行不悖，但是有时候又会产生冲突，这个冲突并没有绝对的对错，只是看待问题的角度不同，对同一个问题就会有不同的理解，产生不同的认识。在教学过程中，教师提供多种角度，引导学生处理不同史观带来的看待历史事件的冲突，对于提升学生的历史思维能力有非常重要的作用。

对于《辛亥革命》的评价以及影响这一问题，在历史研究界内部也是众说纷纭，体现在对教材的处理之中，也有很多不同的角度，从这些不同的角度出发，有时候甚至会得出截然不同的结论。对于辛亥革命的评价，一向有成功和失败两种观点，而教材中"史学争鸣"这个板块就体现了这种争论。从唯物史观的角度，辛亥革命没有完成反帝反封建的历史任务，没有彻底改变中国社会性质，所以从这个角度来看，其最终是失败的。而从文明史观的角度来看，辛亥革命改变了中国的君主专制制度，大大促进了中国近代政治文明的进程，这次革命又是成功的。在笔者看来，唯物史观要求辛亥革命彻底改变中国社会性质，是过于苛刻了。辛亥革命以后中国没有立刻变成一个民主、文明、富强的共和国，这是因为在任何一个传统深厚的国家，要完成次生的近代化转型，[①] 都是充满了挫折的，无法一蹴而就。所以在处理辛亥革命的影响这个问题的时候，当然要引导学生分析辛亥革命的局限性，解释中国近

---

[①] 美国社会学家列维，将各国近代化模式分为"早发生内型近代化"和"后发生外型近代化"两大类。这里所谓的"次生近代化"就是"后发生外型近代化"。

代的革命任务并没有彻底完成。但是更要从近代化史观和文明史观的角度评价辛亥革命的伟大意义，不能因为辛亥革命有历史局限而说辛亥革命是失败的。教师在引导学生评价辛亥革命的时候，应该结合各种史观，最后得出比较全面而客观的结论。并且说明历史评价是没有标准答案的，感知历史，深入历史，对历史有整体的了解，最后再产生思维的创新，才是我们共同的目标。

在过去评价辛亥革命的结果的时候，往往还会突出民族资产阶级的软弱性和妥协性，认为正是因为民族资产阶级的局限，才造成了袁世凯最后攫取大权的结果。这些也是传统的革命史观对于辛亥革命重要的历史评价。但是近年来，对于辛亥革命结果的评价也有了不同的角度。比如2011年浙江文综卷39题就提到了辛亥革命，其中将辛亥革命与英国的光荣革命作对比，突出了辛亥革命作为一场不流血的革命在推进中国近代化进程当中的意义。这不仅仅体现了中西对比的全球史观，也体现了文明史观中对于不流血地改革政治制度的认同。同样是不流血就转移了政权，革命史观认为这是软弱性，而文明史观认为这是人类进步的标志。这样截然不同的观点冲突，是非常有趣的。将这些材料提供给学生，自然就会发生观点的碰撞，而观点的碰撞则会引发思维的碰撞，让学生感受到，历史不仅仅是记忆背诵，更闪烁着思维的光芒。

## 三 教师提高素养将史观渗入课堂教学

谈史观教育不是说说空发议论，没有史料支撑的史观是空中楼阁，无法打动学生。所以教师首先要掌握丰富的史料，坚持论从史出的原则。人教版新教材每一课中都有"知识链接"、"资料卡片"、"学习思考"等模块进行一些史料的补充，教师首先应充分用好这些教材上的史料，引导学生互动。比如《辛亥革命》这一课当中，就有"复辟帝制不得人心"这一个"知识链接"，这就补充了辛亥革命促进中国思想文化层面的近代化这个内容，也使得最后对于辛亥革命的评价更加多元。其次在教师用书、优秀的试题以及教育杂志上也有很多可以运用于课堂教学的史料，教师平时应当注重收集，灵活运用。最后高中教师也要多看一些史学专著和历史专业论文，关注史学研究前沿，不断充实自己的专业知识，以期厚积薄发。

在掌握了充分的史料以后,如何运用也是需要思考的问题。现代教育技术的运用使得课堂教育更加丰富多样、生动形象。在史观教育中,教师要善于运用这些现代教育设施,通过多媒体教学设施展示相关的图片、视频、文献等,调动学生学习积极性,引导学生搜索材料,分析信息,提炼思想,展开讨论,让学生的手、脑、眼、口都动起来,培养学生运用多种史观分析和解决问题的能力。

最后教师在课堂教学中需要投入充分的情感,设置一些历史情境,引导学生深入历史。历史不再是干巴巴的史料和永远离我们远去的人物事迹,而是鲜活的,有血有肉的,能感动我们的事物。所以在学习历史的时候,我们不仅仅要有理性客观的思考,也要有情绪情感的调动。所以,史观教育并不是传授学生高深的历史理论,而是引导学生多角度观察历史,从而激发对历史的兴趣,最终使学生对历史人物和历史事件产生整体的了解。

总之高中历史教学应重视发现不同的史料,教师要充分利用这些史料,指导学生阅读,认真思考相关问题,培养学生运用多元历史观分析问题,解决问题,这不仅是中学历史新课标教育改革的需要,同时也能帮助学生理解教材中的重点和难点问题,培养其对历史学科的兴趣,提升其思维能力和创新能力。

# 汲取探索之泉，浇灌思维之花

——基于课程标准的《历史与社会》作业创新之我见

## 宁波市第十五中学　干学展

新课程改革，要求改变过去强调接受学习、死记硬背、机械训练的现象，倡导学生主动参与、乐于探究、勤于动手，培养学生搜集和处理信息的能力、获取新知识的能力、分析和解决问题的能力以及交流与合作的能力。为实现这些目标，我们都在积极探索新的课堂教学模式，经过多年来的研究和探索，我们已逐步积累了一些先进的理念和方法。但同时，却忽视了教学评价的重要性。如能把教学高度提升到教学评价方式的改革与创新上，就能够进一步推动课堂教学的改革，从而有利于新课程的深入实施。

教学评价的重要内容之一，便是作业的设计与完成的质量。它有助于学生巩固所学的知识和技能，也有助于教师在教学过程中及时调整教学内容。然而反思我们的教学，我们不难发现，在我们的教育中最不讲科学的恐怕就是学生的作业了。

超量的作业，加重了学生的学习负担和心理负担；枯燥乏味的作业形式增加了学生的抵触情绪；过难的作业，挫伤了学生学习的积极性，抑制了学生思维能力的发展。

那么，如何在初中《历史与社会》教学中设计有效的作业，既更好地达成教学目标增加历史与社会教学的有效性，又能提高学生综合能力以及培养学生主动学习、探索创新的精神？作业一般分为课前作业、课堂作业和课后作业三种形式，笔者在近几年的实践中主要从课前预习与课后作业两个方面进行了如下尝试，希望得到同行的佐证。

### 师未动，生先动，让学生引领课堂

课前预习既是一种科学的学习方法，同时也是一种良好的学习习惯。预习是学生主动性的学习行为。预习，有利于丰富学生的课外知识；能够让学生明确当堂课的学习目标，有利于学生针对性地检查学习目标是否完成。

但现实的情况是，学生对本门课的预习几乎为零。当然，原因是多方面的，学生现今学习负担重，没有时间参与预习固然是一个重要因素。但更主要的是，我们一般要求学生的预习，无非就是熟悉课本，划重点知识等传统的预习方式，对于学生缺乏吸引力。如何让预习作业更加有效呢？我们可结合学科特点，变革传统的预习方式，通过创新预习作业的形式，吸引学生做好预习作业，提高学习效率。

教材知识点侧重于强调知识性，对于《历史与社会》课程中的历史知识部分的学习，我们可要求学生在预习的过程中，自主寻找与某段历史相关的历史故事。利用课间时间，师生之间、生生之间互相交流故事。虽然这一预习方式，与教材正文没有直接的联系，但通过寻找历史故事，可使枯燥的历史知识增生趣味性，也吸引了学生的预习兴趣。在寻找历史故事的过程中，学生势必需要先了解这段历史，同时在寻找过程中也会增进对此段历史的了解，有助于读懂课本知识。

另外，还可尝试着让学生在预习的过程中提出问题。学生在熟悉某块知识的过程中，或是在查找历史故事的过程中，可能会遇到一些困难，产生一些疑问，要求学生将这些疑问记录下来，作为问题提交给教师。教师在审阅这些疑问后，选择适用课堂教学的一些问题，在教学过程中予以解答，这既体现了学生主体性，也使教学过程更贴近学生实际。那些未能在课堂上解释的问题，则留在课后与学生进行交流互动，亦可增加师生情谊。

### 师生互动，让探索带动成长

在传统教学过程中，学生的课后作业，基本以完成作业本和方法指导丛书等练习为主，虽说这些练习册是专家们亲自审定的习题，但是对于学生而言，长期做这些练习，会感觉到形式枯燥，缺乏乐趣。对于这些作业，学生更多的是被动接受，而少了一份主动学习的热情。

其实，历史是一门博大、深奥的学科，在历史的发展线索中，蕴藏着许许多多可以探究学习的问题，没有哪一位教师敢说自己精通教材中的所有历史知识。同时，在我们的教学过程中，面对的是一个个具有灵动思想的学生，在师生互动的学习过程中，在思想的碰撞过程中，势必会产生一些事先无法预设的问题，而这些课堂的生成，当教师的储备无法解决这些疑问之时，恰好可以调动学生的求知欲，把课堂的生成性问题留给学生课后自主探究、释疑解惑。很多疑问，学生在课后通过借助网络、书籍等平台，准确地找到历史的回答。这既丰富了课后作业的形式，也能调动学生的主动求知欲，丰富历史知识。

例如，笔者曾在上《最后的盛世》一课时，讲到明清时期，民间流传着"湖广熟，天下足"的谚语，学生当即提问："湖广"具体指的是哪些地区？这一问题笔者在备课之时还真是没有思考过，大脑迅速的思考着："湖广"是指湖南、湖北、广东这一带吗？还是单指两湖地区呢？不能不确定！面对这一情景，笔者首先表扬了提问的学生，思考问题很周全；其次也向学生表达了歉意，自己也不能十分确定"湖广"具体包含哪些地区；最后，要求学生，我们把这一问题就留作今天的课后作业，大家自主探究解惑，明天课堂上再明确"湖广"具体包含哪些地区。第二天，近乎所有的学生都在作业本上写上了谚语中"湖广"所指地区大致相当于现在的湖南、湖北两省。

通过关注这样的课堂生成，发动学生自主解惑的积极性，既能避免教师在不确定的情况下错误的引导学生，同时也极大地调动了学生的求知欲。学生课后多途径的自主探索，也锻炼了其借助史料等工具学习历史的能力。

## 师助力，生主导，让智慧丰富教材

教材是教师手中最好的教学资源，如何将这一资源的利用最大化，是我们一直以来在追求和探索的内容之一。现今，当我们对如何在课堂上有效使用教材的研究达到了一定高度之时，也可以尝试着如何挖掘教材中的素材，作为学生的课后作业，以达到拓展其思维、帮助其进一步掌握知识的目的。

在新课改的要求下，教师不能再扮演着课堂垄断者的角色，我们应该积极地发动学生参与到学习的过程中来，通过师生互动、生生互动等形式，以实现高效、快乐地学习这一门课程。学生的潜力是无穷的，只要善于挖掘，善于引导，它就是取之不尽、用之不竭的。教学中，根据教学内容给学生充分的时间和展现空间，设计一些可知可感的问题，让他们在探知中走进历史，以自己独特的眼光去感受历史、理解历史。

例如，当我们在学习五四运动这一知识点时，因为有了之前中国近代屈辱历史的铺垫，学生对这些爱国学生救国、救民族的行为感同身受，情绪激动。笔者则挖掘课本中的素材，给学生布置了这一课后作业：巴黎和会决定将德国在山东的一切特权转给日本的消息传到国内，举国震惊，五四爱国运动爆发！青年学生群情激昂，满腔爱国热情如潮水般迸发，他们以演讲、游说等形式鼓励更多人加入抗争的大潮，假如你是当时万千青年中的一员，请你有感而发写一篇演讲稿，用你的激情、智慧感染国人，和你一起加入誓死力争主权的抗争队伍中。

这样的习题设计，可以让学生对历史感同身受，激发出学生的思维火花，在思考中和历史产生了一种心灵上的亲近和共鸣。当然，挖掘课本素材设计课外作业的形式还有很多，如调查访问、小报编辑等都是很好的形式。

另外，随着近年来中考试题灵活性的加强，日益重视对学生综合能力的考查，如应变能力、思维方式、语言组织等能力。在平时的课堂教学和学生的作业情况中笔者发现，对于一些开放性习题的回答，学生存在语言表达不力，干涩、枯燥、口语化严重等缺点，没有语感和美感。因此，在课外作业的设计中，可以增设口述作业，有意识地去培养学生这方面的能力。

口述作业的内容选择，既可以是概述当天所学的某部分知识；也可以是讲述某段历史时期的小故事；还可以是借助教材情境，拓展思想，例如刚才所提到的如果你是五四运动时期的学生领袖，发表一次演讲，鼓动学生参与到爱国行动中来。

最后，在作业的创新方面，笔者还尝试着在探究性作业上做努力，依据学生所学的知识，去设计一下探究性问题，让学生尝试多角度探究问题，学会独立思考、提出疑问、进行反思。如"假如你是一位生活在戊戌变法时期的大官，利用研究资料或你自己的观点，说服你的幕僚进行变法是必要而且有益的"，"假如你是一位生活在 20 世纪 50 年代的中国农民，且能读会写，请用日记的形式描述你生活的一系列变化及其心理感受"。

这些问题都是体验分析式的，理论要求不高，学生经过努力都能够完成，而且是要求学生把自己置身于当时特定的历史环境之中。培养学生从历史环境去分析问题、评价历史现象，这不正是历史唯物主义思维的基本点吗？解决这样的探究性问题不仅培养了学生的思维素质，而且能够激发学生学习的兴趣。

总之，在作业的设计上，我们需要力求针对性、趣味性，追求生活化，这样才能吸引学生有效地完成作业，实现教学目标。

**参考文献**

[1] 邓兴普：《历史作业设计的有效性——从一本美国中学历史教材课后作业说起》，《历史教学》2010 年第 3 期。

[2] 李居林：《设计初中历史作业的有效策略》，《教师博览》2011 年第 8 期。

[3] 杨道康：《一节课的三个问题》，《中学历史教学》2013 年第 1—2 期。

[4]《历史与社会课程标准》（2011 年版），北京师范大学出版社 2012 年版。

# 新课标下如何做一名高中生喜爱的班主任

安徽滁州中学　姚建梅

## 一　正确关爱每一个学生，营造温馨、互动、友爱的氛围

一个班，关起门来就是一个大家庭。如果，这个大家庭中每一个学生都如兄弟姐妹般互相关心着、帮助着、照顾着、鼓励着，那么它便是温馨、和谐的集体。那么该如何努力营造一个温馨的班级呢？

1. 偏爱后进生

在班级管理中，笔者在实践中努力将自己"与人为善"的爱心和班集体"普遍的友爱"倾注给后进生，给他们更多的关注，更多的投入。在班集体中，精心营造一种和谐、平等、友爱的气氛，让他们体验集体的温暖和同学间的友谊，让他们感受到自己在班上有一席之地。大胆吸收这些后进生参与班级管理，让他们在管理中克服自身不良的行为习惯。

2. 严爱优等生

优等生谁都爱他们，也正因为如此，优等生的缺点往往容易被忽视、掩盖、原谅、袒护。但小的缺点也会造成很大的隐患。对这类学生，不能宠坏他们，更不能迁就他们。时时提醒他们"做学问得先做人"，做一个正直的人，热情的人，向上的人。优等生不单纯是学业要优，更重要的是人品要优，心胸要广，心理要健康。成天被人赞誉的学生，只有在理智深沉的爱之中，严格要求自己，警钟常敲，才能克服自身的弱点，扬起风帆前进。

3. 博爱中等生

中等生往往是一个班中容易忽略的群体，他们有比较稳定的心理状

态，他们既不像优等生那样容易产生优越感，也不像后进生那样容易自暴自弃。他们是班集体的一面镜子，他们希望老师重视他们，但又害怕抛头露面。对这类学生应掌握他们的心理特点，调动他们的积极因素，正确对待他们，始终如一地尊重、理解、信任他们。

总之，作为一名班主任，就要做一个有心人，时时刻刻关心学生，关注学生，帮助学生，与他们建立朋友式的友谊，达到心灵的沟通。十年来笔者用自己的爱心去感化他们，消除他们的自卑心理，让他们懂得做人，懂得感恩，用爱心换来学生的真心。努力做到：教育学生时做老师，关爱学生时做父母，参加班集体时做朋友，用一颗火热、真诚的心去温暖他们的心灵，从而建立起相互信任的师生关系，达到情感、思想的交流。即使学生违反了纪律，也要动之以情，晓之以理，更要让学生明白：老师是关心他、爱护他的，是为他着想才如此严格要求。笔者就是用各种方式的爱去教育学生，让他们在接受爱、感受爱的过程中，学会去爱：爱同学、爱班级、爱学校、爱国家。

## 二 智慧型的班主任，要具备以下几种品质

1. 要善于运用自己的人格魅力去影响学生

古语云："其身正，不令而行；其身不正，虽令不从。"可见班主任"身体力行"对学生行为影响的重要性。因此，要求学生勤奋守时，教师应在日常的教学活动中，从不迟到一分钟，从不拖堂一节课；要求学生讲文明礼貌，教师就应该首先做到在校园碰到学生，五米之外就微笑向他们问好；要求学生做绅士淑女，与学生交往，教师就应该做到不愠不火，温文尔雅；要求学生团结互助，教师就应该做到学生有困难，决不袖手旁观，而是热情帮助。在平日的工作中力求用自己的做人标准与个人的人格魅力去影响班级，去熏陶学生，班级才会一天天进步起来。

2. 要善于用榜样的力量去教育学生

一个班主任，特别是一个担任高中学段各年级的班主任，所面对的是一批正在形成世界观、人生观、价值观的年轻人，他们对一些事物的认知，对人生价值的思考还存在一定的盲点和误区，如何正确引导和校正这群孩子的言行，塑造与净化他们的心灵，这是班主任必须长期思考

的问题。

笔者经常对学生说：作为一个十七八岁的年轻人不可能不犯错误，所以不怕同学们犯错误，也允许同学们犯错误，但犯了错误一定要有敢于承认错误的勇气，要有敢于改正错误的决心和行动，我要求我们高一（4）班的同学在平时的学习与生活中一定要做一个诚实、正直的人，"勿以善小而不为，勿以恶小而为之"。使得每一位同学都深刻理解"要因为我来到这个世界上，而使别人更幸福"这句话的含意，不是原则问题不要斤斤计较，以有能力帮助他人为快乐。

3. 要善于调动一切积极因素营造一个团结奋进的集体

由于学生的来源千差万别，要使全班几十名学生拧成一股绳，心往一处想，劲往一处使，时时事事都能保持步调一致必须有一支过硬的班干部队伍，班干部队伍一旦建立起来，班级领头羊的地位也就确定了。在班干部的安排上，笔者也注意到了各班级的平衡，优班下来的让他当学习委员，普通班来的让他做纪律委员，班长当然还是由我最了解的原任班长继续担任。班干部队伍建立起来了，通过各种不同的形式让他们知道各自的职责。经过一个月左右的调教，我就开始放手了，班级事务，班组管理，无论是完成哪条渠道布置下来的任务，从接受、布置、完成到检查，全部由班干部各司其职，各负其责。同事们说我班主任做得轻松不吃力，说我班上的干部能力强会做事，说我班的同学尊敬老师、懂礼貌。

## 三 强化班干部队伍的建设，建立一个强效的班级管理体系

班干部是班集体的核心。在多年的班主任工作中，笔者深刻地体会到一个班良好的班风、学风的形成，与班干部良好的素质，与他们的模范、榜样作用，与他们在班中的威信和工作能力有很大的关系。可以说，一支强有力的班干部队伍，是搞好班级工作的基础。因此，对于班主任来说，培养一支素质高、能力强、作风过硬的班干部队伍，是班级管理的一项极其重要的工作。

1. 善于发现和使用班干部

毛泽东说："必须善于使用干部。领导者的责任，归结起来，主要的是出主意、用干部两件事。"作为一个班的领导者，每一个班主任在选用班干部时，必须要有一个统一的正确的符合班情的用人标准。单纯的学习

好或单纯的工作能力强都不是班干部的唯一标准。选用班干部的最佳标准应该是品德、学习和能力兼优。但是，由于班级情况的差异性，在具体的选用班干部过程中，班主任既要发现符合理想标准的人选，又要发现每一个学生身上的特长，寻找其闪光点，突出并发挥其优势。

2. 要积极培养和帮助班干部

一个成熟的班主任既要当好"伯乐"，更要当好"牧马人"。因此，班主任要注重对班干部工作的指导与工作能力的培养。笔者在班级工作中，始终坚持对班干部多指导，少包办的原则。具体做法是：首先，每学期开学初，我们制定了分工明确、职责分明的班干部责任条例。对每一位班干部进行岗位培训和指导，使他们明确各自的职责、任务和班级工作目标。并教给他们基本的工作方法与策略，要求他们遇事冷静，多动脑子，办事要有计划性，力求提高工作效率。其次，对学校举行的常规管理量化评比、艺术节、运动会、黑板报评比等活动，我大胆放手，充分发挥班干部的聪明才智，同时在活动方式、工作方法上予以指导。

3. 要不断优化班干部队伍

班上的干部，从分类上看有四种：班委会委员，团支部委员，各科课代表，小组长。这些干部中，班委会委员，团支部委员必须经过公平的民主选举产生，不能由班主任包办代替或操纵，要尊重学生们的意志。同时，对选出来的班干部要实行全班学生的民主监督。

虽说班主任的工作揪心而辛苦，但它会给我们的教育带来幸福感，是教师生活中最鲜亮的部分。我会用我的心去教育我的学生，我会用我的情去培育我的学生，我会用我的爱去感化我的学生。我无愧于我的心，无悔于我的职业。就让我找到一双教育的智慧翅膀，做一位富有爱心、智慧、高效的班主任吧，每一天都过得踏踏实实、快快乐乐。

**参考文献**

［1］张爱卿：《现代教育心理学》，安徽人民出版社2001年版。

［2］郭思乐：《本体教育模式论》，广东教育出版社1997年版。

［3］《诸子集成》，中华书局1954年版。

［4］刘文俊：《浅谈学困生的成因及对策》，会议论文，南宁市天桃实验学校中学。

# 论历史教学中的设问教学法

金华市宾虹高级中学　吴小丽

教师一言式的课堂，即使教师的知识非常渊博，语气抑扬顿挫，滔滔不绝，可是在知识的落实，调动学生的主动性，培养学生的思维习惯方面，情况并不一定好。历史课堂中巧妙的设问，可以对教材再次加工，突出主题；可以层层递进，突出重难点；可以发挥学生的主体性，培养学生的思维能力。在导入时设问可以引导学生带着问题思考；在概念中设问可以增强对概念的理解；在结论中设问可以突出重难点，由单纯的识记层次提升到理解层次。本文以浙江历史教材人教版必修三专题一第三课《宋明理学》为例，探讨如何在导入、概念、结论中设问，发挥学生的主体性，提高历史课堂效率。

## 一　在导入时设问，突出本课主题

一个优秀的教师应该是会对教材二次整合的教师；一个优秀的教案应该是主题明确，层层递进的教案；一堂优秀的课堂应该是引人入胜，中心明确，学生思维活跃的课堂。在导入中巧妙设计问题能达到突出主题，引导学生思考的作用。

《宋明理学》一课，根据教学指导意见：感受理学中无私无畏、襟怀磊落的精神价值。在教学中可以确立一个主体，笔者在教学中以"宋明理学——历史与当代教育价值"为主体。在导入时选择两组学生熟悉的历史人物对比：一是下层的普通妇女，选用孤寂一生的祥林嫂，还有那些死后能立贞节牌坊的无数不知名的妇女；二是士大夫阶层，选用在初中语文诗词里学过的留有"人生自古谁无死，留取丹心照汗青"的文天祥，和留有"粉骨碎身浑不怕，要留清白在人间"的于谦。通过对比给学生的直观感受：一个是封建礼教"吃人"，一个是礼教塑造了高尚的气节。然后提出设问：为什么上到士大夫下到普通妇人都遵从理学？理学对现在有没有教育意义？从而突出本课的主体：理学的影响，怎样影响人们，对现在还有没有教育意义。由于选用的人物都是同学熟悉的，这样的导入既直观也能调动学生学习历史的热情。把高深的理学变得熟悉、亲切、生动。设问的提出引导学生在教师的引导下自主思考。

## 二　在概念中层层设问，整合教材于一体

在历史教学中要充分利用历史概念，深入挖掘，层层设问，加深对历史概念的理解。在《宋明理学》一课中，首先让学生在书本上找出什么是理学：为了与佛老思想抗衡，北宋五子将儒家的忠、孝、节、义提升到"天理"的高度，形成一整套囊括天人关系的严密思想体系，又称新儒学。

提出问题一：为什么要与佛老思想抗衡？引导学生结合书本第一目内容，了解儒学的困境，找出答案：东汉末年，儒家的权威性被严重削弱。魏晋时期道教和佛教的广泛传播。虽然这一目是发展要求，但是作为高一的学生了解背景有利于对理学概念的理解。

根据概念提出问题二：怎样对抗佛老思想，重建儒家信仰理论？选用两张图片：一是老子的图片。结合教材第13页学习思考，老聃是中国人，为什么石介说他"自胡来入我中国"？二是三教合一的图片。引导学生思考，自主得出对抗佛老思想有两种方式：第一，贬低对手；第二，完善自我。通过继承和弘扬儒家传统道德精神忠、孝、节、义，吸收佛老思想，建立对世界本原研究的理论体系和以尽可能简化学以至圣的修养方法三种方法。

根据概念提出问题三：新儒学新在何处？通过设问点出新在：将儒家的忠、孝、节、义提升到"天理"的高度，形成一整套囊括天人关系的严密思想体系。并板书：忠、孝、节、义上升为天理。突出理学的无私无为、襟怀磊落的精神价值。这样学生能更好地理解为什么理学称为新儒学。

根据学生的认知规律，通过对概念的设问，把教材重新组合，这样

有利于对概念的理解，也有利于知识的识记。

## 三　在结论中设问，突破重难点

重建儒家信仰经历的过程，是本课的重点内容。通过列表法，小组合作探究完成。知道理学的开创者程颢、程颐的观点；理学的集大成者朱熹的观点；心学的开创者陆九渊的观点；心学的集大成者王守仁的观点。

| 理学派别 | 代表人物 | 主要观点 | 地位 |
| --- | --- | --- | --- |
| 程朱理学 | 程颢、程颐 | 天者，理也。天理的核心是"仁" | 理学的开创者 |
| | 朱熹 | 理先气后，格物致知<br>道的价值标准：三纲五常<br>干预政治的关键：正君心<br>编注《四书集注》 | 理学的集大成者<br>影响后世六七百年 |
| 陆王心学 | 陆九渊 | "心即理"<br>发明本心 | 心学的开创者<br>标志着重建儒家信仰的理论任务已经完成 |
| | 王守仁 | 心外无物，心外无事，心外无理。致良知，知行合一 | 心学的集大成者 |

在列表之后，可以把散落在书本各个段落的知识点整合成表，清楚地呈现。当然这是了解的层次。如何由了解的层次上升为理解，并且更好地识记史实。可以通过对书本的结论性语句巧妙的设问突破重难点。

问题一：为什么朱熹的学说能影响后世六七百年。从书本中找出原因：朱熹的思想成为官方的正统思想，成为之后科举考试的基本教材。

问题二：为什么心学的开创标志重建儒家信仰的理论任务已经完成。引导学生主动学习，得出程朱理学的观点：观念性的理是世界的本原，属于客观唯心主义，只有慎思明辨，格物致知才能达到"理"；而陆王心学认为：心即理，只要发明本心即可。因为陆九渊批判朱熹的理学过于"支离"。在对比之后设问：哪种修养方法更容易让全社会理解"理"，达到"理"？显而易见是心学。因而，心学的出现，标志着重建儒家信仰的理论任务已经完成。

问题三：朱熹陆九渊思想的异同。教师设问，并引导学生用列表法对比。

异：

| 方面 | 朱熹 | 陆九渊 |
|---|---|---|
| 宇宙观（世界本原） | 外在的理 | 心即理 |
| 修养论（认识论） | "慎思明辨，格物致知" | "发明本心" |

同：忠、孝、节、义上升为天理的高度。

教师总结：朱熹注解的《四书》成为了科举考试的依据，影响士大夫阶层；陆王心学简单的修养论"发明本心"，影响普通老百姓。这就是为什么"上至士大夫，下至普通老百姓都遵从理学"。通过对表格内容的设问，对表格的多次利用突出重点；通过对比程朱理学和陆王心学的不同突破难点。

## 四 在结尾设问，升华主题

历史教学不仅是传授学生历史知识和学习历史的方法，还要学史明鉴，在情感态度价值观上的升华。本课的主题不仅探讨宋明理学的历史价值还要探讨它的现实意义。

在课堂的结尾部分设计探讨宋明理学的当代教育价值。通过提供漫画反映当今社会普遍存在的社会问题，如：诚信缺失，不孝敬老人等问题。之后提出设问：理学对当今有何教育价值，在现实中如何实践理学的精神。可以通过小组讨论发表各自的观点。小组代表展示小组的成果，最后得出在为学方面应践行理学的格物致知，在为人方法方面践行理学的诚信为人，待人友善的结论。最后教师总结套用张载的一句话，我们今天依然要践行理学："为天地立心，为生民立命，为往圣继绝学，为万世开太平。"在情感态度价值观方面渲染学生。

《宋明理学》一课理论性强，传统以教师讲解为主的教学方式枯燥乏味，学生的掌握状况不好，参与度不高。通过巧妙的设问，对教材的再次加工，一方面是对教师处理和理解教材的考验，通过设置设问体现了教师对教材的理解，这对一名教师的成长至关重要；另一方面学生通过思考设问，由被动接受到主动思考，整理知识，调动了学生的积极性、主动性，集中注意力，从而提高了课堂的效率。

# 应用大事年表渗透学法的策略探究
## ——以《社会主义建设在探索中曲折发展》为例

**桐乡高级中学　郑婷婷**

自司马迁在《史记》中创立"十表",从而形成体制比较完备的年表形式以后,"与我国古代灿烂的文化事业相适应,历代学者都非常重视历史年表的编制和应用"。[①] 进入近代以来,作为年表主要种类之一的大事年表常常以附录的形式出现在中外历史教科书中,成为帮助学生学习历史的重要工具。

近年来,随着中学历史新课程实验的推进和主题化模块体例的推出,一些教师加强了大事年表在历史课堂中的应用研究,并已取得一些共识,如大事年表的运用有利于在专题史背景下帮助学生理清时序脉络、有利于呈现历史事件之间的内在联系、有利于营造历史现场、有利于凸显主题,这个古老的查考工具已在中学历史教学中焕发出新的生命力。

不过,如何将大事年表的应用和新课程非常关注的学法渗透相结合,促进学生的主动学习、帮助他们掌握学习方法方面,同行们尚未给予足够的关注。因此,笔者在汲取同行研究成果的基础上,结合自身的实践作了一些探索。本文结合笔者最近在桂林一中执教的《社会主义建设在探索中曲折发展》一课(以下简称《探索》),从应用大事年表渗透学法策略的角度展开论述,意在引玉。

## 一　依据教学目标编制适切的大事年表是进行学法渗透的前提

本文所说的"学法"特指学生历史学习的方法。众所周知,高中历

---

[①] 王义耀:《简评〈中外历史年表〉》,《史学月刊》1981年第1期。

史课程的目标之一是引导学生"掌握历史学习的基本方法。学习历史唯物主义的基本观点和方法，努力做到论从史出、史论结合；注重探究学习，善于从不同角度发现问题，积极探索解决问题的方法"。[①] 因此，指导学生"学会学习"应当是一个重要的教学目标。不过，这一目标的实现是一个长期努力的过程，需要教师的指导，更需要学生的体会和领悟。学法指导可以是显性的，即教师在历史教学中直接对学生进行学习方法指导，如开设学习方法论课；"学法指导在更多的时候是隐性的，即渗透在日常的课堂教学过程中，可谓是润物细无声。如证据意识的确立、历史逻辑的揭示、历史意识的涵养、批判视角的形成……"[②] 确实，学法渗透是一种更有效的学法指导，它要求教师在日常教学过程中灵活运用各种手段，借助各类载体对学生进行潜移默化式的引导。在学法渗透的探索中，笔者逐渐发现大事年表正是一种很好的载体。

所谓大事年表"是以年代、月份、日，甚至时刻为经，大事为纬，把散落的重大事件按时间先后顺序排列，从而达到某种研究或教学目标的一种参考资料。其突出的特点是，时与事对照、言简意赅"。[③] 作为一种教学资源，大事年表目前已在不少历史教师的教学中发挥重要作用。需要注意的是，不同类型的大事年表在教与学中的功能是不一样。因此，在课堂教学中应依据预设好的教学目标，编制出适切的大事年表，这样才可能较为有效地达成特定的教学目标。

以笔者执教的《探索》一课为例，课程标准和《历史学科教学指导意见》对本课的教学内容及掌握水平均作出了明确要求，其总特点是知识要点多，辩证评价要求高，课堂容量相当大。基于对课标、教学指导意见及教材内容的认识，更基于对这段历史的认识，笔者为本课确立的课魂是帮助学生"理解新中国对社会主义建设道路的探索是中华民族现代化努力进程中的一个重要阶段和宝贵财富"，并据此出发，从众多事件中选取"大跃进"作为分析这一阶段探索得失的典型案例，再以点带面地处理其他相关知识点，进而完成"总结其经验教训"。

---

① 中华人民共和国教育部：《普通高中历史课程标准实验》，人民教育出版社2003年版。
② 戴加平：《好课三要素：故事、学法、灵魂》，《历史教学》2014年（上半月刊）第11期。
③ 陈伟壁：《"大事年表"式材料的开发和应用》，《历史教学》2010年（上半月刊）第7期。

如何帮助学生"理解"？如何展开"分析"？如何引导学生"总结"？在具体的教学环节设计和实际的教学过程中，笔者根据不同的教学目标及要求的需要，编制和运用了不同类型的大事年表，收到了不错的效果。

笔者首先使用的是"短时段"大事年表。这类年表属于以日为记事单位的某一年中的事件记录，其突出特点是信息具体生动、情景性强，既能营造接近真实的历史现场感，又能够"以小见大"地将历史进程中的微妙变化凸显出来。

| 历史史实 | 桂林市（1958年）大事记（部分） |
|---|---|
| 3月14日各界群众4万多人集会，誓师全面"跃进"。 |
| 5月3日中共桂林市委决定："全党办工业，全民办工业"，"苦战3年，根本改变桂林市经济面貌"。 |
| 5月29日中共桂林市委召开干部会，贯彻"鼓足干劲，力争上游，多快好省地建设社会主义"的总路线。 |
| 7月2日桂林机械厂炼出第一炉钢。 |
| 7月9日桂林钢厂破土动工兴建。 |
| 7月14日中共桂林市委召开紧急会议，部署力争1958年产钢10万吨。此后，全市人民以土法上马，大炼钢铁。 |
| 8月中共桂林市委部署"全民皆兵，劳武结合"，成立桂林市人民劳武钢铁军。 |
| 9月14日市钢铁生产指挥部成立，中共桂林市委第一书记阮庆任总指挥。 |

材料来源：《庆祝新中国成立60周年·特别策划版》，《桂林晚报》2009年。

在本课的教学中，笔者以桂林一中老校长回忆学生停课大炼钢铁这一往事作为导入，随即推出"桂林市1958年大事记"（以下简称"年表1"）。该年表一经呈现，学生和观摩老师的眼睛立刻一亮。形成如此好效果，既与乡土资源本身所特具的冲击力有关，也是因为该年表蕴含着丰富而生动的历史信息。由于是精确到月和日反映当年桂林发生的事情，许多历史细节得以凸显。通过解读，学生至少可以获取如下信息：桂林市的目标是全面跃进；中心任务是大炼钢铁；这场运动具有"市委挂帅、运动群众、土洋结合"等特点。由桂林一中导入，再聚焦桂林市作为剖析案例，以小见大，以点及面，一方面使史由证来、论从史出的学科思维方法自然地得以渗透，另一方面使学生对当年全国"大跃进"运动也易于形成基于感性认识的初步理解。

笔者在本课中也使用了长时段大事年表。此类年表因时间跨度较长,"可以供人们了解一定事件发生、发展和演变的历史过程和相继发生的事物之间的历史联系,便于探求历史发展的脉络和规律"。[①] 从本课的教学目标看,为了帮助学生真正理解本课内容,教材编写者明确提出了如下学习建议:本专题"在学习方法上应通观全局,站在长时段历史发展的高度,把握中国现代经济社会的发展。这样才能够比较好地理解这一历史时期的基本特征,避免在历史学习中以偏概全"。[②]

如何让学生知道并逐渐掌握"通观全局,站在长时段历史发展的高度"这一学习方法?笔者和学生一起编制了本课的第二份大事年表:"中国现代化的大事年表"(以下简称"年表2")。

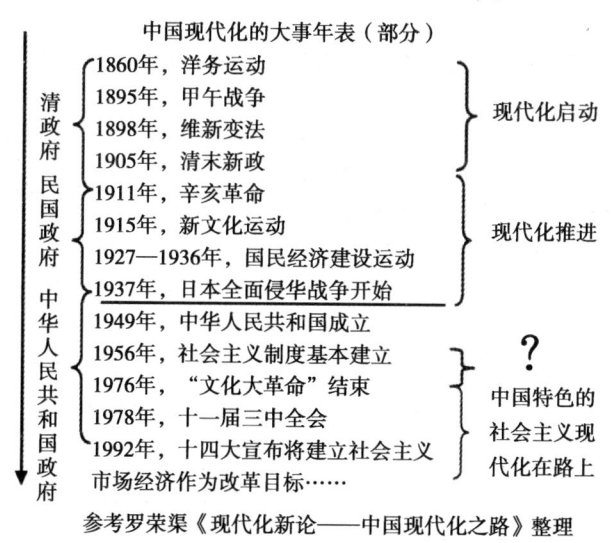

中国现代化的大事年表(部分)

清政府
民国政府
中华人民共和国政府

- 1860年,洋务运动
- 1895年,甲午战争  } 现代化启动
- 1898年,维新变法
- 1905年,清末新政
- 1911年,辛亥革命
- 1915年,新文化运动 } 现代化推进
- 1927—1936年,国民经济建设运动
- 1937年,日本全面侵华战争开始
- 1949年,中华人民共和国成立
- 1956年,社会主义制度基本建立
- 1976年,"文化大革命"结束  } ? 中国特色的社会主义现代化在路上
- 1978年,十一届三中全会
- 1992年,十四大宣布将建立社会主义市场经济作为改革目标……

参考罗荣渠《现代化新论——中国现代化之路》整理

显而易见,这既是一份跨度一百多年的长时段大事年表,也是以某个特定主题为内容的专题年表。教学中运用年表2,意在引导学生将20世纪50年代开始的对社会主义建设道路的探索历程放在1840年以来的中国现代化的历史长河中加以考察,打开学生的历史视野,体验并领略"通观全局、从长时段视角进行历史评价"这一学习方法的效用。

## 二 精心设计问题是应用大事年表渗透学法的重要依托

要想将学习方法的指导渗透到大事年表的应用过程中,问题的设计

---

[①] 王义耀:《简评〈中外历史年表〉》,《史学月刊》1981年第1期。
[②] 朱汉国主编:《历史必修·第二册》,人民出版社2009年版,第45页。

极为重要。因为只有精心设计的问题才可能激发学生解读大事年表的兴趣，引导学生解读大事年表的思考方向，进而影响学生思考问题的角度或方法。所以，精心设计问题是应用大事年表渗透学法的重要依托。一般而言，问题的设计要遵循数量与难易适度、指向明确等原则，如从将学法渗透到大事年表的应用角度思考，问题设计还应当注意以下两点：

第一，问题设计应该与学法的渗透紧密结合。

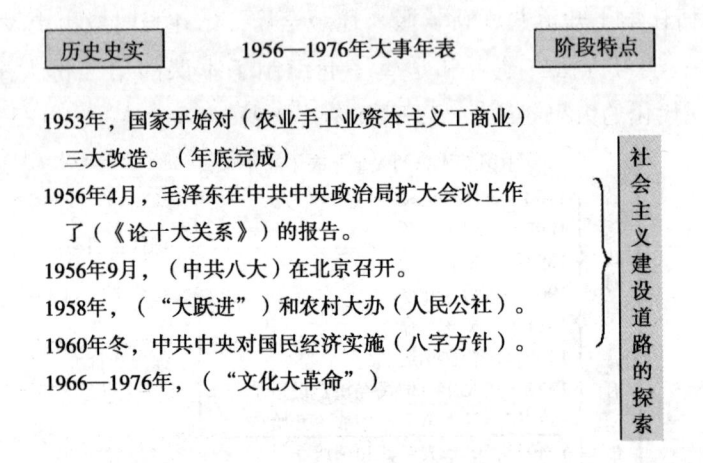

| 历史史实 | 1956—1976年大事年表 | 阶段特点 |
| --- | --- | --- |

1953年，国家开始对（农业手工业资本主义工商业）三大改造。（年底完成）
1956年4月，毛泽东在中共中央政治局扩大会议上作了（《论十大关系》）的报告。
1956年9月，（中共八大）在北京召开。
1958年，（"大跃进"）和农村大办（人民公社）。
1960年冬，中共中央对国民经济实施（八字方针）。
1966—1976年，（"文化大革命"）

｝社会主义建设道路的探索

本课虽取舍大胆，以"大跃进"为探究重点，但三大改造内容、实质和意义；中共八大的背景、内容和意义等基本知识点及相关理解也必须得到照应。只有这样，才算是做到了"以点及面"。为达此目标，笔者和学生一起编制了本课的第三份大事年表："1956—1976年大事年表"。（以下简称"年表3"）。

年表3是一份中时段大事年表。这类年表可以将历史阶段进程交代清楚，并突显该阶段的特点，因而有助于学生按时序了解重要的知识点并理解期间的演进脉络。如年表3就几乎是把本课要求学生掌握的主要知识点"一表打尽"，同时又蕴含着新中国社会主义建设道路探索时期呈现出的"曲折发展"这一特征。

在应用年表3的过程中，笔者设计并先后推出了如下两个问题：
（1）请结合本课标题思考：1956—1976年，该历史阶段有怎样的特点？
（2）这张年表中，哪些史实可以佐证是在探索中"发展"呢？理由？哪些史实可以佐证探索经历了"挫折"？理由？第一个问题意在引导学生思考这一历史时期的阶段特征，并为第二个问题的提出伏笔。第二个问题意在引导学生对该历史阶段的重大事件进行历史认知和评价。这样的问题设计与学法渗透紧密结合，引导着学生掌握借助大事年表概括历史阶段特征的方法。

第二，问题应具备一定的开放性以利于学法渗透到每个学生个体。

历史学是一门解释学，历史就在每个人心中。从这个角度看，每个高中生作为独特的个体，对同一个历史问题有不同的理解是极为正常的。同时，当代的历史教学应当"是民主的、平等的教学，沟通的、合作的教学，互动的、交往的教学，创造的、生成的教学，以人为目的的教学"。[①] 因此，学法渗透既是普适性的，也应当是个性化的，这就要求问题的设计有一定的开放性。

如在应用年表3时，笔者设计了这样一个问题："20世纪50—70年代中国社会主义探索时期在整个中国现代化历程中有怎样的地位？谈谈你对这段历史的认识？"这个保留了相当开放性的设问正是顾及了学生个体对历史的不同理解。在实际教学中，有的学生从现代化性质的差异（资本主义现代化和社会主义现代化）角度评价这段历史是中国现代化的新起点；有的学生从中国现代化进程被战争打断后的再起航这个角度评价这段历史是中国现代化的再出发。由此可见，这个设问确实有利于展现学生对中国现代化这个问题的不同理解，这种不同有助于引导他们学会从不同的视角或是用不同的评判标准来考察历史现象，这对培养他们的辩证思维和开放性思维毫无疑问都是有益的。

### 三 引导学生课堂参与是应用大事年表渗透学法的关键

高中历史课程的基本理念是"倡导学生主动学习，在多样化、开放式的学习环境中，充分发挥学生的主体性、积极性与参与性。"[②] 教学实践也反复证明，课堂中只有引导学生真正参与其中，才能在教与学的过程中有效地实现学法渗透。这些年来，经过同行们的努力探索，大事年表这一古老的学习工具已具有了"激发解读兴趣"、"有助于学生以主人翁的身份自主建构学习主题"[③] 等引导学生主动参与课堂教学活动

---

[①] 刘庆昌：《对话教学初论》，《教育研究》2001年第11期。
[②] 中华人民共和国教育部：《普通高中历史课程标准实验》，人民教育出版社2003年版。
[③] 陈振华：《大事年表教学：分级解读历史概念》，《教育科学论坛》2013年第9期。

的可能性。现在的关键是教师在应用大事年表时要善于引导学生深度参与其中，并在这一过程中渗透学法。在本课中，笔者主要是通过以下两种途径来实现这一点。

第一，引导学生参与大事年表的编制。

在本课中，年表2和年表3都是在教学过程中师生共同地逐步完成的。以年表3为例，笔者首先呈现的是框架部分，重要知识点以填空的形式隐去；然后引导学生结合教材完成年表的填空部分。这样的设计，既因为年表框架的呈现而让学生的教材阅读能够聚焦，又能够给学生参与年表的编制提供一定的空间。这样的学习过程，引导着学生既回到教材了解相关知识点，也初步掌握了通过编写大事年表来梳理历史事件的学习方法。又如在编制年表2之前，笔者首先阐述了"现代化"这个重要概念，然后引导学生回顾以往所学，选取自己理解的1840年以来的中国现代化进程中的重大事件。在学生梳理的基础上，笔者再推出根据罗荣渠《中国现代化新论》概括的1840年以来的中国现代化大事件。这样引导学生主动参与的过程，既加深了学生对"现代化"这一重要概念的认识，也有助于他们初步地掌握"通观全局，站在长时段历史发展高度"评价历史这一方法。

第二，引导学生研读大事年表。

年表的研读至关重要，又是一门技术活，因此需要教师的引导。如本课中的年表1蕴含着非常丰富的信息。笔者以如下问题引导解读：从这份年表中你能获得怎样的信息？依据是什么？学生甲：我发现桂林这一年的主要任务是大幅度提高生产力，而且要求的速度比较快。依据是材料中的"苦战3年，根本改变桂林市经济面貌"；学生乙：运动的指挥者是市委领导，说明这是一场自上而下，依靠行政力量推动的运动。依据是"9月14日市钢铁生产指挥部成立，中共桂林市委第一书记阮庆任总指挥"；学生丙：这场运动有大量群众参加。依据是"各界群众4万多人集会，誓师全面跃进"。可以发现，学生们的回答虽然不同，但都能紧扣大事年表参与研读，提取信息。在这样的过程中，学生既了解了"大跃进"运动的特点和问题，也培养了论从史出的学习方法和思维方式，有利于历史学习中证据意识的确立。

又如"年表2"，这份长时段大事年表通过事件链的形式，按照时间线索呈现了中国近代一百多年中发生的十多件重大事件，既蕴含某种内在逻辑但又没有直接给出主题（事实上也很难给出单一的主题），这样的处理给学生解读年表提供了较为广阔的空间。然后再以"20世纪50—70年代中国社会主义探索时期在整个中国现代化历程中有怎样的地位"这一开放性的问题引导，从而为学生多视角地参与这份年表的解读提供了可能性。事实上，学生们的精彩表现让观摩老师们大为叹服！而在这个过程中，学生们不但建构了历史知识，看清了历史演变的脉络，也在悄无声息中提升了自己的历史思维能力。

总之，笔者的初步思考与实践表明，在高中历史教学中应用大事年表渗透学法是一个虽然不宏大但有一定专业含量的课题，对其应用策略的研究既能增进教师自身的专业素养，又能提升高中历史教学的有效性，学生的发展也就在其中。

# 对比阅读与有效学习
——以人教版必修教材"自由主义经济思想"为例

### 浙江省苍南中学  陈庆为

学习的主体是学生,阅读主体也是学生,本文所说之阅读不是指学生的课外阅读,而是指阅读每个学生都有的必修教材。教材是十分重要的课程资源,新课程要求教师"用教材教"而非"教教材"。对于学生来说,教材则是最重要的学材,理论上讲,教材是学生拿到的唯一统一的学材,所以,利用好这一学材很重要。再则,新课程下一些省份的高考命题也倚重教材,所以用好用透教材十分必要。本人有感于,目前高中历史必修教材模块加专题的编排体例客观上造成知识碎片化,以及大部分学生不善于阅读教材的现状,结合自己的教学实践,以人教版高中历史必修教材中的"自由主义经济思想"为例,就"对比阅读教材以促进有效学习"谈一些粗浅的看法,见教于大家。

《普通高中课程标准试验教科书·历史必修·第二册》着重反映了人类社会经济发展进程中的重要内容。学习本册教材必须十分重视以下三个基本问题,即"经济制度、经济活动参与者的积极性和经济活动的效益"。本册教材叙述了人类经济活动从农耕经济到工业经济,从自然经济到交换经济的进步历程,并告诉学习者工业化是近代以来世界经济发展的总趋势。而在工业化进程中,自由主义经济理论的影响无法忽视,所以,本册教材的不同专题和不同课时以不同形式表现这一经济思想和政策。但是,正如前面已经提及的,自由主义经济理论在本册教材的呈现同样是碎片化的,缺乏整体性。因此,通过某种途径解决这个问题是必要的。

## 一 自由主义经济思想的盛行

自由主义经济思想包括自由经营、自由贸易和自由竞争。一般情况下，学生第一次接触这一内容是在学习必修二专题五第三课《"蒸汽"的力量》时，教材是这样写的，"运用自由主义经济思想发展经济。1776年，亚当·斯密发表《国富论》，系统地阐述了自由主义经济理论，主张限制政府在经济事务中的操控，让市场机制即'看不见的手'发挥调节资源的作用。1852年，英国议会发表原则声明，称自由贸易是英国的国策"。本课教材的"知识链接"比较详细地介绍了亚当·斯密的自由主义经济思想。阅读这些内容后，学生对自由主义经济思想会有初步却抽象的了解。教材接着介绍，"（英国）进行法制化建设，废除阻碍经济发展的一系列旧法令，建立社会福利制度，维护资本主义自由贸易、自由竞争和自由生产的原则。1846年废除《谷物法》，1849年废除《航海条例》……1834年颁布《济贫法修正案》，维持了资本主义自由劳动力市场"。"对外推行'炮舰政策'，以海军力量控制海洋，强制推行自由贸易……"通过阅读这些内容，学生认识到，英国在国内国外都推行自由主义这一国策。那么，自由主义经济政策给英国带来怎样的影响？本课教材在第96页"学习思考"中有这样的补充："……1854—1856年间英国出口贸易中，工业制造品占85%，出口的工业品，从日常消费品到各种生产机械设备，几乎无所不包。制成品占1/2的世界市场，工业品占领1/3的世界市场，其中，棉织占世界产量的1/2以上。"由此，学生会形成自由贸易政策推动英国工业生产和对外贸易迅速发展的概念，进而对教材中"英国逐步取得'世界工厂'的地位"和"伦敦成为国际金融和贸易中心"的结论有更好的理解。

《"蒸汽"的力量》的最后一段还写道："资本主义国家按照自由主义原则确立了资本的自由流动、安全与增值的国际经济交流的基本准则，在国际贸易中给予他国最惠国待遇，逐渐取消关税保护。1824年，英普条约规定两国船只在彼此港口中所征关税平等。法国拿破仑三世统治时期，奉行自由贸易原则……1860年，法国还与英国签订一项自由贸易条约……此后，法国与比利时、德国等欧洲国家签订类似条约……"此外，专题五第四课《走向整体的世界》第104页有："美国是新殖民主义的倡导者和设计者。……美国国务卿海约翰于1899年9月6日提出'自由贸易'原则,次年7月3日又重申'公平贸易'原则。这就是'门户开放'政策。"通过以上教材内容的对比阅读,学生认识到,自由主义经济思想在欧美资本主义国家中盛行开来,成为国际经济交流的基本准则,资本主义列强也把这一经济思想推行到它们的殖民地半殖民地附属国,所以,资本主义世界市场在自由主义原则的推动下逐渐成熟。

## 二 自由主义经济思想的危机

学生对自由主义经济思想的进一步认识则要等到学习必修二专题六第一课《"自由放任"的美国》。本节教材写道:"1928年,美国的生产总量已超过整个欧洲,成为资本主义世界的巨头。但是,经济的自由放任主义政策刺激了资本家进行盲目和无限制的生产,导致无序竞争,使整个社会生产处于无政府状态……""面对经济危机,胡佛坚信资本主义制度的自行调节功能,继续奉行自由放任主义政策,让经济进行'自我治疗'。他反对政府干预经济,拒绝稳定股市的建议,否决国会的救济方案……最终,胡佛顽固奉行的自由放任政策使美国经济掉入了'沟底'"。通过阅读这些文字,学生显然能了解到,自由放任政策在1929—1933年经济危机前的经济繁荣中有不可否认的推动作用但在应对空前严重的经济危机时则是无能为力。并且,学生也体会到,自由主义作为资本主义经济发展的金科玉律的地位恐怕不再了。在必修二专题六第三课《罗斯福新政》中学生会看到,"……虽然他(罗斯福)并没有一幅清晰的新政蓝图,但面对资本主义可以自我调节的信念已被彻底击碎的现实,他坚定地认为,这个国家需要进行大胆的、坚持不懈的试验,如果试验失败,就再试行另一种办法,最重要的是要进行试验。他果断地放弃了自由放任主义政策,推行新政"。"新政作为通过国家干预来摆脱经济危机和推动经济发展的有效手段,对战后美国以及西方资本主义国家的社会、经济改革产生了深远影响"。通过这两段文字的对比阅读,学生认识到,1929—1933年资本主义世界经济大危机不仅是一次经济领域的大混乱,也是自由主义经济思想的一次大危机,自由放任政策最终被"新政"取代,即国家全面干预的经济政策代替了自由放任政策。政府运用经济手段对国民经济进行积极干预的理论被称为凯恩斯主义,从应对这次危机开始直到第二次世界大战以后相当一段时期里,是凯恩斯主义风靡的时代。

## 三 自由主义经济理论的发展

凯恩斯主义的风靡是否就意味着自由主义经济思想从此消逝?历史发展真的就是如此非此即彼吗?事情远没那么简单。必修二专题六第四课《当代资本主义的新变化》在介绍20世纪70年代的经济时是这样的,"20世纪70年代,受石油危机等方面的影响,美国经济陷入了生产停滞和通货膨胀并存的'滞胀'困境。为医治生产停滞,政府开始降低利率、放宽信贷,却加剧了通货膨胀;为抑制通货膨胀,政府被迫人为地放慢经济增长步伐,却又导致生产停滞、经济恶化……面对严重的'滞胀'问题,凯恩斯主义失灵"。凯恩斯主义失灵后,资本主义国家应采取怎样的经济政策呢?20世纪80年代,美国里根政府实行供给学派和货币学派的理论主张。这两个学派是"二战"后兴起的经济学流派,"货币学派认为,影响经济的要素是货币发行量而不是需求。它主张控制货币发行量,反对国家过多地干预经济……供给学派主张减税和减少政府对经济的管制,认为减税能刺激人们的投资和工作积极性,减少政府对经济的管制能加强市场机制的作用,减少政府对经济的过度干预"。教材接着写到,20世纪90年代"克林顿上台后实施'宏观调控、微观自主'的经济政策,其宗旨是既反对完全的自由放任,又反对过度的政府干预"。通过前面这些内容的对比阅读,学生会懂得,开始于罗斯福新政的国家全面干预经济政策同样不是一成不变的,它也随着经济发展和经济运行机制的变化而演变,引人注意的是,当代资本主义的经济理论又表现出重视自由主义的倾向。另外,学生在必修二第九专题的学习中还会了解到,无论是关贸总协定还是世界贸易组织,无论是欧盟,还是北美自由贸易区或亚太经合组织,实现自由贸易无一例外地成为了它们努力的目标。可见,历史没有轮回,却在继承中前行。

## 四 自由主义经济理论的"前任"

至此,关于自由主义经济思想的知识整合工作可以完结了吗?还不能。因为必修二教材还介绍了自由主义诞生之前的经济思想，即重商主义。必修二专题五第二课《血与火的征服与掠夺》的"知识链接"有这样的内容，"重商主义者认为，金银是至高无上的，它代表真正的财富，国内贸易不能增加金银，所以应扩大贸易顺差，从他国获取金银。如何取得贸易顺差？简而言之，就是奖出限入……"按照教材编排顺序，学生是先阅读到上面的文字，然后才在后面的学习中碰到自由主义的内容。但是，实践告诉我，大多数情况下，当学生开始学习自由主义的内容时，他们总是不太能将不久前学过的重商主义联系起来，所以，再次强调后者是必要的。实践经验还表明，在了解自由主义之前，学生很难体会重商主义的内涵，而在学习了自由主义之后，学生容易理解，重商主义其实是一种贸易保护主义的政策。

这样，通过对比阅读教材，以"自由主义"为中心，往前后两个方向延伸，学生能大致勾勒出近代以来资本主义经济思想发展演变的简要脉络。

其实，人教版高中历史必修教材中还有许多知识点可以通过这样的对比阅读，构建知识联系。学生可以对比阅读必修三专题一第四课《明末清初的思想活跃局面》与专题三第一课《顺乎世界之潮流》，因为黄宗羲"为天下之大害者，君而已矣"的思想为谭嗣同"愤怒地谴责专制君主是'大盗'"提供了有力的思想武器。学生可以对比阅读必修三专题六第一课《蒙昧中的觉醒》、必修一专题六第三课《罗马人的法律》与必修三专题六第三课《专制下的启蒙》和第四课《理性之光与浪漫之声》，因为斯多亚学派的"人生而平等"思想直接影响古罗马法学家西塞罗"人人平等，公正至上"的观点，近代欧洲启蒙思想家们"自由、平等是人的天性"的主张也可以在这里找到历史的源头。启蒙思想家卢梭还有"浪漫主义之父"的美誉，学生将必修三专题六第四课《理性之光与浪漫之声》与必修三专题八第一课《工业革命时代的浪漫情怀》对比阅读不仅合理而且必要。孟德斯鸠三权分立的政治理论最先被美国人付诸实践，而20世纪初的中国革命者也曾效仿过，所以，学生应该对比阅读必修三专题六第三课《专制下的启蒙》、必修一专题七第二课《美国1787年宪法》与必修一专题三第二课《辛亥革命》，等等。

如何读教材是一个老话题，但它总是面临新问题。如何有效阅读的方法很多，但笔者倾向于学生能够对比阅读历史教材。因为对比阅读，学生能更清晰地掌握教材内容；因为对比阅读，教材编写体例的缺陷能得到一定程度的弥补；因为对比阅读，学生更容易建立起知识框架；因为对比阅读，学生能够更辩证地认识历史事物；因为对比阅读，学生与教材的亲近感增强；因为对比阅读，学生的表述更靠近教材风格；因为对比阅读，与浙江高考的命题思路更符合。总之，通过对比阅读，学生在历史学科上的有效学习更容易实现。

**参考文献**

[1]《普通高中历史课程标准》（实验），人民教育出版社2003年版。

[2]《普通高中课程标准实验教科书·历史》（必修三册），人民出版社2009年版。

[3]《浙江省普通高中学科教学指导意见》（2012版），浙江教育出版社2012年版。

# 浅谈高中历史教育中
# 公民教育的现状与反思

## 南通市小海中学　倪君

"公民教育是培养公民品质和公民精神的重要形式，它承担着使人成为公民的教育使命。"[①] 近些年来，无论是教育决策者、教育理论研究者还是教育实践工作者都愈加关注公民教育。在当今全球化、信息化、市场化的时代背景下，公民个体的发展成为一个国家和民族发展的决定性因素。而高中阶段又是塑造公民性格，提高公民素质的关键阶段。高中历史课堂的自身特点，对于塑造良好的公民意识有一定的优势条件。因此，探讨高中历史教育中公民教育的现状并作出积极的反思具有一定的现实意义。

## 一　我国高中历史教育中公民教育存在的问题

### （一）历史教学中对公民教育重视程度不够

学校在开展教育教学工作中虽然倡导公民意识的渗透，但在实施环节不够重视。在历史课堂的日常教学上，往往为了追求升学率，一味注重学生的成绩，过分强调了分数而忽略了历史教学的意义，特别是历史教学中公民意识的培养。比如在日常教学中，我们针对一些历史事件，如古希腊的民主制度、两次世界大战、抗日战争、十一届三中全会等，只注重强调对事件的时间、背景和过程的探讨，让学生一味地死记硬背，并没有强调在这些事件背后带来的思考以及公民教育的意义所在。这时候我们不得不说大多数学校在历史教学中关注的还是学生的成绩，

---

[①] 叶飞：《参与式公民学习与公民教育的实践建构》，《中国教育学刊》2011年第10期。

教学的方式仍然是灌输式的、填鸭式的。这导致在历史教学的课堂上，对公民教育的教学基本不存在，学校教育中的引导不力，是对学生能力提升的损失。这一系列问题最终导致了学生即使在完成高中阶段的学习后，也未必会记得和理解公民的基本权利和义务，未必理解为什么国家要倡导人权和自由，未必会产生对历史事件背后的"人"的思考。对公民教育重视程度不够，影响的是未来的一代又一代人。可见，当前高中历史课堂的教学是不能算做成功的。

### （二）历史教师的教学方式不够灵活

课改推行十多年以来，教学的方式虽有一定程度的改观，但是在升学的压力和"出成绩"的指导思想下，应试教育的阴影很难一夜之间散去，通常高中还是采用传统的教学方式，教师针对考试的重点常常通过灌输的方式教给学生所谓的必须掌握的知识，而学生只负责把这些重点知识背透，几乎把所有有效的学习时间都用在了背诵与记忆中。这样机械又枯燥的教学方式很难调动学生学习的积极性，这样的历史课堂很少有学生愿意听，甚至有些排斥，更不能让学生重视历史。久而久之，历史教学中就根本谈不上适时地、有效地对学生进行公民意识的培养与渗透了。当历史学科让人们理解为一种死记硬背的学科时，它真的就沦为应试教育的附属体了。所以，要在历史课堂中传授与国家和社会相关的公民权利和责任，教学方式方法的改变与灵活调整势在必行。

### （三）教学评价体制不够完善

在现代教学体制测评中，学校更多注重的是对最后成绩的评估，很少提出针对学习过程的评估。就社会人文学科的历史学科而言，对学生在学习历史过程中各个环节的自我思考程度以及提出的问题是否具有思考价值都缺乏可行的评估标准。正因为历史教师在教学中没有提出这样的评估要求，这也导致了历史教师本身所涉及知识范围的欠缺，从而也影响了学生接受知识的广度与质量。加上学生在接受知识后的生成度上和教学方法上的启发性、思考性也没有很科学且有针对性的评估流程，可能会使公民教育不能在历史教育中良好展开，这样，历史教学中的公民教育终归是有欠缺的。因此，现代教学评价体制中，也必须追求越来越高的民主化境界，因为教育的灵魂和实质其实就是教育的民主化。

"没有教育的民主化就没有教育的现代化"。①

**(四) 公民教育的目标设置不够明确**

在我们国家，公民教育应该还算是一个比较新鲜的概念。人们对于公民教育目标的定位尚不明确和清晰。在高中历史课程中，也没有明确的设置公民教育的目标，在实际操作过程中，也没有将公民教育目标与我国的历史、现实结合起来，往往是把思想政治教育的目标与公民教育的目标直接画起了等号。

其实，两者之间有着很大的不同。一般来说，思想政治教育的政治色彩和意识形态的味道更为明显，它力求把人塑造为某种特定类型的人。因而，它的政治倾向明晰。与之不同的是，公民教育较为偏向"人"这个个体的教育，它力求提升国民的公民素养，使民明确其在社会生活中遵循什么样的标准并培养他们参与政治社会活动的能力，所以，思想政治教育的目标与公民教育的目标是不能混为一谈的。当前，我国并没有针对历史教育发展现状、社会特点制定合理的公民教育目标，也没有规定学校必须带领学生参加一些政治活动，更没有着重强调公民教育中最重要的就是对人的教育，即提升素质的教育。正因为模糊了这些目标的制定，学校开设的思想品德课、历史课就不能真正起到公民教育的作用。因此，公民教育的目标设置必须明确。

## 二 对西方国家历史教育中公民教育的借鉴

"离开良好的学校教育，一个国家在公民教育方面不可能取得显著成就"。② 因此，欧美发达国家非常重视在学校教育中渗透公民教育。他们往往在建国初期就很重视公民教育，在这方面欧美发达国家有许多地方是值得我们借鉴和思索的。

以美国为例，在公民教育中非常重视民主和自由，强调个人权利的自由平等性。而且在美国建国初期就很注重让学生在历史学习中潜移默化地接受公民教育，并把历史教育纳入国民教育的重点。一直以来，民主、平等、自由思想已经成为普通美国人追求的价值取向，而不仅仅局

---

① 檀传宝：《论公民教育是全部教育的转型——公民教育意义的现代化视角分析》，《安徽师范大学学报》（人文社会科学版）2010年第9期。

② 姜红梅、王秋准：《农村公民教育现状及对策思考》，《农业经济》2014年第1期。

限于社会精英，这种精神的追求早已是美国公民的普遍生存状态。可以说，这样的教育已经把公民这一概念深深地植入人心。

此外，美国的公民教育非常具有层次性，针对中小学生和大学生提出的具体目标是不同的。在中小学阶段，主要以培养社会历史责任感为主，通过开设"公民"这门课程普及法律知识，树立道德意识。美国学校针对公民教育的课程设置也是多维度的，其中最能体现公民教育的课程是"社会研究"，"它包括了历史、地理、社会学等。特别是在对美国历史的学习中，使学生明白立国原则等各项重要的政治理念"。[1]

与美国等其他西方国家相比，法国的学校公民教育也颇具特色。作为公民教育的首创国，法国有着浓厚的近代传统，其公民教育的组织化程度非常高，尤其突出了人权教育。这是因为在历史上，法国是启蒙运动的发源地；1789年的法国大革命也较为彻底，不久便制定了举世闻名的《人权宣言》，第一次创立了"人权学说"；1870年巴黎又发生了著名的无产阶级革命——"巴黎公社"。这些影响深远的革命历史又影响着法国的学校公民教育。1923年，法国就在小学阶段把公民权利和义务教育列入了教学大纲。第二次世界大战开始后，学校基本都开展了"公民爱国教育"。1967年的"五月风暴"促进了社会各方面的改革，这也促使了法国在学校教育方面的改革，他们开始强调权利与义务相结合，并开设了名为"公民道德教育"的课程。

与美法两国相比，我国的公民教育资源不可谓不丰富，中国近代历史上的革命、近代以来民主、自由、平等思想的传播都可以成为我们在高中历史阶段进行公民教育的丰富教学资源，只是我们现阶段的历史教学中，往往重视了对历史史实的分析研究，而忽略了其中蕴含着的丰富的公民教育意义。

因此，历史教学不仅仅是传授历史知识，更应该联系实际将公民意识潜移默化地带给学生，比如带着学生实地参观博物馆，给学生播放纪录片，针对课程联系实际，让学生真正融入情境获得直观感受。应该说美法等国历史教育中的公民教育是值得我们借鉴的，这些多样化、多层次的教育手段是值得我们学习的。

---

[1] 张鸿燕等：《美国公民教育的特点及其发展趋势》，《首都师范大学学报》（社会科学版）2007年第1期。

## 三 提升高中历史教育中公民教育品质的有效策略

历史学科是一门有着丰富人文内涵的学科，而高中阶段的学生已经具备了一定的思辨能力，他们的世界观、人生观正在形成中。因此，利用历史学科丰富的教学资源对高中阶段的学生实施公民教育有得天独厚的条件。历史教学中的公民教育必须"借助历史认识以及由历史认识所提升的社会参与意识和技能来完成。一个合格的公民，一个有教养、有责任心、有个性、有信仰的国民，一定有着与其身份相适应的历史修养和历史认识"。[①] 为此，我们可以在以下方面做一些努力与尝试。

### （一）拓展教学方式，增强师生互动

在历史课堂上教师应采用多元的教学方式，除了对教材的基本讲解，还应联系实际引导学生思考，鼓励学生亲身参与。比如，利用历史课堂以辩论、讨论的方式来检测学生对历史知识的掌握程度，来挖掘历史教育中公民教育的内涵。在实际教学中，《百家争鸣》一课，可以设计探讨言论自由的话题；《抗日战争》一课可以设计探讨"国家兴亡，匹夫有责"这样的话题；《十一届三中全会》一课可以就开拓进取的民族精神展开讨论；《美国联邦政府的建立》一课可以设计探讨权利和义务的话题；等等。

在形式上，除了可以在课堂中采用小组讨论形式，来激发和引导学生在历史事件中的思考外，学生社团、兴趣小组、学生自治组织等方式也是培养公民的团结协作精神与民主参与能力的有效途径。通过这些途径，不仅可以锻炼学生个人的工作能力、思辨能力、社交能力，还可以培养他们的责任意识、参政意识。

总之，无论采用哪种方式都应该让师生之间有互动、有交流、有思想的碰撞，摒弃传统的以老师为主的灌输式教学方法，充分尊重学生的思想，认真聆听他们的想法，达到强化学生的公民意识的目的。

### （二）创设民主与开放的历史教学环境，提升学生的公民素质

《历史课程标准》中提到"培养学生正确的历史观，进而使学生学会辩证地观察、分析历史与现实问题，加深对祖国的热爱和对世界的了

---

[①] 常新枝：《浅论历史教育中的公民教育》，《教育与职业》2006年第27期。

解，从历史中汲取智慧，必须养成现代公民的人文素质基础，这是学校历史教育面对的时代挑战"。要完成这一目标，必须让学生在一种更加民主、更加开放的环境中学习。历史学科是一门社会文化学科，对于历史事件，不同的人就会有不同的见解，更何况我们面对的是正处于身心发展关键期的高中学生，他们对很多历史事件已经有了自己的思考方式与独特见解，作为老师必须清醒地认识到这一点，也就是说必须尊重学生的主体地位，客观评价学生的表现。更重要的是，要努力在历史课堂中营造出宽松、自由、平等、民主的氛围。只有这样，学生的思维才不会被禁锢乃至僵化，例如，在探讨辛亥革命的历史影响时就不能拘泥于某一种结论，而应当是开放性的、民主性的思维的碰撞。

唯有这样的课堂氛围，才能培养学生独立的精神、自主的意识、创新的能力，才能不断塑造合格公民，最终促进社会和谐有序平稳发展。

**（三）及时更新历史教育理念**

如今的历史课堂已不再是简单的传授历史知识，或者用一成不变的观点去评价历史事件了。随着我国社会主义市场经济和民主政治的发展，"历史教育以其广阔的视野、丰富的人文素材以及深刻的人类经验责无旁贷地担负起进行公民教育的历史重任"。[①] 这就要求我们及时的更新历史教育的理念。必须认识到，历史课堂应当具备以下功能才是合格的历史课堂。一是就个人而言，习得知识，善于思考，提升人文素养，培养健全人格；帮助认识自我、实现自我，以史为鉴，着眼现实，服务于人生。二是就民族而言，通过历史课堂增强民族意识，培养爱国主义情怀。经世致用，服务于社会和国家，做合格的公民。三是对人类文明而言，传承历史，延续文明；培养拥有全球意识的"地球公民"；汲取前人的智慧与教训，造福人类。唯有在历史教育的理念上脱离传统的窠臼，更新观念，才能重新激发历史教育的生命力，才能让我们学生学会思考、质疑、包容、理解、欣赏，才能将社会主义民主化的要求内化到历史课堂和公民教育中。

教育是民生之本。随着我国社会主义民主政治制度不断发展完善，自由、民主、平等，敢担当、有作为已经越来越成为对普通公民的基本

---

[①] 常新枝：《浅论历史教育中的公民教育》，《教育与职业》2006年第27期。

要求。我国目前还未形成完整的、系统的公民教育模式，现有的公民教育中也还存在诸多问题，这就要求我们历史教育工作者要利用历史学科在公民教育方面得天独厚的条件，在日常的历史教学中适时更新教育理念，丰富教学方式，让历史学科以特有的视角推进我国的公民教育快速健康发展。

# 浅谈中学生学习中心理阻抗的识别及处理

### 南通市小海中学 项丽娜

心理咨询中经常会遇到这样的情况，来访者对于心理咨询师的工作表现出不配合，用各种方式拒绝接受心理咨询师对他们的帮助，他们拒绝改变。在心理学中这种现象称为"阻抗"。这个概念最早是由心理学家弗洛伊德提出来的，他将阻抗定义为求助者在自由联想过程中对于那些使人产生焦虑的记忆与认识的压抑。一旦出现阻抗，心理咨询工作将很难继续进行，或者达不到预期的效果。其实说得通俗一点，阻抗就是一种心理上的抵抗和不配合。根据这几年教学实践中的观察，笔者发现学生在学习中也会出现这种类似的心理阻抗，他们不配合老师的教学，对学习新知缺乏热情，这是否会大大影响学习效率呢？答案是肯定的。

因此要提高教学和学习的效率，我们可以试着借鉴心理咨询的方法，从识别和处理学习中的心理阻抗入手，也许会有一些新的感悟！下面笔者就如何识别和处理学生学习中的心理阻抗，谈几点自己的看法。

## 一 学习中心理阻抗的识别

在课堂学习中，阻抗的表现形式多种多样，它可以是语言形式或非语言形式，也可以表现为对课堂活动的回避和抵制，或者是对教师以及其他人的某种敌对，等等。从总体上说，我们可以将学生的心理阻抗主要分为三个种类：

1. 行为方式上的阻抗

上课时，不做和课堂无关的事这是对于学生来讲最起码的要求。然而我们在课堂中会发现一些学生完全游离于课堂之外，他们在课堂上看课堂以外的书籍、做其他科目的作业，甚至玩手机、听 MP3，对教师的讲授视而不见，对教师提出的要求置之不理。阅读、思考、讨论、朗读……完全和他们无关，这是最直接、最明显的一种阻抗形式，也是对学习影响最大的阻抗。如果教师不及时的处理，无论对学生还是对课堂教学来说都将是灾难。

下面介绍的两种阻抗形式要相对隐蔽一些。

2. 讲话程度上的阻抗

根据新课程改革的要求，我们的课堂更加要求师生间的互动，教师要一改以往"满堂灌"的教学方式，采用小组讨论、探究等方式，让课堂成为一个开放式的教学环境，启发学生进行知识重组，善于从多角度来观察、分析问题，开拓思维，大胆地提出自己的见解从而掌握知识、明白道理。要互动，语言交流是最普遍的形式，同时也不应该是教师的单独"邀请"。而在实际的操作过程中，有时我们的学生却表现出了以下的三种阻抗：沉默、寡言和赘言。比如有的学生对教师提出的问题或要求自始至终闭口不谈；有的学生即使能参与互动也说得很少，不愿意积极参与；还有的学生却表现出话很多，在应该休息、听别人说或者听教师总结的时候不能"刹车"，从而影响课堂教学的有序进行。不管是沉默、寡言还是赘言，如果在学生中大范围的出现，那么这节课就很难取得预期的效果。最后将演变为教师自己唱"独角戏"，或者只是忙于整顿纪律而无法再进行有效教学。

3. 讲话内容上的阻抗

例如在思想品德教学中，教师通常会设置一些情境让学生围绕某些问题展开讨论，在辩论的过程中，澄清正确的价值观，并将它内化为自身的品质，以达到思想品德教育的效果。其他的科目也会有一些要求学生讨论的环节，然而在实际的教学过程中，我们发现许多的"小组讨论"表面非常热烈，实际就是学生在闲话家常，他们讨论的内容根本与教学内容无关，完全抗拒进入课堂教学。还有些学生在回答问题时故意与教师的期望背道而驰，使教师处于尴尬境地。出现这种情况，就表明学生此时存在心理阻抗。

## 二 学习中心理阻抗的处理

通过以上的举例，我们发现学生在学习中表现出的心理阻抗是阻碍学习效率提高和课堂有效的重要因素,因而如何处理学习中的心理阻抗是摆在每一位教师面前的重要课题,克服心理阻抗是促进学生学习和提高教学质量的关键。针对以上三种阻抗形式,笔者提出几点处理的原则和方法:

第一,消除敌对情绪,解除戒备心理。也就是说我们不必把阻抗问题看得过于严重,要以宽容的心态对待学生出现的阻抗行为。不要把学生和自己摆在问题的对立面上,不能以教育者自居高高在上,把学生当成敌人,这样只会使师生关系僵化,不利于阻抗的消除。教师对学生首先要做到共情(也称为神入、同理心,共情又译作移情、同感、同理心、投情等,指的是一种能深入他人主观世界,了解其感受的能力)、关注和理解,尽可能地在相对轻松缓和的气氛中解决问题。比如,发现学生在课堂做和课堂无关的事情,可以采用通过语言暗示制止或者走到跟前直接用动作制止的方法解决,课后找其谈心,了解其上课"不务正业"的原因,帮助其认识到该行为的错误与危害,切不可在课堂上对学生进行粗暴的批评或损毁学生的物品,这样只会使师生关系恶化,导致阻抗加剧。

第二,以诚恳帮助对方的态度处理阻抗,正确分析产生阻抗的原因。比如同样是沉默,原因却很多。有时学生的沉默可能是思考与领悟的需要,我们不要误以为学生是在开小差而妄加批评。这样只会带来更多的沉默。如果沉默和寡言现象普遍,教师应反省是否自己的提问方式阻碍了学生的思考与作答,或者是问题的内容超出了大部分学生的认知范围,那就要对教学与提问内容进行适当的调整。如果沉默和寡言是由于学生的性格所致,内向、不自信,那么教师可以通过尝试简单的提问并予以及时的鼓励与肯定来增强学生的自信心。也有可能学生的沉默和寡言是由于教师的教学方法陈旧老套,不能激发学生的学习兴趣所致,那么,教师就要从改进自己的教学理念和方法入手,逐渐改善这一类的阻抗现象。总之,只有对阻抗的原因正确分析,才能采取正确有效的措施消除阻抗。

第三,巧妙利用课堂资源,灵活处理阻抗。比如,对于赘言现象,如果是对讨论内容颇感兴趣而"刹不住车",教师可以适当改变教学计划,索性让学生畅所欲言,如果学生早已岔开话题讨论与课堂无关的话题，或者一开始就是借着"讨论"的机会在"闲话家常"，阻碍教学活动的正常开展，教师应及时发现并予以制止，这要求教师对学生的活动进行仔细的观察。对于特别"多话"的学生，教师可以事先给其安排发言的任务，以督促他的讨论和思考围绕指定的话题进行。如果出现故意违背教师期望的回答，比如，在讲授七年级思想品德上册第四课人格不可辱，讨论如果别人借了你的东西久不归还我们该怎么办时，有学生回答："把他打一顿！"学生们哄堂大笑，结果该生很得意，教师很尴尬。此时，我们不必急于反驳，给出正确答案，不妨让全班学生来讨论他的答案，由学生自己得出"打人"是错误做法的结论，该生不再得意，这对全班同学也是一种教育，从此很少再有人出现此类"哗众取宠"的行为了。

最后，充分发挥教师的人格魅力，引导学生积极参与教学活动。学生往往会因为喜欢一个老师而喜欢一门课，爱屋及乌常常会起到意想不到的效果。因此教师应不断加强自身的专业修养和综合素质，身正为范，给学生树立一杆标尺，并以自己渊博的学识、风趣的语言、翩翩的风度、宽厚的胸怀，在赢得学生尊重的同时成为学生的贴心人，用自己的人格魅力搭建起学生通向学习殿堂的桥梁，从而大大减少心理阻抗的产生。

列宁曾指出："没有'人的情感'，就从来没有也不可能有人对真理的追求。"这句话充分说明了情感在人对真理追求中的作用。在学习的过程中，情感虽然不起到直接作用，但是其间接影响却十分明显。有人将学习活动中的智力因素比作是汽车的发动机，而将情感比作是汽车的燃料，此话不无道理。孔子就将学习分为三个不同的层次：知学、好学、乐学。认为"知之者不如好之者，好之者不如乐之者"。也就是说这三个层次一层比一层高级。"乐学"就是一种最高层次的学习热情，只有进入到"乐学"这一层次，才能使人做到在学习上自强不息。因此，学生如果对学习产生热烈的情感，就会增强其学习的积极性，降低心理阻抗的发生，主动地探求新的知识，大胆地进行创造性思维，顽强克服各种困难，从而提高学习效率。相反，如果学生对学习没有热烈情感，甚至产生抵触情绪，也就是出现了所谓的"阻抗"，那么学习效率就会大大降低。因此，作为教师，我们要善于发现并恰当处理学生存在的心理阻抗，激发学生的学习热情，使教学和学习都达到事半功倍的效果。

# 职高学生课外体育锻炼兴趣培养策略的研究

海宁市高级技工学校　徐海

课外体育锻炼是学生利用课外时间进行全面的身体状态调节练习，与课堂体育教学相结合，以达到增强身体素质，丰富课余生活的目的。课外体育锻炼是实施素质教育，提高学生身体素质的重要途径。课外活动是课堂体育的补充和延伸，对学生的终身体育教育，增进体育锻炼意识方面具有重要作用。然而，在高考指挥棒下应试教育思想根深蒂固，学校、教师重视文化课而轻视体育活动的开展。学生对课外体育锻炼的作用不明确，对课外体育锻炼的兴趣也不够，自主性不强，且中学生可利用的课外体育锻炼的场地设施不足，考试学业紧张，设施不完善，加之学生锻炼自主性不够等因素，严重影响课外体育锻炼在学校的开展。作为一名职高的体育教师有责任从学生课外体育锻炼的现状、问题出发，对症下药，找出加强学生课外体育锻炼的有效解决措施。

## 一　学生课外体育锻炼现状及问题

学生、教师、学校对课外体育锻炼的认识存在各种误解，普遍存在着忽视课外体育锻炼的现象，就算规定参加课外体育锻炼的时间，学生也不能把握时间认真参与其中，使得课外体育锻炼时间白白浪费，起不到强身健体的作用。

1. 教育政策

应试教育下的课外体育锻炼很多是为了应付体育考试而进行的，这有违课外体育锻炼的初衷。学生学业繁重，忽视身体锻炼，导致身体素质下降，究其原因是学生被应试教育给深深地套牢了。分数成了教学的目的，只要为了学习成绩，家长们貌似什么都可以做。为了应对考试，很多学生集中的锻炼，每年学校都有学生受伤。用考试来约束学校让学生参加体育锻炼的做法，依然是当下应试教育的出路，对学生身体素质的提高起着决定性的作用，但此法有利必有弊，始终治标不治本。将体育考试成绩纳入总分的做法，貌似可以让学生不得不参加体育锻炼，学校方面也会重视体育课了，但强迫性的用考试成绩来规定学生体育锻炼的做法，会使学校以考试为目的，只练习考试的项目，孩子临时突击体育的现象普遍存在。甚至比赛或考试时使用兴奋剂、替考作弊的现象时有发生，一旦需考试或比赛结束，就把锻炼抛置脑后，这种现象应引起社会的足够重视。

2. 设施不健全

学生课外体育锻炼的内容枯燥，大多数以操场跑步以及球类为主，场地配置设施缺少是学生对课外体育锻炼不感兴趣的主要原因。近年来随着社会经济的发展，各学校的体育设施增添了不少，但学校招生的扩大和学生数量的增加，很大程度上让学校体育设施的投入作用收效甚微。学生对于体育设施的需求和体育设施不能满足需求之间的矛盾日趋突出，也是制约学生参加课余体育锻炼的原因。学生参加体育运动时场地器材的使用，是参与体育锻炼的物质基础，对学生参加课外体育锻炼有着很大的作用。近年来伴随学校办学规模的提高随之而来的问题也非常多，要解决这些问题，学校就要把最基本的日常生活放在首位。而体育活动的人均面积、资金等问题得不到重视，有的学校资金充裕，但体育场地活动内容单一、体育场地器材配置仍旧不足，严重制约着学生课外体育锻炼的积极性。

3. 学生自主性不强

学生在课外体育活动中自主性不强，原因是缺少对体育锻炼的兴趣。在体育教学中，体育兴趣是学生参与体育锻炼的自主性动力，是学生参与体育锻炼最重要的心理作用。按照心理学常识分析，学生正处于青春发育时期，都有逆反的心理和对抗心理，强制性的体育训练和指定的训练项目让处在叛逆期的青少年学生们反感，体育成绩考核的硬性指标深深印在学生们的脑中，而且必须完成，这必然会降低体育活动本身带来的兴趣，令学生产生对抗心理，如同反感应试教育一样。如果学生自己失去了对体育活动的自动性，那么课外体育锻炼就不能真正地提高学生的身体素质。

## 二　加强学生课外体育锻炼的措施

1. 改革制度，多元选拔

在当前的应试教育以考试成绩定生死的规则面前，学生也只能"以学业为重"。我们的相关职能部门需要在充分听取各方意见的前提下，尽快改变现在的应试教育，把学生从繁重的学业中解脱出来，不应该把学生的体质继续绑架在应试教育上。要想全面提高学生身体素质，急需把学生从当前的应试教育中解救出来。我们需要改革考试招生制度，逐步改变千军万马过独木桥的非正常状态，让人才的选拔方式多元化，学生的竞争多元化，不必为了特定学科成绩进行白热化竞争，从而有时间去开展课外体育锻炼。

2. 巧用游戏，寓教于乐

除了个别男生热爱篮球，其他学生基本把课外体育锻炼的时间用于做作业、聊天、整理内务等，锻炼意识不强。考虑到学生尤其是职高学生，带有明显的好奇、好动、好玩等特征，教师要尊重学生身心发展的规律和学习特点，以游戏为手段，寓各种教育活动和内容于其中，因此在体育锻炼中巧用游戏符合学生身心发展的要求。随着《奔跑吧，兄弟》节目的热播，王牌环节撕名牌游戏成了一项深受欢迎的竞技游戏，学生们课间的游戏也总会模拟撕名牌，玩得不亦乐乎。既然学生的兴趣在于此，笔者就策划了这么一堂以撕名牌游戏贯穿的800米测试。全班分成男女两大组，然后又各自分成两小组，每位学生后背都贴上有自己名字的名牌，然后采用击鼓传花的方式选出一个人负责当"猎手"，其他同学当"猎物"。"猎物"在教师的统一指令下沿着操场跑道跑，然后"猎手"在后面追赶，跑慢的同学要被撕去名牌，并且要重新回到原点进行下一轮游戏。"猎物"们为了保护自己的名牌，也为了800米测试一次过关都拼命奔跑，而"猎手"为了获得猎物也斗志昂扬，不遗余力地追赶，学生们的热情和积极性被完全调动出来了，于是在接下来的体育锻炼中，笔者明显感觉学生活动自主性提高了。

3. 优化环境，提高兴趣

参加课外体育锻炼是一件愉快的活动，既能提高身体素质，又可以娱乐身心，没有学生会真正拒绝有趣的课外体育锻炼。学校应该以学生的课外体育锻炼需求出发，加大对体育经费的投入，进行相关体育场馆的建设和配套器材的购置。各教育职能部门应该将体育设施的投入经费，纳入教育资金预算中，以此来保证学校体育经费的来源，体育的作用是为了增强体质、促进青少年生长发育、陶冶情操，培养促进良好的情感和心理健康。老师和家长应该支持鼓励学生多参加课外体育锻炼，告诉学生参加课外体育锻炼的好处，提高学生对课外体育锻炼的自主性，灌输给学生坚持终身体育锻炼的思想。让学生明白课外体育锻炼不应该是为了应付考试，为的是在今后的学习生活和以后参加工作有一个健康的身体、强健的体魄。

对体育教育的教学实施上，要不断探索新的教育形式，尽量创造更好的体育锻炼环境。提高学生的体育技能，培养他们的体育兴趣，使学生养成体育锻炼习惯。我国的体育教育目标与一些发达国家相比，有很多值得深思的地方，我们的体育课程设置重在基本体能的训练和基本体质的达标，而不是培养学生对某些体育项目的爱好。课外体育锻炼的进行，在增强体质的同时，还应该让体育成为学生们的一种生活方式，让学生主动地参与体育，喜欢体育。

## 三　结　语

学生的课外体育锻炼存在着学习负担重、锻炼时间少、体育场地设施短缺及学生自主性不强等原因，制约着课外体育锻炼活动的开展。因此制度上要不断完善，坚持以学生健康为目标。老师和家长要鼓励学生参加课外体育锻炼，有计划的帮助学生调整体育锻炼的内容，加强学生体育锻炼自主性建设。加大对体育设施建设的投入，使学校的体育场馆和器材能充分满足学生对课外体育锻炼的需求。课外体育锻炼仅仅靠体育课不能达到体育运动的健康目标，学生自我体育锻炼是体育课的延续，学生更好地开展课外体育锻炼，增强体育锻炼意识促进身心健康发展，需要全社会的共同努力。

**参考文献**

[1] 吴钢、沙叶：《中学生课外体育锻炼的调查研究》，《基础教

育》2011年第5期。

［2］杨旭：《影响高中生学生课外体育锻炼因素的调查研究》，《才智》2010年第15期。

［3］季浏：《体育教育展望》，华东师范大学出版社2002年版。

# 把文艺史讲出时代感和历史味

## ——以《工业革命时代的浪漫情怀》为例

绍兴市上虞区崧厦中学　袁峰

《工业革命时代的浪漫情怀》属于普通高中人教版历史必修三，即思想文化史模块的学习内容。"思想文化领域的活动和政治、经济领域的活动一样，皆为人类社会生活的核心内容，皆是人类不断走向文明进步的基本表征"。[①] 然而，与政治史和经济史相比，"思想文化史仍未在实际教学中获得应有的重视，从日常教学的内容侧重、教研内容的研讨比例乃至各级考试的命题选择，思想文化史实属中学历史教学中的'小宗'"。[②] 即便在思想文化史教学中，教学的关注点又往往集中在"中国传统文化主流思想的演变"和"西方人文精神的起源与发展"等专题上，文学艺术史教学很容易被边缘化和简单化，文艺史教学经常只见"文艺"不见"史"，或者关于文艺作品的历史背景一带而过。这样一来，学生眼中的文艺史就"没血没肉"，或"骨肉分离"，缺乏浓厚的时代感。实际上，"艺术创作是一种典型的人类历史创造活动，没有艺术史的历史书写是残缺不全的历史记录，淡化艺术史的历史教学是暗淡无光、沉默无声的历史教学"。[③] 抛开功利的想法，从教育的本身意义上考虑，艺术史教学有责任教出时代感和历史味。接下来，笔者结合自己最近执教的一节《工业革命时代的浪漫情怀》课，谈谈笔者关于这个话题的所思所为，不当之处，敬请指正。

---

[①] 朱汉国、王斯德：《普德高中历史课程标准（实验）解读》，江苏教育出版社2004年版，第102页。

[②] 张岩：《把艺术史讲出艺术美和历史感》，《历史教学》2015年第5期。

[③] 朱汉国：《普通高中课程标准实验教科书·历史必修·第三册·教师教学用书》，人民出版社2009年版，第299页。

## 一 思路设计

### (一) 教材分析

本课讲述的是 19 世纪初期文学艺术领域的成就。这一时期，世界的焦点主要在欧洲，许多国家不仅进行了轰轰烈烈的资产阶级革命，还进行了工业革命。启蒙思想家所宣扬的自由、平等、博爱的理想王国没有真正实现，社会现实让人感到强烈不满，文学艺术家希望通过自己的作品来追寻理想，讴歌革命，寻求解决社会矛盾的方式。

"19 世纪初也是一个优秀艺术家辈出的时代。他们大胆地发挥自己的主观想象，强烈地表达个人情感，抒发了对大自然、对社会、对人的感受"。[①] 因此，本课的教学重难点应该确立为如下：教学重点是 19 世纪初期浪漫主义文学艺术作品出现的历史背景及浪漫主义文学的影响。教学难点一是，如何帮助学生理解文学艺术作品是时代的产物，又是对时代的回应？二是，怎样在归纳作品历史背景的同时帮助学生更加深刻的理解作品的主题及价值？

### (二) 学情描述

由于本节课是面向高一年级学生讲授的，要考虑到学生在学习本节课之前还没有系统学习法国大革命和拿破仑以及启蒙运动史。此外，政治学科中关于社会存在与社会意识的辩证关系等知识也没有学习。所以，笔者在课堂设计时一方面通过提问激发学生对初中社会学科有关本节课一些知识的回忆，另一方面通过精选史料来帮助学生搭建知识体系平台。

### (三) 思路引领

根据课标和教学指导意见的要求，笔者确定本节课的教学立意是：把文艺史讲出时代感和历史味，"于宏观之处将历史线索清晰把脉，于微观之处将历史感渗透浸润"。[②] 为此，整节课的教学思路确立为"五步走"战略：

步骤一：导入部分选择从课题中的"浪漫"二字切入，让学生在愉快的氛围中进入本节课学习。

---

[①] 曲虹：《如何将艺术史讲出历史感》，《历史教学》2016 年第 4 期。
[②] 庞卓桓：《史学概论》，高等教育出版社 2006 年版，第 251 页。

步骤二：由"浪漫"过渡到"浪漫主义"。通过问题，组织学生进行第一遍教材的阅读，然后完成表格，构建初步的知识体系。

步骤三：与学生一起，通过欣赏典型作品，感受浪漫主义文艺思潮的内涵以及表现方式，通过对浪漫主义文学艺术作品特色的分析，进一步激发学生形成健康的审美观。

步骤四：结合作品赏析过程中感受到的浪漫主义的内涵，进一步与学生一起解读浪漫主义文学的含义，尝试让学生自己构建浪漫主义的历史感念。

步骤五：通过问题设计和材料补充，引导学生理解浪漫主义思潮产生的时代背景以及影响。

## 二 教学过程

### （一）精巧设问塑造历史思维

为了更好地达成课程标准中"培养学生历史思维"的目标，笔者在本节课的教学中运用了"基于问题的教学策略"。华东师大庞维国教授指出，"通过问题串的设置，即一些符合学科特征及认知规律，可引发学生的学习兴趣，使之深入思考，检验对所学内容的掌握情况的问题，引导迁移、应用的问题，以及用于激发生成、创新的问题，来让学生主动学习，探索未知并有所收获"。[①] 导入部分，笔者结合本课标题设计这样一个问题："什么是浪漫？你觉得自己浪漫吗"？由于这个问题具有生活味，很容易调动学生对这个话题的兴趣，能够抓住学生的第一兴奋点，学生回答得很热烈，而且还出现了观点交锋。考虑到学生对浪漫的含义缺乏一种理性认知，笔者在学生回答的基础上把"浪漫"的含义提炼为"有情调、有个性，富有激情，爱幻想……"在进入正式主题后，笔者又通过"18世纪末19世纪初欧洲浪漫主义文艺思潮分别有哪些代表人物和代表作品呢？"的问题，引导学生自主阅读教材，然后通过集体填写表格的形式完成基础知识教学目标。随后，笔者又通过"结合图片和材料说说《巴黎圣母院》在艺术上是如何体现浪漫主义的？"、"如何理解'贝多芬是音乐史上一个承前启后式的人物？'"、

---

[①] 张岩：《把艺术史讲出艺术美和历史感》，《历史教学》2015年第5期。

"从《自由引导人民》这幅绘画中你看到了什么？它的浪漫究竟在哪里？"等问题激发学生赏析浪漫主义文学艺术作品的积极性，并且通过学生回答、教师点评的方式，让学生在潜移默化中感受到浪漫主义文艺作品"对社会现状强烈不满、强调抒发个人情感、积极追寻理想世界"的内涵特点以及文艺作品刻画浪漫主义风格的不同表现手法，如文学作品更多的使用讽刺的语调和离奇的情节，音乐作品更多使用充满诗意的旋律，美术作品更多使用鲜明的色调对比。值得一提的是，在"浪漫乐章"板块笔者通过巧设问题"如何理解'贝多芬是音乐史上一个承前启后式的人物？'"对教材进行了精准处理，既让学生感受到贝多芬音乐作品鲜明的阶段性，又让学生切身体会到贝多芬后期浪漫主义音乐作品鲜活的时代背景。在课堂结尾部分，先引导学生自主构建"浪漫主义"历史概念，随后从概念出发，设计连续三问"18世纪末19世纪初的欧洲处在什么样的一个时代里？"、"工业革命时代又是怎样一个时代？"、"如何理解'它是一个最好的时代，又是一个最坏的时代'？"，在解决这三个问题的同时，与学生一起塑造了工业革命时代的社会画卷：这是一个工业狂飙、革命动荡、理性激扬的时代。从而让学生在形成严谨的历史思维的同时感受到社会存在与社会意识之间的辩证关系。

**（二）精选史料讲述时代故事**

史料是指"那些人类社会历史在发展过程中所遗留下来的，并能帮助我们认识、解释和重构历史过程的痕迹"，调动学生的主观能动性，激发学生主动参与历史教学的过程，透过史料精准构建时代画面，是运用史料进行教学的出发点和归宿。以本节课的教学为例，为了使学生更好地理解浪漫主义文学作品以文学作品特有的表达形式检视现实、追寻理想、抒发情感，笔者精选了《唐璜》中的一段文字史料："不论那巨大的蝗虫，'毁灭'地糟蹋你们碧绿的田野，吃尽你们的庄稼。面目狰狞的灾荒决不会临近帝王——虽然爱尔兰饿得慌，乔治王却体重二百八十磅。我仿佛听见鸟的歌说待不很久，人民就会强大。唯有革命，才能把地狱的污垢从大地除净。"在学生集体朗读后，提问："这些诗句表达了作者什么样的情感？这些诗句整体给我们什么感觉？"，在品味这则史料中学生读出了那个时代下作者对社会现实黑暗的不满，以及对资产阶级自由、平等的向往。在感受浪漫乐章时，为了加深学生对贝多芬人生经历和作品风格的认识，笔者在简单讲述贝多芬生平经历后，精选了两则音频史料让学生先欣赏后提炼。这两则史料分别是贝多芬的《第五（命运）交响曲》和《第六（田园）交响曲》。在播放这两首旋律时学生非常投入，大部分学生都自发地闭上眼睛仔细品味。播放完毕后学生在谈感受时能非常轻松地归纳出各自的风格：前者旋律激昂奋进，仿佛感受到作者与命运抗争的画面；后者旋律舒缓轻快，仿佛感受到作者在享受田园生活时的喜悦之情。在品味浪漫主义绘画时，作者先后使用了图片史料和视频史料，呈现法国画家德拉克洛瓦的《自由引导人民》。通过让学生先解剖图片史料后赏析视频史料的方法，不仅让学生体会到浪漫主义绘画色调奔放、充满激情的艺术特征，更让学生更好地理解1830年七月革命中法国人民"向着自由前进"的坚定意志和斗争精神，一幅资产阶级革命时代的画卷悄然跃入眼帘。为了帮助学生更好的理解《自由引导人民》是工业革命时代下的作品，笔者在它的艺术手法解读上也作了一些尝试。在这个环节，笔者选用了蒋勋《写给大家的西方美术史》这本书中一段文字材料："19世纪，工业革命的机械轰轰然响起，19世纪，农村的人口四面八方涌现大都市；19世纪，照相机调整了人们的视觉记忆……他们在城市中长大，他们对工业怀抱着亢奋的信心，他们穿着时髦的服装，走在宽敞的城市大道，他们乘坐着火车到郊外旅游度假，他们从室内走向户外，他们感觉到风和日丽，感觉到工业带来的方便、舒适、富裕的生活。"设问："材料中的他们可能是谁？这个时代出现了哪些新因素可能会对绘画创作产生影响？"，学生回答时理解了工业革命时，随着工业化，出现了许多新技术、新事物，如照相机的出现说明当时在光学领域有了大的突破，这对德拉克洛瓦等艺术家大胆采用光与色强烈对比、注重绘画色彩来塑造艺术的风格产生了潜移默化的影响。

### 三 教学反思

笔者注意到，绍兴市教育教学研究院今年确定的教研主题是：打造"品质课堂"、"品质课题"、"品质课程"。对于身处教学一线的教师来说，首先要从打造"品质课堂"做起。笔者认为，就文艺史教学而言，提高课堂品质的关键在于讲出文学史的时代感和历史味。为此，笔者有三点认识：

### （一）文艺史教学立意必须要高

教学立意的高低直接影响了教学的成败。关于如何提高教学立意，朱可老师在《历史教学》（2013年第21期）上的一篇文章《高中历史课堂教学应如何提升教学立意？》给出了非常中肯的建议，即教学立意提升的四个要素：教学主题是否突出、学科素养是否体现、学科能力是否彰显、理性感悟是否形成。在《工业革命时代的浪漫情怀》这节课的备课过程中本人尽量围绕着上述四要素展开设计，尤其是确定教学主题：在把文艺史讲出时代感和历史味上下了一些功夫，但可能还没有取得最佳效果。

### （二）文艺史教学视野必须要宽

由于文艺史教学首先要依托文艺作品，许多文艺作品具有很强的专业性。历史教师如果单从历史视野出发，很难把许多文艺概念和文艺现象讲明白、讲透彻。为此，文艺史教学必须要格外注重阅读。本节课涉及19世纪欧洲的文艺思潮，要想把握课程精髓，必须要对那个时代的欧洲作品和文学艺术家进行深度研读。视野的宽度决定了课堂的深度。为此，笔者在备课过程中翻阅了不少文艺作品和历史典籍，进一步感受到阅读的魅力。

### （三）文艺史教学史料必须要精

法国艺术评论家丹纳曾经说过："要了解一件艺术品，一个艺术家，一群艺术家，必须正确地设想他们所属时代的精神和风俗概况。"可以说，文艺作品既是文学艺术家所创，也是时代和社会的产物。"许多历史上的绘画、雕塑、建筑景观、电影电视、乐曲音频等艺术品都具有史料功能"。如果我们善于精挑细选，就可以把文艺史讲出时代感和历史味。如此一来，"品质课堂"也就应运而生了。

**参考文献**

[1] 朱汉国、王斯德：《普通高中历史课程标准（实验）解读》，江苏教育出版社2004年版，第102页。

[2] 张岩：《把艺术史讲出艺术美和历史感》，《历史教学》2015年第5期。

［3］朱汉国：《普通高中课程标准实验教科书·历史必修·第三册·教师教学用书》，人民出版社2009年版，第299页。

［4］曲虹：《如何将艺术史讲出历史感》，《历史教学》2016年第4期。

［5］庞卓恒：《史学概论》，高等教育出版社2006年版，第251页。

# 中法中学历史教学以及教科书的比较

杭州师范大学人文学院历史系　马丁

## 一　中学历史教学的目的和目标

作为一门学术学科，或者作为过去人类的经验，历史都极富时间特性。伴随着历史研究和社会整体中新的发现、修正和发展，历史的内容和方法也在变化。这意味着历史教学的目标需要和这些变化保持一致。现今和过去社会充满着差异，所以难以给历史教学的目标下一个普遍性的定义。但是也有万变不离其宗的几个方面，笔者归纳起来，以下几个任务是历史教学所必须要坚持的：

（一）历史意识的培养。早在20世纪80年代，西方历史学者在学科最终目的应该是什么的问题上初步达成一致，即鼓励某种历史意识，明了个人和社会的存在。一个人必须要意识到个人和社会存在是过去与现在事件的结果，并且认识到其现在的生活方式将影响到未来世代的生活方式。

（二）价值观的确立。历史教学永远不能逃脱价值观的问题，仅仅详细地叙述过去不足以定义历史教学。其目的是帮助个人得出自己的价值标尺。过去的社会希望历史教学选择那些它要传递给学生的价值观。现在历史教学则要采取比较保守的立场，引导学生自主形成一套正确的价值体系。

（三）认知技能和策略的培养。历史不止传授事实和人物知识，也追求培养一种批判反思的习惯。学生学习如何收集和组织历史信息，学习如何依据其来源和原创性来批判性的考察信息，如何解释和检验其权威性、可信度，如何和事实相关联，尝试解释，形成假设，得出结论，使得学生不再盲从，学会独立思考。

法国可以说是世界上最重视历史教育的国家之一。从小学一年级开始直到高中的三年学习，历史始终是法国学生的基础课和必修课，也是所有高中学生毕业会考的必考科目。教学大纲将历史教育的目标定位于"文化的、公民的、知识人的"上。历史被视为一门能够赋予学生以整体的眼光了解人类社会的发生、发展直至当下的学科，它最适宜指导学生思考社会和理解社会文化的多样性，这是历史教学的文化目标。与不同时空条件下的人们进行跨时空、跨文化的交流，能现实地教会学生更好地理解他们当下所处的世界，培养学生世界性的公民意识，以及文化的辨别能力和自信心，帮助他们认识和适应今天身处的社会，这是历史教学的公民目标。历史教学另一个目标是培养法国社会所需要的知识人，即通过历史课程的学习，让未来的知识人学会在历史中寻求意义、借助历史来训练思维推理能力，培养批判精神。

## 二　中法两国历史教科书选用制度比较

如前所述，法国与我国一样，比较重视历史教育，他们认为"有教育存在的地方，就有历史教育"，历史始终是人文社会学科的主要课程之一，从小学到高中都开设历史课。法国前总统密特朗曾对缺少历史教科书表示气愤和不安，认为忽视历史是数典忘祖。1983年8月31日他在内阁会议上强调指出"轻史害国"。在他执政期间，法国中小学教育改革取得了一定的进展。法国现行学制是小学五年，初中四年，高中三年。从小学三年级起，有十年都开设历史课。关于教科书的编写和采用，法国是认定制，即民间出版的教科书经有关部门的认可，各校便能选用。法国的教科书，多数是国民教育部及大学区的督学和大学教授编写。出版后由专门人员进行研究，将认可的书目公布，各校从这些教科书目录中进行选择和采用。

我国对历史教科书的审查制度则比较严格。我国既实行中小学教材统编制度，又实行中小学教材审查制度。中小学教材编写和审查工作统由教育行政部门负责。国务院教育行政部门委托人民教育出版社编写和出版中小学统编教材，并组织对统编教材的审查。省级教育行政部门负责组织少数以教学大纲为依据、只在本地区实验的中小学教材和乡土教材的编写及审查。在相当长的时间里，我国中小学教材基本上是"一纲一本"，即各地中小学所使用的教材基本是一样的，故审查标准的问题并不突出。

编写教科书的认定制，有较多的选择余地，并能促进教科书的"质量竞争"。而国定制虽能把握历史知识的统一要求，但在一定程度上也约束了有个性的、有创见的教科书的发展，因此，两者各有利弊，有待日后进一步实践和验证。

## 三 中法两国中学历史教科书内容比较

在法国，初中阶段的历史教学大都采用通史和编年体，高中三年的历史教学，是初中的延续，又是其深化和提升，在内容的选择和安排上，自有它特殊的考量和用意。从20世纪70年代起，高中历史教学开始摆脱按时间顺序罗列事件、人物的编年模式，改由专题、问题的形式展开历史的内容，教学目标指向整体上的理解。这既可以避免内容上的重复，又可以深化能力方法上的训练。在历史课堂上，教师不是以堆积史实和诠释课文为主导，而是根据问题来组织教学、启发思考，使学生不仅具备学科内的专业知识，而且横向能力诸如信息收集、对比和分类、根据问题作出综述等都得到锻炼。

法国高中的历史教科书共三册，每一册根据教学主题起一书名，如高一教科书命名为《世界历史中的欧洲人》，高二为《理解20世纪》，高三是《历史视野看当今世界》。（不同地区不同版本会有细微差别）围绕书名的主题，每册教科书设计若干专题和一系列讨论题。三册的内容范围虽宽，但具有内在的延续性。目前，高一和高二两册历史教科书是依据法国教育部2010年颁布的新大纲编写的，一学年设有44—48个学时。《世界历史中的欧洲人》分五个专题：（一）欧洲人在地球上的移居。（二）古希腊罗马时期关于公民身份的创立。（三）11—13世纪欧洲中世纪的社会和文化。（四）近代欧洲人地理和文化的新视野。（五）革命、自由、民族，现代的发端。《理解20世纪》也设五个专题：（一）19世纪中叶以来经济发展、全球化和社会变化。（二）20世纪的战争。（三）专制的世纪。（四）殖民和非殖民。（五）法国人和共和国。高三的历史教科书是根据2011年10月法国教育部颁布的新教育大纲编写的，题为《历史视野看当今世界》，一学年设有57—62学时，平均到每周的学程约四小时。设有四个专题：（一）各社会与它们过去的关系。（二）19世纪末至当今的欧美思想体系、观点和信仰。（三）第一次世界大战至今的强国和紧张关系。（四）第二次世界大战末至今的世界政府体系。由此可见，法国高中阶段的历史教学分两个层次：一方面旨在加强历史思维的训练。如通过对历史与史学的区分，以形成清晰的史学观念；依据文本、物件来建构过去，说明遗产与记忆的区别与关系等，较多地偏重于史学能力训练和历史思维的培养。另一方面，强化历史学习的现时性要求，故特别注重"由古及今"、"由远及近"的思维训练。学史是为能够"给予过去的历史现时的关注"，"向过去提现在的问题"。这种教学上的侧重在教材专题和专题后面的讨论题上得以反映。

　　我国高中阶段的历史教学是对初中阶段的补充和完善，以浙江省大部分地区采用的人教版高中历史必修三册为例，必修一以政治为主，有八个专题：中国古代的政治制度、近代中国维护国家主权的斗争、近代中国的民主革命、现代中国的政治建设与祖国统一、现代中国的对外关系、古代希腊及罗马的政治文明、近代西方民主政治的确立与发展、解放人类的阳光大道、当今世界政治格局的多极化趋势。必修二以经济为主，有八个专题：古代中国经济的基本结构与特点、近代中国资本主义的曲折发展、中国社会主义建设道路的探索、中国近现代社会生活的变迁、走向世界的资本主义市场、罗斯福新政与当代资本主义、苏联社会主义建设的经验与教训、当今世界经济的全球化趋势。必修三则以文化为主，也有八个专题：中国传统文化主流思想的演变、古代中国的科学技术与文化、近代中国的思想解放潮流、20世纪以来的重大思想理论成果、现代中国的科学技术与文化、西方人文精神的起源及其发展、近代以来世界的科学历程、19世纪以来的世界文学艺术。从教科书编排上便能一眼看出马克思主义唯物史观指导的影子。

　　两套教科书从内容设置上相比较，不难看出法国中学历史教育与我们之间的不同。他们的教科书明显受到了欧洲中心论的影响，绝大部分内容是在说明欧洲一洲的历史，另外对于法国殖民地区历史也稍有涉及，很难说得上是一部世界历史，这样的安排不仅因为当今世界西方文明确实是占主导地位，法兰西的民族骄傲也占有一定的原因。总体来说，其还是注重对学生历史意识和思维方式的培养。我国的教科书则试图在中西方之间找平衡，在篇幅上各占一半，在内容上则将其分为政治、经济、文化三大块分别论述，对于近代中国人民争取民族独立的过程着墨较多，这除了事实上的原因，意识形态的作用也不能忽视。我们更注重的是对学生历史观点的确立和史实的传达。

## 四 对法国中学历史教学的借鉴

法国产生的哲学家、历史学家等学者的思维能力如此之强，也许是因为他们在中学阶段打好了扎实的基础。通过对现今法国教育方式的观察，可以发现一些值得我们借鉴之处。

第一点是中学历史的教学和考试如何实现从关注知识到关注思辨能力的转变。法国高考没有选择题，都是问答题，都是对文本的思辨，所以写作训练必须从"感情的语文写作"转变到"思辨的历史写作"，加强对学生思维组织及表达的培养。而且法国学历史的学生也被要求学哲学，学生在高中三年必须读8本哲学书，可见他们的教学对学生的思维能力关注之多。在法国人看来，中学教育提供了标准化的教育，他们认为学校教育容易造成孩子的同质化，而家庭教育则可以弥补学校教育的不足，培养孩子的综合能力。因此，法国中产阶级以上社会阶层非常重视家庭教育，孩子也会被家长安排去上兴趣班，他们的学业压力也很大。但值得注意的是，无论是学校教育还是家庭教育都淡化基础知识的训练，格外重视思维训练，如写作训练。例如，在法国高中阶段，学生每两周写一篇历史小作文（A4纸4页左右）。高中三年这样训练下来，学生的逻辑思维能力、综合表达能力和写作能力都能得到很大提升。

第二点是对待历史教材的态度。笔者认为要超越高考目标，不要把教材看作绝对真理，不要再要求学生去死记硬背教材上的知识与观点，奉教材为神圣的圭臬。教材只是几位历史学家编写的文本，只是历史书写方式中的一种，其内容不是颠扑不破的真理。老师在课堂上应该鼓励学生质疑书本，大胆提问，从而更好地理解教材的内容，让学生有更多的思考，才能更好地应对高考。

思辨是要靠怀疑作为前提的，而中国学生在这方面就比较欠缺。从长远来看，思辨能力也是公民社会的必备素质。思辨能力的训练可为合格公民的产生打下良好的基础。所以，我们不仅要转变自己的教育思维，更要去努力践行，多用问题式教学来激发学生的思辨能力，训练学生自己去感受历史的书写方式，以及认识历史是如何被建构起来的，进而能够树立自己的历史观。

**参考文献**

［1］阿兰·肖邦：《法国的教科书编写、使用和培训》，汪凌译，《全球教育展望》2003年第6期。

［2］陈月茹、刘欣：《中外中小学教科书制度比较研究》，山东友谊出版社2009年版，第7页。

［3］李宏图：《法国历史测评与教学扫描，兼谈比较中产生的思考》，《中学历史教学参考》2015年第4期。

［4］朱伟明：《法国高中历史教育与历史会考观察》，《历史教学问题》2013年第5期。

［5］熊守清：《英法等国与中国历史教科书的比较》，《中学历史教学参考》2001年第3期。

# 影视文本在高校公选课场景式教学中的运用及效果[*]
——以《中华民国史》课堂教学为例

## 杭州师范大学历史系　胡悦晗

### 一　动机导向与课程反馈

高校公选课的开设旨在对学生进行一定的人文社会科学和自然科学知识教育，拓宽学生知识面，完善知识结构，全面提高学生素质，培养复合型创新型人才。[①] 公选课是高校课程体系的重要组成部分，是高校深化教学改革，推进素质教育的重要产物。我国高校所实施的素质教育，包括专业教育及其理念与方法两个方面。在狭隘的专业教育思想占主导地位的现实情况下，文化素质教育的课程建设成为实施素质教育过程中最薄弱的环节之一。因此，开设高校公共选修课是加强文化素质教育的一项非常重要的举措。[②] 然而，不少调查研究均显示，目前高校公选课的开设与教学存在一些问题：总量严重不足，鲜见优质课程；课程结构不合理，文理工学科难以兼容；难以形成稳定的优质师资队伍；公选课的监督体系不完善，这些严重制约了公选课的发展。[③] 在目前公选课存在的问题探讨中，现行管理体制下教师与学生的动机成为影响公选课质量的重要原因。对于公选课学习，学生普遍存在学习态度不端正、

---

[*] 本文系杭州师范大学教改项目"PBHT教学法在《人文地理》课堂教学中的应用"的阶段性成果。

[①] 乔玉香：《地方高校公选课教学与管理中存在的问题及改进策略探讨》，《当代教育论坛》（综合研究）2010年第12期。

[②] 孙萍：《试论高校公选课建设的作用》，《西南农业大学学报》2011年第10期。

[③] 徐燕、吴慧华：《地方院校公选课质量调查分析》，《湖南师范大学教育科学学报》2009年第6期。

选课盲目、上课散漫、投机选择易通过课程等方面的动机，不仅导致学生产生"学习倦怠"，也极大地挫伤了教师的积极性，使得教师对自己在公选课教学中的付出产生怀疑；同时开课学院将主要精力、财力均投向专业课，相对于专业课，公选课教师不能获得更多的认可、赞许、关爱，不能获得较高的尊重，不能获得较高层次的需要，使得教师个人缺乏成就感，公选课仅成为教师赚取学时的工具，缺乏成就动机，导致教师以一种消极的态度对待公选课，表现出消极性教学行为。[①] 基于此，发掘学生的选课动机及听课兴趣，对公选课的课程大纲、教学方法等方面进行优化改革，进而引导学生有意识地拓展知识面，成为高等院校公选课任课教师面临的重要问题。

杭州师范大学人文学院自2003年起，开设了面向全校本科生的《中华民国史》公选课。由于杭州师范大学的理工科院系集中在下沙校区，文科院系集中在仓前校区，因此学校鼓励人文社会科学专业的教师至下沙校区开设公选课，以利于更好地平衡文理学科分布结构，提高学生的综合知识素养。笔者于2013—2014学年期间，在下沙校区开设《中华民国史》公选课。课程伊始，笔者向选修该门课程的全体同学做了一个修课动机调查，发现其中明确表示为了完成学分规定的同学及对该门课程感兴趣的同学均为数不多，绝大多数同学对该门课程无特别好恶的先天印象。该意向调查与选课学生的结构分布有关。该门课程的绝大多数学生为大学一年级理工科学生，除少数人外，对该门课程涉及的知识内容、任课教师的教学风格等方面并无详细了解，故无特殊好恶。少数二年级以上学生基于学分规定选修该门课程也在合理之中。值得注意的是，在对该门课程感兴趣的同学中，好几人均表示希望能够听到一些与传统历史教材及大学《中国近现代史纲要》公共必修课程不同的内容。该信息与已有对大学两课课程中存在的问题的调查研究结论相叠合。华中师范大学"中国近现代史纲要"课程组2008年对开设这门课程的2007级学生进行了问卷调查。部分学生所谈的理由可以反映这些学生的一些思想：（1）有开课必要，但很多内容中学学过。（2）对历史学习有必要，但老师对思想方面的教导很少。（3）课时太少，中学

---

[①] 王俊生：《动机视角下公选课教学与管理问题探析》，《扬州大学学报》（高教研究版）2011年第6期。

都学过，考试也只需硬性记忆，应多引导学生思考。（4）所学的专业不需要用到这门课，但了解一定的历史也是需要的。（5）有强迫要学的感觉；考过后，大家基本上都会忘，对以后没多大的作用。① 笔者得到的学生反馈信息及已有研究结论促使笔者将《中华民国史》公选课的课程性质定位于有别于《中国近现代史纲要》课程，希望通过引入新式教学方法，增添学生对特定历史时期的了解深度，进而引导学生的主动学习兴趣。

《中华民国史》公选课程学生结构及选课意向调查表

| 选课学生结构分布 |||| 
| --- | --- | --- | --- |
| 大一学生 | 大二学生 | 大三及大四学生 | 选课总人数 |
| 47人 | 9人 | 1人 | 57 |
| 选课学生意向调查 ||||
| 对该门课程感兴趣 | 为完成学分规定 | 无特别好恶 | 选课总人数 |
| 5人 | 7人 | 45人 | 57 |

## 二 场景式教学与影视文本的材料运用

"场景式"教学即借助多媒体资源，以情景创设为手段，以情趣激发为核心，注重改善影响学生能力的内外因素，把智能训练、语言表达、性情陶冶、思想教育等有机结合起来，从课内延伸到课外，变单一封闭式教学为多元开放式教育，引导学生用心体会教材，用眼观察生活，感悟丰富的社会人生。② 场景式教学理念的产生缘于全球化时代对多元知识结构及社会关系互动能力的要求。在"场景式教学"中，学习过程被设定为若干流程或步骤。但在各个流程中，不是预设的结果和结论，而是进行形形色色见解的交流和建议；然后从这个动态的学习活动中引出共识，成为步入下一个流程的要件。大致的教学框架是可以设想的，但在各个流程中夹杂着混乱、碰撞和达成共识的意识，这种学习

---

① 华中师范大学"中国近现代史纲要"课题组：《"中国近现代史纲要"学生学习和课堂教学状况的调查研究》，《中国大学教学》2009年第4期。
② 李云汉：《"场景式"教学法初探》，《语文教学通讯》2013年第3期。

方式谓之"场景式教学"。① 由于场景式教学的理念旨在通过形塑"现场感"提高学生理解与把握社会现实的能力,故该方法多应用于临床医学、建筑、旅游、生物等应用型学科及一些职业技术院校设置的实训课程的教学环节,少有基础类学科,尤其是文史哲等基础人文学科方面的应用案例。② 人文学科旨在丰富学生对人性、情感、普世价值、终极关怀等方面的理解与深度体验。当代社会的消费主义、信息爆炸等特征导致的大众阅读碎片化、思想平面化、浅窄化等趋势不仅影响到学生的文化素养,更影响到基础类文科课程的教学效果。因此,笔者以为,在基础文科类课程中引入场景式教学的方法,有助于塑造人文学科的"现场感"素养,提高课堂教学效果。

随着教育教学改革的进一步深化,以多媒体技术为核心的现代信息技术媒体越来越多地进入了学校课堂教学环节,从而使多媒体教学成了学校教育领域最为热门的话题之一。多媒体教学是一种以多媒体传播媒体为手段,以人的感官为通道,以呈现模式的多样化为特征的现代化教学途径和方式。多媒体教学要为学习者提供多重刺激,既要有听觉信息和视觉信息,更重要的是应让多种感觉通道编码协同作用,这是提高多媒体教学效果的一个重要条件。③ 因此,图片、动画、音频、视频等形式的教学内容适合用于多媒体演示。而大量丰富的影视文学作品是多媒体素材中的重要来源。

文学"再现""生活",而"生活"在广义上则是一种社会现实,甚至自然世界和个人的内在世界或主观世界,也从来都是文学"模仿"的对象。④ 由于人文学科较少依赖田野作业或器械设备工具,因此形象生动的影视文学作品成为构建人文学科场景式课堂教学的一个可以利用

---

① 钟启泉:《场景式教学:一种新的教学方式——日本学者多田孝志教授访谈》,《全球教育展望》2008年第6期。
② 关于场景式教学在上述该学科的教学应用探讨,参见蔡运林等《模拟场景教学的应用研究——以"外科学"教学为例》,《科技创业》2012年第5期;陈萍等《"场景式"教学法在城乡规划专业外语教学中的运用》,《中外建筑》2014年第6期;吴珍珍《陪团导游场景教学模式探析》,《企业导报》2012年第13期;庄西真《中等职业学校专业技能课"工作场景教学模式"初探》,《职教论坛》2008年2月(下);等等。
③ 林众、冯瑞琴:《多媒体教学中的认知机制》,《教育研究》2006年第7期。
④ [美]勒内·韦勒克:《文学理论》,刘向愚等译,江苏教育出版社2005年版,第100页。

的资源。著名学者徐葆耕先生认为，现代中国1960年以来的人对日本侵华的记忆，70%来自电影或其他，30%来自教科书，《地道战》、《地雷战》、《铁道游击队》、《平原游击队》等构建了抗日历史。影视作品在塑造国民历史观念方面的作用是毋庸置疑的。尽管当下不少"戏说"、"穿越"之类的通俗影视作品在一定程度上模糊乃至歪曲了人们对历史的理解，但必须指出的是，严肃意义上的影视作品仍然是理解特定时代的一个重要窗口。在学术界，已有许多学者从小说、电影、电视剧等不同文学文本解读其所反映出的特定时代风貌、城市生活、权力关系等层面的社会现实。尽管这些影视作品的产生过程决定其所反映的时代及研究者的解读仍属管中窥豹，但其所具备的丰富影像和视觉感官体验能够大大弥补单纯依赖文字材料所构筑的时代图景。

## 三　电影《1942》在《中华民国史》课堂教学中的运用二例

面向全校本科生开设的《中华民国史》公选课程，既要向不同专业，尤其是大量理工科专业的学生进行历史知识的普及，同时又要避免教学内容与现行高校培养方案中的《中国近现代史纲要》等公共必修课过度重合，从而影响教学效果。笔者根据《中华民国史》课程教学大纲设计的教学内容中，将"抗日战争的相持阶段"作为一次课程的主题内容。为求超越常规历史教材中根据传统革命史范式将该主题内容切分为根据地抗日政权的建立、民众抗日救亡斗争的发展、日本在沦陷区的统治、国民政府的抗战举措等二级标题板块，笔者根据刘震云小说《温故一九四二》改编成的电影《1942》为素材，进行了相应的课堂教学设计。

杭州师范大学本科生公选课每周一次，周学时为3个课时，故"抗日战争的相持阶段"专题的总课时数为3。课前，笔者布置了解影片《1942》的内容及相关评论的预习任务。在课堂教学伊始，首先用4分钟阐明本次课的教学及教学内容，即通过对一部反映抗战时期中原地区灾荒及政府应对情况的电影，从侧面理解灾害、宗族、战争、政权交错缠结下民众的生存状况。随后，笔者用6分钟就抗战时期正面战场与大后方概况做了背景介绍，使学生了解该部电影反映的时代背景。接下来，笔者介绍了电影内容梗概，并选取用 Moviemaker 视频分割软件截选的电影中 6 个代表性视频片段，在课堂上分段播放。每播放一个片段，笔者即通过预先的问题设置将学生进行分组，展开短暂的小组讨论后听取小组代表发言，最后教师总结概括。平均每个课时完成两个片段的学习体会。下面试举二例。

片段一（影片第 24 分 14 秒至 26 分 44 秒）：国民党军队与日军在河南地区迅速集结，双方拟展开一场大规模拉锯战，河南省政府主席李培基面见驻扎河南的第一战区司令长官蒋鼎文，商议因灾荒而减免军粮一事；（影片第 45 分 18 秒至 47 分 00 秒）：国民党军队与日军在河南展开战斗，正当蒋鼎文准备发起全面进攻之际，接到蒋介石电报，从而不得不进行战略撤退。

问题思考：1. 由片段中蒋鼎文与李培基两人因军粮问题产生的争执，你能联想到什么？2. 蒋鼎文对蒋介石的"甩包袱"措施持什么态度？你是否认同这种措施？3. 你认为这个片段是否与史实相符？

小组讨论及代表发言（15 分钟）。

教师总结概括（15 分钟）：第一个问题反映出国家与个人在战争这一特殊时期中的价值排序冲突。国家的强大仰赖于每一个个体生命、家庭的健康发展，但在面临战争这一资源极度匮乏、稀缺的时期，有限资源应当按照伦理本位的原则，首先保证灾民的生存，还是应按照政治本位的原则，首先保证国家主权不受侵犯，是一个两难选择。第二个问题中，蒋鼎文对蒋介石的"甩包袱"措施持复杂态度。一方面，蒋鼎文亲临河南战区，看到河南灾荒的真实情景；另一方面，身为国民党军队高级将领，蒋鼎文认可蒋介石"丢卒保车"这一不得已的手段，并执行了蒋介石的命令。第三个问题，该片段与史实并不完全相符。据现有史料考证，1942 年夏初，河南省周边不少县因旱情严重相继往省政府报灾，但省政府认为各县为了避免多出军粮，故意谎报灾情而采取消极态度。加之 1940 年河南出兵出粮，属全国之冠，省长李培基和粮食局长卢郁文受到蒋介石的嘉奖，由此导致他们不肯立即将灾情上报中央。时为河南省政府主席的李培基在大灾来临之际将主要精力放在配合国民政府的战略防御方面，刻意瞒报、缓报了灾情，从而与影片中为民请命的正面形象不完全吻合。反倒是影片中因不同意减免军粮而略呈负面形象的蒋鼎文,尽管事实上的确未同意李培基的请求,但蒋鼎文随即赴中央面见蒋介石,申报河南灾情,但因为李培基没有如实申报,他的申报反而被中央训斥,由此导致河南省的军政双方为此结下怨恨,反映出政治与军事关系的复杂性。

片段二(影片第1时36分26秒至1时45分20秒):针对河南灾情,国民政府发放8000万斤赈灾粮展开救济。在洛阳战区,军队与地方商人在赈灾粮发放过程中的暗中勾结,中饱私囊,大发战争财以及随后在逃荒灾民中挑选年轻女性服侍地方军政长官的过程。

问题思考:1. 从该片段中如何反映出国民党政权的溃败命运? 2. 你如何看待老东家女儿在一家人濒临饿死的边缘用骨肉分离的卖身为家人换回四升小米的行为?

小组讨论及代表发言(15分钟)。

教师总结概括(15分钟):该片段从侧面折射出国民党政权蝼蚁之穴溃千里之堤的过程。在这一过程中,地方商人、军政要员、差人、妓院老鸨等不同角色与身份的人基于自身利益的合谋既葬送了众多灾民的生存希望,也葬送了政权的存在合法性。蒋介石认为摆在1942年的大事非常多,他唯一认为最小的事是河南闹灾这件事,灾难以及灾难中当局者的态度形成了巨大的反差和鲜明的对比,蒋介石一生戎马却不体恤民心,最终导致了国民党政权1949年的覆亡命运。老东家的女儿原本有着优厚的家庭条件,也受过良好的新式教育。但一场灾荒让她变身孱弱的灾民。她从"白富美"到"卖身女"的过程既体现出灾难和战争的双重交织对生命个体的无情改变与残酷吞噬。从骄傲的女孩到丧失了自信与自尊的女人,人物的心态、性格、命运呈现出彻底的改变和颠覆。其中反映出的人性在暴虐和残酷的生存现实面前的脆弱与坚韧交织,亲情与绝情并存的复调色彩,值得我们每一个观者思考。

## 四 教学效果与问题探讨

该教学实践收到了良好的课堂效果。首先,围绕着特定影视文本展开具体分析的授课方式有效结合了传统授课方式与现代多媒体技术,建构出特定历史时期的"现场感",增添了课堂的互动效果与趣味性。其次,由于课前布置的预习任务,不少同学对引入的影视文本有一定了解，更有一些同学甚至已经看过要讨论的影视文本，由此在小组讨论中他们不仅能够表达自己的观点，形成了讨论氛围，又通过在课堂中再次观摩部分片段，加深了对影片与特定历史时期的理解。再次，通过教师的总结概括，深化了对课堂展示的视频片段的理解，既丰富了学生对该历史时期的认识，也使学生掌握如何以小见大，通过对特定文本或资料的解读与分析，透视一个时代的宏观社会结构与社会变迁的探索式学习方法，强化了学生的自主学习能力。

然而，该教学方式也存在一些需要注意的问题。首先，教师以意识形态导向、文本自身的艺术性与真实性等原则认真筛选影视文本，对一些不良或过于通俗的影视文本应主动过滤。其次，教师本人不仅要对选取的影视作品的产生过程、时代背景、中心思想、主要人物、基本情节及相关批评反响等方面有基本了解，更要在小组讨论环节掌握学生的欣赏趣味、知识结构、对影片的理解程度等相关信息，从而能够在场景式教学的实践中激发学生的参与积极性。最后，该教学方式因旨在以互动参与的模式建构学生的"现场感"体验，故有别于传统建构框架体系式的教学方法，从而使教师在总结概括环节不仅要对课堂展示片段背后的政治制度、社会变迁、观念冲突等深层次问题进行提炼升华，还要对课程原有的知识框架进行由点及线、由线及面的梳理，方能驾驭课堂，使学生达到学习迁移、掌握相关知识的目的，否则易出现学生接受信息与知识点过于碎片化，缺乏有效整合的问题。

# 研讨式教学在《美国史》课程教学改革中的应用

杭州师范大学历史系　郭巧华

研讨式教学法源于早期的德国大学，是以问题为导向的教学模式，现已成为西方发达国家高校中一种普遍采用的教学方法。相比较传统的以讲授为主的教学模式而言，研讨式教学法通过研究和讨论的方式，为学生提供思考问题和讨论问题的机会，在增长学生知识的同时，激发学生科研的兴趣，不仅有助于加强学生自学能力、学习方法及科学研究能力的培养，而且极大地激发了学生的创造力和想象力。近些年来，在不断深化教育改革全面推进素质教育的背景下，各高校的许多学科都在不断进行改革，其中研讨式教学法也逐步被越来越多的一线教师采纳。而在高校本科的历史学教学中，研讨式教学的开展尚属初创阶段，仍然存在着不少的问题。本文主要以大三学生的专业选修课《美国史》为例，具体分析研讨式教学如何在《美国史》课程中进行运用，并尝试提出具体的操作框架，为高校历史研讨式教学提供一个可资借鉴的模式。

## 一　对研讨课教学方式的认识

研讨课式教学方法，是借鉴美国 Seminar 的交流方式，结合中国学生特点而采用的一种新型教学方法。它可以充分挖掘课程参与者（学生和教师两个方面）的学习潜能，最大限度地进行认知互动，从而深化对课程主题的认识，实现学术交流的最佳效果，达到学有所获，教学相长的效果。研讨式教学法教学互动性较强，可以全方位调动学生的参与热情，培养学生自主学习的能力；同时，研讨式教学以开放式教学的方法，也有利于构建民主、平等、现代的师生关系，更好地提高学生的综合素质。可以说，研讨式教学方法重方法传授、能力培养、学生主体作用和学习主动性的发挥，通过指导学生研究和讨论问题，强化了包括科研能力在内的多种能力的培养。

具体到《美国史》课程上，虽然美国历史不长，从独立至今，短短只有两百多年的历史，但在政治、经济、社会、思想文化等各个领域都发生了巨大的转变，涉面之广，影响之深，程度之剧，都是前所罕见的。如何使学生了解和掌握美国历史发展的特点、学术界的最新研究前沿动态、提升自己的思考能力与科研能力、学会使用多元视角分析美国历史的若干重要问题，是该课程要解决的问题和达到的目标。另外，美国史研究一直是我国历史学研究的热门，近年来更是成果迭出。与不断更新的研究成果相比，能用作美国史的高校教材却寥寥无几，在编排上不是过于陈旧，就是长篇巨著，不能很好地适合学生的特点。因此，该课程非常需要老师指导学生就相关重要问题阅读不同的著作，以期更好地培养学生各方面的能力。

《美国史》课程主要面向的是历史学专业本科三年级的学生，学生已经具备了较扎实的基础知识；而该课程属于专业选修课程，选修的学生大都是出于兴趣而选修该课程，学生人数最多不超过 30 人，属于小班授课。无论是从学生的层面，还是授课的班级，都非常适合于研讨式教学法。在这门课程中，我们主要通过两种方式展开，一是选取有代表性的具有争议的重大问题，通过教师指导学生阅读相关著作，在课堂上分小组的形式进行讨论；二是通过研讨式五步教学法，要求学生完成预定的科研任务，培养学生的科研能力。基于此，本课程主要有以下几个特点：

### （一）讲授与讨论相结合

该课程教师的讲授课最多占 1/2 的时间，讲授内容突出"少而精"的原则，重在讲思路、讲线索、讲重点和难点，以及学界的相关研究。其余的时间则留给学生，由学生提问、讨论和学生成果展示。由于授课时间有限，因此教师除了在课堂指导之外，还需要有大量时间进行课下指导。传统的讲授法只是占据辅助地位，课堂内外的讨论及学生成果展示在课程中占据了重要的位置，通过教师的组织、安排、点评，达到激发学生参与的积极性，提高学生的问题意识，以及表达能力与思辨能力的目的。

### （二）以提高学生能力为目标

该课程虽然也要求学生了解美国历史发展的基本线索、学界的研究现状等，但并不强调学生要从中掌握多少历史知识，而是希望通过该课程，学生从中提升发现问题与解决问题的能力、文献检索能力、发言概括能力以及思考分析能力等。因此，我们非常重视学生课堂讨论的表现，并以此作为平时成绩评价的主要标准。并由此进行考试改革，学生的平时成绩占到50%的比例，学生在课堂讨论中的表现及主题演讲是我们评判分数的关键。

## 二 课堂讨论的具体实施及改进

本课程从名称上看虽然属于美国通史课程，但由于是历史学专业三年级的学生，学生已具备了一定的基础知识，因此，本课程采纳专题的形式，在教师讲解的基础上，选取一些具有典型意义且有争议的问题，由学生在课下查阅大量的资料，然后在课堂上深入讨论，使学生能够从中学会进行对比科研。根据教学目的，本课程教师主要选取了两个有争议的问题，分别是：（1）美国独立战争爆发的原因；（2）美国内战与美国国家建构之间的关系。之所以只进行两次讨论，是在充分征求同学的意见和建议之后确定的。因讨论之前必须进行较多的准备工作，需要花费很多的时间，而同学们由于选课较多，同时每位同学还要花费较多时间准备主题演讲，时间很紧张，如进行太多的讨论，准备不充分，势必难以达到预期的效果。讨论由班长主持，每个同学通过自由发言表达自己的看法，最后由课程主讲老师进行总结评论。由于篇幅有限，本文主要就第一次讨论课的相关情况予以阐释。

学术界关于美国革命的研究经久不衰，成果丰硕，对美国独立战争爆发原因的解释也是众说纷纭，各学派持论迥异。在众多学派中，有五大学派对后世影响深远，至今依然有许多追随者，他们分别是辉格学派、帝国学派、新保守主义学派、进步学派、新左派。其中，辉格学派认为，英国的殖民压迫是独立战争爆发的主要原因，其主要代表人物是乔治·班克罗夫特，其代表作是十卷本的《美国史》；帝国学派将独立战争的爆发看做是偶发事件，是一场历史的误会，其主要代表人物是赫夫特·奥斯古德。新保守主义学派认为殖民地是和谐的，独立战争的爆发不过是英美政治家互不谅解而实行战争政策的结果，其代表人物有理查德·霍夫施塔特、丹尼尔·布尔斯廷、路易斯·哈兹，代表作有理查德·霍夫斯塔特的《美国的政治传统》和《美国的政治传统及其缔造者》，丹尼尔·布尔斯廷的《美国政治的特征》和《美国人》（三卷本），路易斯·哈兹的《美国的自由传统：革命以来美国政治思想解说》。进步学派强调经济利益在革命中的主导作用，其代表人物有弗雷德里克·J. 特纳（边疆学派的创始人）、查尔斯·A. 比尔德（经济学派的创始人）、弗农·帕林顿等，代表作有查尔斯·A. 比尔德的《美国宪法的经济观》，弗农·帕林顿的《美国思想的主流》等。新左派强调独立战争具有激进的特点和阶级冲突的性质，其代表人物有伯纳德·贝林及其学生戈登·伍德，代表作分别是《美国革命的思想根源》、《美国革命的激进主义》等。

  教师在课堂上首先对美国革命爆发的基本史实予以阐述，简要地将大概的线索、发生的故事、结果交代清楚，然后抛出美国学术界不同时期有关美国独立战争爆发原因的各种观点，及其代表人物和代表作，由学生根据自己的兴趣阅读相关的著作和论文，于下次课组织讨论。事实表明，此次讨论课的效果非常显著，每一个同学都参与到讨论之中，有1/3的同学准备非常充分，而部分准备不太充分的同学也被带动起来，积极加入到讨论之中，学生对学习的兴趣大增，怀疑精神和独立学习的意识得到极大提高。在学生之前较为固化的思维模式中，哪里有压迫哪里就有反抗，美国独立战争的爆发是因为英国的压迫政策特别是对北美殖民地不断征税，殖民地人民忍无可忍最终才揭竿而起。通过教师的介绍及同学们较为深入的讨论，大多数同学抛弃了这种单纯的二元论观点，而是认为美国独立战争的爆发是由多种因素导致而成，特别是殖民地人民本身的危机意识是其中一个重要因素。不仅如此，很多同学对革命也有了重新的认识，革命不仅仅是流血牺牲，美国独立战争虽然不及很多革命那么彻底和暴力，但从社会变革层面上讲，美国革命确是一场激进主义的革命，这场革命使得新大陆与旧大陆逐步分离开来。

### 三　研讨式五步教学法的运用

  除了课堂讨论之外，本课程还采用了在教师指导下，由学生就某一个自己感兴趣的主题写学术论文,并做主题报告的方式,以此培养学生的科研能力。在这个过程中,学生不仅对历史学专业的学术论文、学术规范、学术最新动态等都有所了解,而且亲自就某一主题进行尝试,更好地引导学生进入该领域。同时,这个过程也锻炼了学生的多种能力。比如学生要懂得查找与课题有关的资料线索、著作、论文,使用相关的工具书;要按照索引有目的地查找和搜集有关资料,学会利用图书馆、档案馆、博物馆等,力求详细地占有资料;并能阅读有关的历史资料,特别是能够阅读外文资料,这在检阅文献过程中是不可缺少的能力。另外,学生还要把收集和阅读的文献资料加以梳理和归纳,综述有关课题的研究现状和前沿情况;通过对问题的分析,运用新材料解决问题或提出解决问题的新方法、新角度,或提出新看法、新观点、新假设,并用文字有条有理、有论有据地表述出来,以论文的形式呈现出来。在这个过程中,教师和学生的相互配合非常关键,其教学过程可分为五步,也被称为研讨式五步教学法,这五步分别为指导选题、独立探索、小组交流、大班讲评和总结提高。

"指导选题"是研讨式教学的第一步。教师简明扼要地讲清全课程的基本线索、主要观点,然后提出一系列学界有争议可供研讨的问题,学生可选择其中一个作为自己的研讨课题,也可以就自己的兴趣点选择其研讨的题目,在三个月左右的时间内写出一篇分析研究该课题的论文,然后逐个上台报告自己的研究心得。这些课题对于学生来说,是陌生的,或者知之甚少,他们不仅要进入到这个领域,还要走上讲台作学术报告,对他们来讲具有很大的挑战性,也更容易激发他们的学习兴趣。

第二步是学生按照教师传授的方式进行独立探索。教师要做的是告诉学生如何着手研究这些问题,如何去查找论文资料索引,如何运用收集来的资料对相关课题进行分析,了解其研究的前沿情况,并选取有价值的论文题目。学生则要到图书馆去查找有关课题的索引、阅读论文、著作和文献资料,消化吸收、分析综合,经过独立思考,撰写4000字左右的论文,要求有该课题的学术综述,有参考文献等。这一步对于训练大学生的科研能力起到了很大的作用,在一定程度上提高了学生检索文献的能力、收集资料的能力、阅读文献的能力、归纳综述能力、逻辑思维和分析综合能力、文字表述能力，等等。

第三步，小组交流。在个人独立探索，各自完成论文的基础上，教师组织学生通过讲课评课形式分组进行交流。每个学生都必须走上讲台，在20分钟之内将自己的研究情况做一汇报，要求制作PPT，在汇报过程中，主要是说明选题缘由、结构安排、主要观点、创新之处，等等，报告时要求尽量脱稿。报告人结束后，针对报告内容，课程参与者包括教师和学生，均可向报告人提问，并对报告的命题提出自己的不同观点，指出报告中或多媒体演示中的错误，或要求报告人对某些内容进行解释或表达看法。

第四步，大班讲评。小组交流之后，由各组推选出优秀者，到大班进行讲评。全班学生必须参加，认真听讲并参加讨论，表扬、批评、质疑、问难，报告人还要进行答辩。教师现场点评，予以总结。在第四步中相当一部分学生有在班上讲课评课的机会，从而强化了学生独立思考能力、口头表达能力和教学能力的培养。毫无疑问，独立思考和口头表达能力都是从事科研活动所不可缺少的。

第五步，总结提高。在总结提高方面，一方面要求学生就教师、其他同学提出的问题完善自己的论文，该论文作为平时成绩的一个重要依据最终要提交给教师。另一方面，要求每个学生根据自己的切身体会，写一篇"评学议教"文章，对研讨式教学改革的利弊得失进行评论，题目自定，篇幅不限，要求真实具体，避免空发议论；学生们写文章评论教改，不仅有利于教师取得反馈信息以改进教学，而且进一步锻炼了学生们的思维能力、分析能力、评价能力和文字表达能力，这也是提高学生科研能力和分析解决实际问题的能力的一个组成部分。同时让学生进行自评与互评，有助于认识和完善自我，有助于提高对事物的评价能力，也有助于树立改革的观念，这对他们将来走上工作岗位也会有所启示。

## 小 结

研讨式教学法以课堂讨论与学生主题演讲的方式进行，不仅拓展了学生的知识面，提高了学生自主学习的能力，同时又培养了学生的学习兴趣，提高了学生发现问题、分析和解决问题的能力；同时又能做到从学生的实际出发，准确把握学生的思想特点和心理特点，把握学生思想状况和变化趋势中出现的新情况、新问题，从而有针对性地开展教学，具有鲜明的时代气息，能引起学生情感上的强烈共鸣，收到良好的教学效果。

# 以实训延伸课堂　以交流强化素养
## ——以辅导员工作室为载体推动高校学风建设的实践研究

张俏[*]　陈飞[**]

学风建设是当前高校管理中迫切要解决的一大难题。原教育部副部长周远清指出，学生在一所大学里学习，会受到学校优良学风的熏陶，这种熏陶会使其终身受益、终生难忘。杭州师范大学人文学院"泽地书院"辅导员工作室通过为学生提供专业化、个性化的指导，帮助学生提高教师基础技能，解决学习上的困难，逐渐形成了一套较为完善的操作规程和辅导理论，有效地推动了学院的学风建设。

## 一　工作室简介

在杭州师范大学党委学工部和人文学院党委的领导和大力支持下，人文学院"泽地书院"辅导员工作室于2014年5月成立，同年10月正常活动。泽地书院紧紧围绕"强化教师基础技能"这个目标，每学期开展一期培训，第一期2014年10月至2015年1月，开展了语言素养和书写技能两个模块。第二期2015年3月至6月，开展了粉笔字书写、普通话实训、应用文写作三个模块。第三期2015年11月至2016年1月，开展了硬笔行书速成训练、求职礼仪与面试技巧、时间管理等三个模块。

工作室充分依托人文学院辅导员、教师和学长等资源，为学生提供教师基础技能的指导和训练，努力建设一个开展个性化学习辅导实践、研究与交流的重要平台。

---

[*] 张俏，杭州师范大学学生处科员。
[**] 陈飞，杭州师范大学人文学院辅导员。

## 二　工作室分析处理

### （一）实施背景

人文学院共有 900 余名本科生，其中师范类学生超过 60%。非师范生中不少学生的志愿也是当老师，而培养计划中师范生基础技能学习课程相对较少，非师范生基本没有。在这种背景下，开设普通话实训、粉笔字书写、语言素养提升、应用文写作等基础技能训练，受到学生们的欢迎。

### （二）问题的关键点

1. 如何处理与第一课堂的关系？我们的定位是：工作室的实训和模块是第一课堂的有效补充。

2. 如何满足学生的需要？经过调查问卷和座谈的形式，了解学生的需求，并制定相应的模块和培训计划。

3. 如何让学生乐于参加？邀请学生喜爱的老师担任课程主讲，结合学生年龄特点和个体特征，创新课堂形式，增强师生互动。

### （三）实施办法

1. 工作室的训练模式

在训练模式上，辅导员工作室采取了灵活多样的形式，除了理论授课之外，还开展了体验式、参与式培训。

语言素养模块旨在通过不断地示范、训练，使同学们的语言达到准确、鲜明、简练的水平，并让学生懂得教师的语言素养是上好课的关键。

书写技巧模块与学院开设的三笔字培训和考核相衔接。学院三笔字的课程侧重于技巧的"教"，而泽地书院工作室的实训侧重于平时的"练"，通过导师手把手地教习，逐步提高书写水平。

应用文写作模块结合学生的职业生涯规划，既让学生较为系统地学习应用类文章写作的基础知识，又培养学生阅读、分析和写作应用文的能力。使学生通过理论学习和实际操作，掌握应用文写作的基础知识，提高常用应用文写作的能力，以适应将来工作的需要。

普通话训练模块针对中文专业学生要通过普通话二甲的刚性需要，对大三年级还没通过二甲的同学进行专项训练，每星期定时定点进行学习，有力地提升了中文专业学生二甲的通过率。

2. 工作室的运行特色

一是小班化。一期培训 1 个导师带 15 个左右学生；二是实训化。传统课堂以老师讲为主，学生练习为辅，泽地书院工作室刚好相反，以学生练习为主，教师点拨为辅；三是人文化。我们从环境设计到藏书购买，注重学生人文素养的熏陶，并把学院教师出版的著作收集起来，专柜展出。我们在服务上注重人性化，为学生定制了专用杯子，给学生准备奶茶、咖啡等饮料，学生可以边喝茶边上课。

3. 工作室的环境建设

我们十分注重辅导员工作室的环境建设，不仅对工作室进行了精心的设计，还购买了文学、历史、管理、书法等书籍 200 余册。邀请学院沈松勤老师为工作室题名，邀请擅长书法的陈根民、严柏炎、陆德富、江平、郑成航等师生创作书法作品，悬挂室内。

### 三 思考和工作建议

（一）效果评估

一是为学生提供形式多样的咨询和辅导。学生在固定时间中，可面对面地咨询和辅导。

二是营造了良好的氛围。工作室的开放，使学生逐渐增强了提高师范技能的紧迫性和自觉性。导师工作室报名非常火热，往往一两天各个团队全部报满。

三是拓展了师生交流空间。辅导员和学生交流，要么在老师办公室，要么在学生寝室，交流方式受到空间限制，辅导员工作室学生与老师可以在宽松的环境下读书、练字、探讨问题，拉近了辅导员与学生的距离。

四是提高了学生语言和书写技能。通过实训以及学生课下的练习，参训同学的语言水平和书写水平得到了明显提高。同时我们建立了一套跟踪反馈系统。针对学生的不同情况，采取后续跟踪措施。

（二）经验启示

1. 辅导员工作室是学风建设的有效载体和平台。加强学风建设要坚持以生为本、立德树人的原则，营造严谨、求实、创新的学习氛围，要有明确的载体让学生了解学习目的，在此基础上建设学生成长成才服务体系，促进优良学风的稳步形成。

目前人文学院辅导员工作室存在着学生人数多而小班化培训、导师数量有限等情况，我们计划一方面向学校申请更大的活动场地，适当扩大每班人数至20人左右，同时建议学院将工作室中教师的辅导活动纳入教学业绩认定，邀请更多的导师到工作室中来。

2. 辅导员工作室要围绕学生的需求有针对性地开展工作。学风建设要结合学生实际需求和年龄特点。教师基础技能训练不是一朝一夕就能完成的，如何保持学生的积极性，使之持之以恒地接受训练，同时每个学生的基本功和学习能力不同，如何使训练更有针对性，这些都是我们后期工作室建设面临的重要问题。

3. 辅导员工作室的建设有利于增强辅导员工作能力。一方面辅导员要通过课题学习、开展讲座、特邀专家、对外交流等方式，强化自身业务能力，推进理论探索和工作方式创新。另一方面，辅导员在主导工作室的建设中，在对学生进行基本能力强化训练的同时，要实现教学相长，推动辅导员工作的科学化水平，改善工作效果，提升育人实效。

# 基于"95后"大学生价值趋向的教育教学模式创新探究

杭州师范大学　傅培恩

**前　言**

"95 后"大学生成长在我国改革开放经济腾飞的时期，这一代人享受着改革开放带来的物质和精神条件，网络等信息技术发展迅速。在享受实惠的同时，也形成了"95 后"独特的气质和价值取向，这一代人需要肩负起建设祖国未来的伟大使命，是建设者和接班人。因此，如何把握"95 后"特点，因材施教，成了高校教育需要研究的重要课题。

## 一　"95 后"大学生的价值趋向

"95 后"大学生在优厚的物质环境中成长，受社会转型、时代发展等大环境的影响，具有鲜明的时代特点，他们的人生观、价值观、世界观也发生了变化，这对高校思想政治教育工作带来了巨大的挑战。"95 后"现象的产生，与我国社会变革密不可分，具有鲜明的时代背景，改革开放和计划生育两项重大事件，成为"95 后"现象出现的根本原因。①

1. 自从 1978 年改革开放提出以来，我国经济发展日新月异，随着西方价值观念、文化、思潮等的大量进入国内，中国社会的意识形态也开始发生变化，人民的观点逐渐多元化，社会物质环境的改变巨大，受社会大环境的影响，"95 后"大学生的价值取向更加多元。在网络技术

---

① 崔强、郭莉、邓湘琳：《"95 后"大学生对高校思想政治教育工作的挑战及对策》，《科技信息》2015 年第 7 期。

环境熏陶下成长的一代，具有先天善于利用网络的优势，这既是优势也有劣势，一方面，网络带来了信息获取、工作交流的便利；另一方面，网络上大量诱惑信息和内容，使得很多学生沉迷网络，迷失自我。

2. 1977年8月12日至18日中共第十二次全国代表大会宣布："到本世纪末，必须力争把我国的人口控制在十二亿以内。"计划生育从而成为中华人民共和国国策，此后计划生育逐步强化实施。[①] 时至今日，85%以上的"95后"均为独生子女，他们往往是在过多的关爱中成长，环境优越，从小缺乏磨炼，这使得他们形成了鲜明的特点：一是，他们往往自我意识较强，缺乏对他人的宽容和理解；二是，由于成长环境都是顺境，缺乏抗挫折能力，心理承受能力较弱；三是，个性鲜明，性格张扬，不善于与他人交流和沟通。

## 二 "95后"现象产生的影响因素

"95后"现象的产生具有复杂的因素，既有社会环境变革的大环境影响，也有家庭教育带来的小环境制约，总结起来主要有以下几个方面：

1. 社会因素

"95后"这一代受社会转型变革的影响是巨大的，他们在享受前所未有的物质条件的同时，必然要受到西方拜金主义、人本主义等思想观念的影响，这对于人生观、价值观、世界观尚未成熟的学生来讲影响是极大的。一方面，"95后"价值观多元，开放的环境能给予他们更多选择和发展的可能性，他们有更大的自主性去掌握自己的未来；另一方面，趋利性的特点在他们身上也较明显。[②] 主要表现在相对于国家前途命运的大事，他们更多的关注自身的发展，在个人与集体的关系，个人利益和集体利益之间的冲突也较明显。开放的环境带来的多元文化侵蚀也日益显现，社会主义核心价值观念正受到前所未有的冲击，受西方以人为本观念的影响，"95后"往往过多的看重个人利益，追求享乐和物质满足，内在精神世界空虚。

---

[①] 郭熙保、尹娟：《对我国计划生育政策的反思》，《理论与实践》2015年第11期。
[②] 宁欣、吴济龙、才宝：《"95后"大学生价值观成因分析》，《佳木斯教育学院学报》2013年第1期。

## 2. 家庭因素

中国传统家庭观念由来已久,"95后"的父母大多出生于六七十年代,这一代人对社会变革、时代发展有着深刻认识。他们经历物质匮乏的时代,靠着自身努力和社会发展的契机,积累了一定的财富,为下一代打好了基础。然而,传统家长式教育面对越来越个性的"95后"显得无能为力,许多"95"后甚至出现叛逆的心理,与父母之间产生隔阂,不愿与他们交流沟通。父母为"95后"大学生提供优越的物质条件,不让他们受挫折,过分保护,这些孩子在成长过程中没有经历过失败和磨难,一旦面对挫折就会一蹶不振,甚至自暴自弃。

## 3. 学校因素

联合国教科文组织对教育提出"四个学会"的历史发展目标,也是21世纪教育的四大支柱,即"学会求知、学会做事、学会共处、学会做人"。[①] 大学阶段是人生观、价值观、世界观形成的关键时期,高等教育应当努力围绕教育发展的目标来展开。自1999年高校扩招以来,越来越多的学子圆了大学梦,然而随之出现师资缺乏、基础设施不足、就业形势严峻等一系列问题。"95后"大学生进入学校学习不再是为了报效祖国,更多的是学习专业知识,增强自身的竞争力,期望在就业时找到好工作。

## 三 基于"95后"现象的教育教学模式创新

面对"95后"多元价值观趋向,我们应当积极探索有效的教育途径,强化主流价值观教育,尊重个性发展要求,以生为本,创新教育教学模式,改进教学方式方法,争取教育成效的最大化。

### 1. 以教为主模式,变为以学为主模式

传统教学模式以教师为主导,课堂的主体是教师,学生是授课对象,教与学之间是主体与客体的关系。高校按照固定的培养方案布置教学任务,教师按照教学大纲完成规定的教学内容,学生按照课程安排听完课,通过考试获得学分。这种教师主导下的传统教学模式,既没有考虑到学生主体性,也没有很好地发挥课堂教学效果;既不能激发学生主

---

[①] 马志芳:《论终身教育理论下高职生的"四个学会"》,《扬州大学学报》(高教研究版)2011年第6期。

动学习的兴趣，也不能满足学生多元发展的需求。

2. 利用网络媒体，创新教育教学手段和方法

面对信息技术日新月异的变革，相对于传统教育方式，网络具有丰富性、时效性、便捷性和互动性等优势，给高校教育带来新的渠道。传统单一课堂教学手段和方法相对简单，教学时间和空间相对狭窄，学生获取信息主要靠听和记。而网络媒体快捷、丰富、高效的特性，能更好地满足教学最大化的需求。利用网络新媒体，搭建网络学习平台、建立网络课题资源、文献资料库、链接库等，充分发挥网络的新特性，提高与学生的互动性，能实时了解他们所思、所想、所学，及时调整，适应变化的需要。

3. 注重系统教育，满足个性多元发展要求

"95后"大学生个性价值趋向明显，这既是事实也符合客观规律。他们在许多领域更加看中自我的选择和判断，而对"接受权威"价值取向的重视程度趋于减小，这也是大学生价值取向向个体性迁移的内在成因。如果忽视这一点，极有可能造成一种失去大学生认同的导向教育。这也是教育效果不佳的症结之一。[1] 这就要求我们努力创新教育方式方法，满足大学生多元发展的需求，注重学科知识的系统性教育，改变单一、片面的知识灌输。加强对大学生心理研究力度，及时掌握大学生内心动态，掌握其心理特点和发展规律，结合优秀的传统文化和精神进行教育，在课堂教育教学过程中，注重养成学生美好的品德和高尚的人格。

---

[1] 郑永廷、张彦：《德育发展研究——面向21世纪中国高校德育探索》，人民出版社2006年版，第9页。

# 康熙时期的文官惩戒制度

杭州师范大学 王聪

## 前 言

自古代以来,为了防止官员的违法渎职,保证官僚体制的正常运转,我国历朝历代都会制定相关的制度政策,以对违法犯罪的官吏进行惩戒。清朝也不例外,康熙统治时期是康乾盛世的重要组成部分,在整个清王朝中占有重要的地位。就目前学术界的研究来看,对于清代官吏惩戒制度研究的较多,譬如西南大学胡小兵的《清代官吏惩治试行研究》,西南师范大学陈一容的《清代官吏惩戒制度研究》,四川师范大学苟晓敏的《清朝官员惩处立法及其实践研究》等,但相关研究往往集中于整个清王朝,大多属于宏观的研究,而对于具体某一类型官吏惩戒制度特别是对文官的研究寥寥无几,因此本文将在前人研究的基础之上,以此为切入点选取康熙时期对文官的惩戒制度进行初步探讨。

## 一 文官惩戒制度的设立背景及原因

### (一)前朝灭亡教训的背景

公元1644年明朝灭亡,不久清朝入关并取得了中原地区的政权,明朝的灭亡是由多方面的原因造成的,而最为重要的是明朝末年朝廷内部的严重腐败。明朝的腐败由来已久,可追溯到明神宗朱翊钧,神宗残暴荒淫,整日沉迷于酒色歌舞之中,无心治理朝政,因此更是创下了20年不上朝的纪录。其荒淫残暴的程度在中国历代君王中也是少有的。为了维持其统治,需要大量的钱财做支撑,因而大肆地搜刮民膏民脂,除此以外还大肆地强征矿税,在全国各地大规模的开凿矿山,以太监充当矿监，并逮捕矿山附近的青壮年为矿工。强征矿税之举给当地居民的生产生活带来了严重的灾难。有汤显祖诗歌为证："中涓凿空山河尽，圣主求金日夜劳；赖是年来稀骏骨，黄金应与筑台高。"① 由此见得其荒淫程度之深。俗语道上行下效，正是有这等君主，下面的臣子才敢为所欲为，最终导致了明末宦官专政的乱局。从此明朝便走向了下坡，衰亡的征兆也开始出现。

神宗以后的三位皇帝虽使出了浑身解数，也已不能挽回大明王朝衰败的残局。纵有亡国之君崇祯皇帝的六下"罪己诏"，也是无力回天，难以挽救明朝灭亡的命运。恩怨积累到了一定的程度便会爆发出来。在民不聊生，怨声载道的背景下，明朝末年爆发了大规模的农民起义，造成了明朝的灭亡。造成这一局面的根源应归咎于明时期的文官制度的不完善，赏罚不明确。对于过犯的官员往往采取姑息纵容的态度，得过且过，加之执行力度不够，从而最终形成了这样一个局面。

作为明朝"接班人"的清朝既看到了明朝一步一步的衰落最终走向灭亡的过程，也看到了"官逼民反"的厉害性。他们深知，文官制度的失范和惩戒制度的缺乏是导致前明灭亡的根本原因。正是看到了这些，清自努尔哈赤立朝开始便制定相应的法律法规制度，加强对文官的监督，并对过犯官员予以严惩。希望以此巩固国家的稳定，强化清王朝的统治。

### （二）清初文官的腐败

然而，清朝建立初年，为了巩固清王朝的统治，稳定治国之根基，且为了得到汉族官僚的拥护，曾吸收了一大批的前朝旧官。这种做法虽然有利于稳定当朝的统治，但是前朝的腐败风气也被带入了本朝，从而造成了本朝腐败之风盛行，甚至与前朝的腐化之风不分伯仲，从而给当朝的统治带来了严重的不良影响。虽有顺治皇帝的励精图治整顿不良之风气，但无奈腐化不良之风十分的严重，加之清初期国内政局的混乱，从而给统治带来了严重的负面影响。据《清世祖实录》第二十四卷载："此次出师，所以除暴安民，灭流寇以安天下也。"② 可以见得清初的国内政局较为混乱。直到其统治末期上述问题都没能得到有效性的解决，

---

① 米治国：《元明清诗文集》，吉林人民出版社1981年版，第65—67页。
② 《钦定大清会典事例》，上海古籍出版社2002年版，第749—814页。

一直延续到了康熙的统治时期。在康熙统治初期腐败之风仍流于时弊，一时还很难有大的改观。对于清入关以后的第二位皇帝康熙来说，各项制度都急需完善。他很清楚要解决此类问题需有明确的法律条文作支撑，对官员的各种行为进行有效的约束，在这种情况下文官制度随之产生。

## 二 文官惩戒的类型及措施

### （一）立法严惩过犯官吏

为了严惩过犯的官员，消除民害减轻人民负担，清统治初期颁布了《大清律》，以明律作为参照，遵循"参汉酌金"的法律的制定原则。到了康熙统治时期决定严厉打击过犯的官员，为此制定了相应的法律制度，公元1684年康熙下令颁布《大清会典》，使得惩治官员的法律更加的完善。而在法律执行的过程中也是相当严格的，特别是对贪官的惩戒尤为严格。将官员的贪污罪列为八罪之首，康熙时期山西巡抚穆尔赛贪赃，康熙并没有念其是朝廷要员而是亲自御批即行的正法。由此可以看出这一时期法律执行的严格性。

中国古代法律制度的发展过程是行政职责与刑事处罚相伴随而发展的，二者的发展状态是混融交叉的。清朝行政法律的发展也延续了同样的制度模式，使行政与刑事的法律职责相伴随而发展。"《大清律例》将许多行政违纪行为列为犯罪，将行政处分作为某些犯罪的惩戒方式，《大清会典》、《大清会典事例》等行政法律也往往将文官的行政违纪行为称为'罪'，将刑罚作为某些行政违纪行为的处罚方式。"但是较之前朝又有了很大的改观，特别是到了康熙帝时期法律制度的发展，行政法与刑法的分野已经到了较高的程度，二者的区分也已经比较清楚。

### （二）行政处分

行政处分以罚俸、降级、革职三种形式为主，康熙帝时期也沿用这一形式，并且对于这些制度在法律上都作出了重要的规定。

1. 罚俸禄

何为罚俸呢？既对犯有过错的官吏停发薪俸的一项处分制度，是三种制度中比较轻的一种。根据官员所犯过错的轻重罚俸又可分为以下七个等级包括：1个月、2个月、3个月、6个月、9个月、1年、2年。

而罚俸的种类也较多，制定的也较为详细，康熙四年时规定，升任官员若原任内事件应罚俸，于新任罚俸；降调官员，照所降之级罚俸；裁缺、给假、丁忧解任等官，于补官日罚俸。另外当朝的各文武百官在任职期间，受到了处分后出现病故或者休克的情况是可以免除罚俸的。因公被革职的官员也可免于受到处罚。

2. 降官级

降级相对于罚俸所犯的过错要更加的严重，而降级的种类分为两种，一种是降级调用一种是降级留任。降级留任共分为三个等级，包括降一级、降两级、降三级。根据所降的级别食俸，仍可留任。降级调用根据所犯过错不同分为五等，官员由现任的职位依照所降级别调任其他职位，不得在原有职位继续任职。对于降级而级不足者（如从八品降三级，正九品降二级，从九品降一级等）这种情况的出现，则议革职。由此可见，较之降级调用的降级留任，它的惩处程度要轻。

3. 革官职

革职相对于罚俸和降级，是行政处罚中最为严厉的一种，因此决策者在适用的过程中也是十分慎重的。从类型上看革职也分两种包括：革职留任和永不叙用。对于程度较轻的革职会写有"留任"的字样，过犯官员则会继续留在原位任职，给予其表现的机会，待其表现好坏予以是否恢复原职。而对于过犯较重的官员则采取"永不叙用"的原则，也就意味着这样的官员再没有任职的可能，这也是清朝的行政处分中最为严厉的一种。

值得注意的是，在清朝的行政处分中除了罚俸、降级、革职三种处分方式外还有一种"记过"的方式。当官员所犯过错性质不足以用罚俸、降级、革职的处分方式进行处罚时，则用记过的方式对官员所犯过错进行惩处。记过又分为两种形式，一种是奉旨记过一种是堂官记过，较之堂官记过奉旨记过所犯的过错要更重一些。法律规定一般情况下，官员犯错先由堂官记过，如若再犯则由堂官转送吏部，以奉旨记过处理。

（三）刑事处罚

如若文官经行政处分后，仍不可抵过其所犯过错，将进入司法程序，对所犯官员进行刑罚惩戒。而康熙帝时期基本沿用前朝的刑罚制度，具体包括以下几种类型：死刑、身体刑、自由刑以及迁徙、充军和发遣共六大刑罚。

1. 死刑

死刑即对过犯官员剥夺其生命的一种刑罚，而死刑又分为绞刑和斩首两种，绞刑即将犯人吊死或者将其勒死；斩首则指将被行刑的犯人身首异处，相比绞刑斩首更为严重。在清初仍保留凌迟、戮尸两种残酷的刑罚，到了清后期这两种刑罚逐渐地被废除了。并且在《大清新刑律》中规定除罪大恶极者施行斩首外，其他一律实行绞刑，并且在狱内行刑。

2. 身体刑

身体刑是指对犯人进行肉体上的惩罚，主要分为笞刑和杖刑两种，杖刑较笞刑更为严重。身体刑往往给犯人的身体造成严重的伤害。对其所犯过错以示警醒，身体刑除这两种外还包括枷刑，枷刑最初制定是旗人的一种优待刑，用以免除刑罚，后来则用于流放和充军途中，戴枷的时长随徒刑的长短而变化。

3. 自由刑

自由刑则是剥夺过犯官员人身自由的一种刑罚，主要包括徒刑和流刑两种。

徒刑：徒刑是一种剥夺罪犯人身自由并强制其劳役的刑罚，而这一时期的徒刑为有期徒刑，是古代五种刑罚中的一种。"它共分五等，每一等均加杖。具体为徒1年杖60、徒1年半杖70、徒2年杖80、徒2年半杖90、徒3年杖100五等"。

流刑：押解罪犯到边远地区服劳役或戍守而不得离开的刑罚。清代流刑也是法定正刑，分2000里杖100、2500里杖100、3000里杖100三种。

此外还有迁徙、充军和发遣的刑事处罚措施，是对前三种刑罚的一种补充，其形式和前三者类似，都是将犯人遣往远离家乡的偏远地区，从事体力劳动或者戍边。

## 三 康熙时期文官制度建设的成效及不足

### （一）文官制度建设的成效

1. 严肃了官场风气

总体而言，康熙时期的文官制度建设既有成功，也有不足。就成功而言，它严肃了官场风气，使得文官制度进一步得到了完善，为后世制度的制定树立了良好的典范。就不足而言，它未能改变旧有的官僚体制，且权力过于集中，其设立的目的仍是为以家天下为宗旨的封建王朝所服务的，无法从根本上改变其走向衰亡的命运。

儒家思想所讲求的施政之道为仁政与德治，要求施政者要施行仁政以德治国，这样才是治理好国家的有效途径。而康熙皇帝也正是看到了这一点，并且也按照儒家思想去实践的，整顿官场的风气，注重民本思想，因此才有了后来60年的太平盛世，被后人称为千古一帝。

康熙认为民为官本，民为国本，统治好一个国家的关键在于得民心，要得民心就要看统治者的统治是否顺应民心，顺应民心方可得民心，得民心者得天下。要得民心除了国家的各种政策有利于百姓以外，最重要的还要看当朝的官员是否都是为官清廉。康熙认为奢侈是导致为官腐败的重要原因，因此他认为抓廉洁、抓吏治、抓反腐的关键要使官员养成崇俭戒奢的优良作风。为此他撰写了《勤俭论》、《廷训格言》、《圣训》、《廉静论》等文，强调"为官者俭，则可以养廉……'俭以成廉，侈以成贪。'此乃理之必然者"。同时康熙帝也深知言传身教、上行下效的重要性，他曾说"一应服食俱从节俭，诸王大臣亦皆效法"，于是许多奏疏中出现了"敦行俭朴，慎守廉隅，吏治肃清，民生乐遂"、"冒利触禁，其始由于不俭，其继至于不廉"、"廉吏必节俭"、"厉廉戒贪"、"以俭养廉"等言论。[1] 正是在这样的一种官场主流思想的指导下，官员们接受了教育，也严肃了官场的风气。如康熙对明珠贪腐大案的定罪，给予了明珠及其同党在内的过犯官员沉痛一击，也打破了中国历史上刑不上士的旧有传统，此案作为严肃官场的一个典型案例，起到了很好的警示作用，使得官员不敢过犯。除此以外也培养了大

---

[1] 艾永明：《清朝文官制度》，商务印书馆2005年版，第373—385页。

量的清官如两江总督于成龙,再如清朝要员李光地等,他们为清朝官场风气树立了良好的榜样。

### 2. 文官制度得到初步完善

作为中国历史上最后一个封建王朝,清朝的文官制度与之前的历代相比是最为完善的。而康熙时期所制定的文官制度,则是为这个最完善的制度的设立打下了一个坚实的基础,初步确立了清文官制度的体系,主要有以下三个方面的表现:

第一,立法逐步完善。清王朝在入关以前是没有自己的法典的,暂用明法典,到了入关后的顺治元年开始编纂大清会典,耗时三年到顺治三年时完成,编成的法典被称为《大清律例》,是清朝的第一部成文法典。在此基础上从康熙时期又开始编纂《钦定大清会典》和《钦定大清会典事例》,这两部会典更是后期文官立法的重要渊源。

第二,体系较为完备。对文官的管理是一个复杂而又庞大的工程,有着其自身的体系与结构。清朝文官立法从文官的"入"到"出",以及有关文官管理的各个环节都有着明确的规定。作为清统治初期的康熙时期,给我们展示了一个体系结构都较为完备的文官制度的范本。

第三,制定规范且缜密。康熙时期所制定的文官法律不仅健全体系完备,而且它的内容十分缜密。如在科举选官中,《会典事例》对有关科举考试的40个环节一一作了具体的规定,许多规定的细密达到了令人惊讶的程度。

## (二) 文官制度建设的不足

### 1. 官吏惩戒制度高度集中

自秦朝统一中国以来,我国的古代社会便开始实行以皇权为中心的政治体制,而皇权至上也自然而然地成为了国家政治法律的中心。康熙统治时期也不例外,一方面经济文化方面得到了恢复与发展,疆域也在不断扩大;另一方面君主集权的局面空前的扩大,使得君主权力达到了历史的最高峰。这样一来造成了国家的政治法律集权于皇帝一身的局面,往往会带来一定的负面影响。

对于贪赃腐化、鱼肉百姓的朝廷巨蠹,君主认为如不对其进行严厉的打击将会严重影响封建专制统治,严重影响皇权。他们认为,对于这些贪官污吏,不杀不足以巩固自己的统治,所以往往是出重拳进行打击。康熙时期的明珠大案则是一个典型的例子。明珠是康熙统治时期的重要朝臣，在朝任大学士十余载，权倾朝野。他利用皇帝对自己的信任，结党营私、独揽朝政、卖官鬻爵、排斥异己，其家中财宝堆积如山，生活奢侈成风，因此成为了康熙的心腹大患。就这些罪名按清朝法律就足以判其死刑了，然而康熙皇帝并没有这么做，而是让其与以索额图为代表的朝廷另一势力相抗衡，两者相互牵制，最终使其达到平衡朝廷势力的目的。如若康熙开始就除掉明珠，朝廷将会出现索额图势力一派独大的局面，这种情况最严重的将会出现威胁皇权的可能。故康熙以"不忍遽行加罪大臣，且用兵之时，有效劳绩者"[①]作为保明珠性命的一个缘由，最终对明珠采取了一种宽容的处理方式。

由此可见，统治者为了自己统治的需要，往往是抛弃法律规定，以个人意见做出最终的裁决，使法律成为了一纸空文，而这也正是惩戒制度高度集中于皇帝一身的表现。

2. 为专制体制服务的文官制度

作为中国历史上最后一个封建王朝的清朝，其封建的专制主义制度已发展到了顶峰，皇权的发展也自然而然地达到了顶峰，成为了封建统治的轴心。皇帝的权力达到了前所未有的高度，因此造就了其在政治统治、军事领导方面的决定性地位，而作为政治统治一部分的文官制度，其掌握和操作的大权自然而然的也掌握在了皇帝的手中。因此在制度执行的过程中往往会掺杂进诸多的人为因素，使法治变成了人治。这样一来就会造成执法不严、违法不究的严重问题。清朝自顺治帝往下的皇帝都握有大权，真正做到了："从来生杀予夺之权操之自上。"

再如康熙时期的户部尚书希纳福的家人因其贪赃枉法想对其讹诈，结果被希纳福反告一状，并牵扯出了皇十六子。这一案件在当时引起了康熙的高度重视，并要求对此案进行严办，但后来办案大臣碍于皇家的关系，没有进行严办，且在调查报告中对此事只字未提，康熙在后来也未再提及此事。由此我们可以看出文官惩戒制度在皇权的影响下，往往是受限制不能发挥其自身功效的。

---

[①] 孟森：《清史讲义》，广西师范大学出版社2009年版，第149—155页。

## 四 惩戒制度对清统治影响及对后世的启示

### (一) 巩固了清王朝的统治

清朝的惩戒制度大致经历了如下的几个时期，萌芽时期开始于太祖、太宗，发展于世祖时期，定型、完善于圣祖和高宗时期。直到八国联军侵华时期，被西方的坚船利炮所警醒才被迫思辨，实行官体制度改革，但最终也只是闻其声不见其动，制度体制仍没有多大变化，足以见得一项好的制度对于国家命运走向的重要性。而作为众多制度其中之一的文官惩戒制度也是如此，直到武昌起义，共和制度建立以后清朝官吏惩戒制度才被彻底的终止。因此一项制度所带来的影响不仅仅局限于当时，其影响往往是深远的。虽然文官惩戒制度最终被废止，但不可因其中断废止而否定其作用，特别是对后世新制度制定所产生的影响。每一个新制度的产生都是在旧有制度上所建立起来的，成为新制度的逻辑起点。

### (二) 对构建当前官场文化的借鉴意义

中国的文官制度源远流长，因此也造就了相应的官场文化。在清朝的历史中我们看到了盛世之下，贪污公行，在繁荣的社会大背景下人们往往会产生贪婪的私欲之心。在当今这个时代我们的社会注重的是经济的发展与繁荣，这样一来很容易造成人们贪欲之心的滋生，特别是那些手中握有大权的官员。如果不能正确的运用手中的权力，将会带来严重的负面影响。面对这样的现实问题，在加强官员自身道德修养的同时，更应该注重加强和完善政治体制的建设，使二者结合起来，作为约束官员行为的有效方法。同时在治理过程中要做到法治与德治兼施。严刑酷法在治理过程中固然重要，但长期实行则不符合当前所提倡的以人为本的社会理念，同时也不利于从根本上解决官员腐败的问题。此外官员应端正自身对待金钱与财富的观念，时刻牢记莫伸手，伸手必被抓的道理。康熙朝将整顿吏治作为一个系统的工程，树立正确的官场风气，营造正确的官场文化，培养和扶持了一批清正廉洁的官员，在其统治时期出现了政清人和的大好局面。名史家孟森对此慨叹说："道学决不负人国家。读陆陇其、汤斌、张伯行诸人传状，其德量、操守、政事，皆足令人神往，其余纵不如是纯粹，而奇特或更过之，如于成龙诸人皆是。一时公卿，儒雅谨厚，布在朝列，不可数计，此皆所谓熏德而善良者。"① 这些都对新时期的廉政建设有所启示，值得借鉴。

## 结　语

康熙时期的文官惩戒制度是整个清代文官制度的重要组成部分，开创了清代文官制度的先河，对后世的同类制度制定都产生了重要的影响。康熙时期的文官惩戒是时代的产物，同时也承担了时代的任务。对其的研究一方面有利于推动清代此类制度的研究，另一方面也是我们透过古代看今天的重要视角。

## 参考文献

[1] 米治国、周惠泉：《元明清诗文集》，吉林人民出版社 1981 年版。

[2]《清圣祖实录》，中华书局 1985 年版。

[3] 艾永明：《清朝文官制度》，商务印书馆 2005 年版。

[4] 昆冈：《钦定大清会典事例》，上海古籍出版社 2002 年版。

[5] 李昊：《晚清文官惩戒制度研究》，硕士学位论文，安徽师范大学，2012 年。

[6] 曹庆新：《清代康、雍、乾三朝惩贪反腐机制及启示》，《烟台大学学报》2013 年第 2 期。

[7] 包恒新：《康熙吏治思想探义》，《福建论坛》2006 年第 2 期。

[8] 艾永明：《清朝文官制度》，商务印书馆 2005 年版。

[9] 孟森：《清史讲义》，广西师范大学出版社 2009 年版。

[10] 吴漫：《清代吏治的历史透视及启示》，《沧桑》2008 年第 4 期。

[11] 陈旭麓：《近代中国社会的新陈代谢》，上海人民出版社 1992 年版。

---

① 孟森：《清史讲义》，广西师范大学出版社 2009 年版，第 210—211 页。

# 后　记

　　本论文集收集了 2015 年 11 月 20—22 日在浙江省宁波市余姚中学召开的"第九届钱江论坛暨历史教学研讨会"与会代表提交的论文。在论文集的选编过程中，为了突出主题，我们也收录了一些非与会代表关于历史教学和研究的一些作品，以期展示最新的、更全面的研究成果，并丰富本论文集的内容，最终以《知行合一：海峡两岸历史教学论文集》的成果形式和大家见面。

　　本论文集的出版是各方不懈努力的一个成果。首先要特别感谢宁波市教育局、余姚市教育局，是他们的大力支持以及余姚中学对会务工作的周密安排，使得本届钱江论坛得以圆满成功，特别是宁波市教育局的陈天宇先生，不辞辛苦，为本次会议的召开做了大量的努力。其次，是各位与会代表对论文的精心修改和补充，以及那些未能与会也提交论文的历史工作者，他们对历史教学的研究和心得体会构成了本论文集的主要内容。再次，还要感谢出席本次会议的台湾学者，他们百忙中抽出时间参加本次会议，一起交流海峡两岸关于历史教学的心得和体会，使得本次会议更富有特色。最后还要特别感谢出席本次会议的学校领导、人文学院领导以及本次会议的负责人马丁教授，他们都为本次论坛的举办以及论文的出版付出了大量心血。另外，还要感谢本次会议会务组的成员，特别是余姚中学的各位老师以及杭州师范大学人文学院历史系研究生邱靖同学、王俊同学、陈丽丽同学等，他们也为会议的筹备、召开以及论文的出版付出辛勤的劳动。

　　作为中学历史教学改革和研究的一个平台，钱江论坛自 2007 年创办以来，一直受到杭州师范大学的大力支持和全省中学教师的积极参与，论坛已经发展成为中学历史工作者的一个重要的交流渠道。我们坚信，在广大历史教学和研究工作者的支持下，在杭州师范大学历史系教师的努力下，钱江论坛将会越办越好！

郭巧华

2017 年 5 月 6 日